"No fue sino hasta que leí el libro de Quiara Alegría Hudes que me di cuenta de que he pasado gran parte de mi vida huyendo de quien fui de niña, cuando vivía en un pequeño apartamento de Brooklyn, y de la madre que entonces era apenas una joven con cabello rizado y muchos secretos. Me gano la vida escribiendo sobre mí, pero solo recuerdo el dolor, porque ahí están las cicatrices, aunque también hubo alegrías en esos primeros veranos neoyorquinos, incluso cuando me sentía la chica más solitaria del mundo. Leer este libro me hizo recordar esos veranos: el primer cono de helado del primer camión de la avenida Myrtle, la emoción del sollozo ahogado ante los recuerdos perdidos en cada página, una y otra vez, y lloré del alivio de saber que esa era mi ciudad, esa era mi comunidad, ese era mi legado, esa era mi familia, esa era mi historia también".

—Karla Cornejo Villavicencio, autora del libro finalista del National Book Award *The Undocumented Americans*.

"En su vívida memoria *Mi lenguaje roto*, Quiara Alegría Hudes nos conduce en un inolvidable recorrido por los barrios donde vivió. Pasando de un idioma a otro, de una cultura a otra, de una religión a otra y, la frontera más importante, la de los que tienen y los que no tienen, Hudes nos lleva a visitar a su familia, conduciéndonos desde la entrada de la casa hasta la sala, pasando por los lugares sagrados de culto doméstico. Pero, más que traducirnos el idioma de estas familias, Quiara Alegría Hudes nos enseña su gramática y sus reglas, tanto del idioma hablado como del silencioso. Gracias a la música, la comida, los relatos y las descripciones memorables de esos otros mundos, el libro de Hudes es lectura obligatoria difícil de abandonar. Su generosa intimidad nos hace examinar —y honrar— los idiomas rotos de nuestras familias, de cuyo rico legado emocional nutren a las personas en que nos convertimos".

—Paula Vogel, profesora emérita Eugene O'Neill y directora de la Escuela de Arte Dramático de Yale.

"Nuestras historias, nuestros espíritus, nuestras palabras, nuestra diversidad racial, nuestras anécdotas, nuestros nombres no serán silenciados gracias a Quiara Alegría Hudes. Su historia nos ayuda a comprender que nuestras ricas realidades culturales deben ser valoradas, compartidas y celebradas. El conocimiento de los ancianos de los pueblos nativos y africanos, basado en las fuerzas de la naturaleza, está vivo; el viaje de Hudes nos insta a comprender y abrazar la multiplicidad de los hilos energéticos espirituales que guían nuestra existencia única. Si nos aferramos a nuestra verdad con valentía, destruiremos las historias erróneas que dominan el relato público. Hudes nos dice que lo contemos en voz alta, con orgullo, que somos los guardianes de nuestra historia, del espíritu de nuestros antepasados y de los narradores que las transmitirán a las futuras generaciones".

—Dra. Marta Moreno Vega, fundadora de la Creative Justice Initiative y sacerdotisa lukumí Omo Obatalá.

"Una narración maravillosa y absorbente… Hudes presenta una historia exquisita y profundamente personal sobre el hogar, la familia y la pertenencia. Es una clase magistral sobre la forma en que todos podemos hallar el valor para contar nuestras propias historias en nuestros propios términos".

—Kimberly Drew, autora de *This is What I Know About Art* y coeditora de *Black Futures*.

Quiara Alegría Hudes

MI LENGUAJE ROTO

Quiara Alegría Hudes es dramaturga, esposa, madre de dos, feminista de barrio y nativa de West Philly, Estados Unidos. Aclamadas por su exuberancia, rigor intelectual y rica imaginación, las obras de teatro y los musicales que ha escrito han sido representados mundialmente. Entre ellas se encuentran *In the Heights*, un musical de Broadway que se estrenó como película, y *Water by the Spoonful*, un drama sobre una comunidad de autoayuda y recuperación en línea. Su más reciente proyecto colaborativo de testimonios, Emancipated Stories, intenta poner rostro al encarcelamiento masivo, al darle voz a personas que están tras las rejas para que compartan sus historias de vida con el mundo.

MI LENGUAJE ROTO

MI LENGUAJE ROTO

Memorias

Quiara Alegría Hudes

Traducción de Daniel Esparza

Vintage Español

Originalmente publicado en inglés bajo el título *My Broken Language*
por One World, un sello de Random House, una división de Penguin Random House LLC,
Nueva York, en 2021.

Primera edición: abril de 2022

Publicado en los Estados Unidos de América por Vintage Español, una división
de Penguin Random House Grupo Editorial USA, LLC.
8950 SW 74th Court, Suite 2010
Miami, FL 33156

Traducción: Daniel Esparza
Diseño de cubierta: Anna Kochman

Impreso en México / *Printed in Mexico*

Información de catalogación de publicaciones disponible
en la Biblioteca del Congreso de los Estados Unidos.

ISBN: 978-0-593-31486-9

22 23 24 25 26   10 9 8 7 6 5 4 3 2 1

PARA LAS MUJERRRRES DESCENDIENTES

DE OBDULIA PÉREZ:

LAS DEL PASADO, LAS DEL PRESENTE Y LAS DEL FUTURO.

Las palabras tienen poder, tienen su propio aché.

—MARTA MORENO VEGA

ÍNDICE

(Nota para el lector: cambié muchos nombres)

PARTE I

_Yo soy la brecha entre
el inglés y el español_

UNA CUADRA MULTILINGÜE
EN EL OESTE DE FILADELFIA

Papá apuraba a mamá, en inglés.

—Vamos, Virginia —le dijo, recostado al baúl del camión chupando un cigarrillo sin filtro con tanta fuerza que desde el escalón de entrada de la casa casi pude escuchar cómo ardía la picadura.

Mamá aguantó la puerta mosquitera con el pie y, entre gestos y gritos, me ordenó que sacara las cajas. En español, titi Ginny le dijo a mamá que no le hiciera caso a papá.

—Él siempre tiene prisa —le dijo en voz baja, y luego sonrió con su sonrisa ladeada, convirtiendo la impaciencia de papá en algo dulce y sin importancia.

Mi *brat pack*, mi pandilla de amiguitos, habían venido a despedirme, y hacían gestos obscenos cada vez que mamá daba la espalda. Chien era un niño vietnamita de primera generación. Ben y Elizabeth, camboyanos de primera generación. A Rowetha se le había olvidado su idioma amhárico después que se fue de Etiopía. Todos hablábamos inglés, a diferencia de nuestros padres. Cada familia hablaba un idioma diferente. Esa era mi pandilla del oeste de Filadelfia, la gente con quien jugué desde que era bebé hasta mi edad preescolar.

Creía que todas las calles del mundo eran iguales, que en ellas se escuchaban tantos idiomas como había grietas en las aceras, y que había una casa abandonada por cada una habitada, y más chicles masticados que yerbas. Pero mamá me había dicho que no, que estaríamos rodeados de naturaleza en nuestra nueva casa de alquiler, en una granja de caballos.

Titi Ginny desenganchó la puerta mosquitera, que se cerró de golpe, y me dio un pastelillo grasoso envuelto en papel de cocina, un bocadillo para el viaje. Yo quería que ella se mudara también a la casa de al lado, para re-crear nuestra vida actual en el nuevo lugar y poder escabullirme por el callejón que separa ambas casas para ver dibujos animados en su sillón. Mi trasero encajaba a la perfección entre dos de las grietas del cuero, reparadas con cinta adhesiva, y lo había convertido en mi trono los domingos por la mañana. Pero mamá me había dicho que en nuestro nuevo vecindario no había callejones ni casa de al lado. Eso me dio que pensar.

De cualquier modo, el equipo de softball de titi Ginny esperaba por ella en Fairmount Park. Ella tenía que estar en la segunda base en una hora, así que bajó la ventanilla del conductor y prometió visitarnos en la granja, con mis primos mayores Mary Lou, Cuca, Flor, Big Vic, Vivi y Nuchi. Dijo que metería sus apestosos fondillos adolescentes en el auto para llevarlos al campo por primera vez.

—Trae a abuela y a tía Toña. Ah, y a tía Moncha también —le dije, maravillada ante la posibilidad de pasar tiempo con mi familia fuera de Filadelfia.

Titi Ginny prendió el auto, y todas las versiones de "Dios te bendiga" salieron de su boca. Había un millón de maneras de decir "Dios te bendiga" en español: "Dios te cuide", "Dios te favorezca", "Dios te esto y lo otro". Pero solo había una forma de decirlo en inglés, y únicamente después de un estornudo. Luego titi Ginny se marchó, antes que nosotros.

Papá cerró de golpe el maletero del carro y mamá comenzó a llorar en el asiento del copiloto.

—Extrañaré a mi hermana —dijo en español.

Papá se quedó callado. Quizás no la entendió. Pero yo sabía que "extrañar" se pronunciaba en español casi igual que "extraño" en inglés: *strange*. Entre los dos, percibí el perfil preocupado de mamá. Había estado hablando de la mudanza durante meses, pero despedirse de una hermana era otra cosa.

—¿Por qué tenemos que mudarnos hoy? ¿No podemos pasar todo el verano aquí?

—Porque, Quiara, me he convertido en una joven de ciudad desde los once años, pero antes de venir a Filadelfia tenía una finquita para mí sola. Mami va a volver a estar rodeada de naturaleza, como debe ser, como en Puerto Rico —me dijo mamá, y de sus ojos cansados asomó una pequeña chispa.

Según mamá, ella había estado cambiando de paisaje toda su vida, igual que los gansos que vuelan en formación en V sobre el museo de arte. Siempre había una próxima parada, llena de nuevas promesas. Incluso los recuerdos que abuela tenía de PR eran de un millón de lugares. Demasiados pueblos, ciudades y barrios para llevar la cuenta. Esta vez, fue mi turno migrar con mamá.

Mientras nos alejábamos de la estrecha cuadra, veía por el espejo retrovisor a mi pandilla de amiguitos brincando a doble soga y jugando a la pelea. No hubo despedidas finales, ni gritos o lenguas afuera. Cualquiera que fuera el mejor idioma para decir adiós, fue arruinado porque la ciudad ya se había olvidado de mí.

* * *

La granja de caballos estaba en una carretera curvosa y rodeada por bosques. El subir y bajar por las colinas me había alborotado la vejiga. A pesar del fuerte sol del mediodía, la carretera se hallaba bajo la sombra de árboles verdes, de troncos gruesos y altos, como los dedos de Dios.

Los árboles de la calle donde vivía antes parecían elefantes de zoológico. Había solo uno o dos, y estaban atrofiados por tanto cemento. De modo que todo el verde que ahora me rodeaba hizo saltar mi corazón. Las garras monstruosas de las enredaderas y las zarzas casi llegaban hasta nuestra camioneta. Tenía entendido que las plantas nacían en la tierra y crecían hacia el cielo, pero la nueva vegetación crecía hacia los lados, en diagonal e incluso hacia abajo. "Somos tu nueva pandilla", me susurró el bosque, de apariencia tan revoltosa como la de mis viejos amigos, y como ellos dispuesto a guardar secretos.

Cuando salí de la camioneta caminé hasta donde comenzaba el bosque y me quedé mirándolo.

—Preséntate. Ve a hablar con los árboles —me dijo mamá.

Me aventuré a entrar. Los helechos me rozaban los tobillos, y caminé hasta no ver la casa y la casa no pudo verme a mí. Las flores bulbosas parecían terrarios con agua de lluvia y moscas ahogadas. Las setas estaban arrugadas e hinchadas. Un sapo bebé me hizo un charco de orine en mi mano. En aquel lugar húmedo, mío y solo mío, recité un poema en voz alta. Uno original, de memoria, sobre los zapatos Chuck Taylor de mis sueños. Los árboles me escucharon con atención, respondiendo con una gran ovación. Sus raíces de musgo aterciopelado me invitaron a sentarme, y eran tan suaves que casi me olvidé del sillón de titi Ginny.

2

EL ESPAÑOL SE CONVIERTE EN SECRETO
Y EN EL LENGUAJE DE LOS MUERTOS

—Por favor, mamá, ¿podemos ir a casa de titi Ginny este fin de semana?

—Ay, ¿cuántas veces tengo que decir que no? —respondió mamá, apoyándose, sudorosa, contra el alto mango de la azada.

Sus costillas subían y bajaban con la respiración de sus pulmones gastados. Mamá había estado toda la mañana cavando zanjas con la azada en un pedazo de tierra en la parte de atrás de la casa. Ahora, en cambio, la azada le servía de reposo.

—Ve a cortarme un trozo de ocho pies, ¿sí? —me dijo mamá y me dio una soga.

En el taller de papá encontré una cinta métrica y una cuchilla. Dos herramientas importantes, me dije, para una tarea importante. Cuando volví con la soga, mamá me dijo que sujetara un extremo con el puño. Lo apoyé contra la tierra, y las lombrices rosadas se retorcieron alrededor de mi mano. Mamá tomó el otro extremo y caminó en círculo usando la cuerda como ronzal, y marcando el recorrido con un bastón. A los pocos minutos había grabado en la tierra recién removida un círculo de simetría impecable. Luego me dio una brújula, que sostuve mientras mamá localizaba el norte, el este, el oeste, el sur y el centro. Entonces marcó cada dirección con una piedra de río, de cuarzo, o un caracol.

—El jardín será una rueda medicinal viva —me dijo.

Durante el resto del fin de semana, ya fuera que estuviera horneando pan o barriendo telarañas del techo, mamá se detenía en cada hora en punto, se dirigía a la parte de atrás de la casa y anotaba números en su libreta escolar de carátula marmolea.

—Esta columna es la hora del día. Esta otra es la posición del sol. Esta, la longitud de la sombra. Así sé dónde plantar cada hierba. Papi me enseñó, en Puerto Rico. No sabía leer ni escribir, así que lo anotaba en su cabeza. Mi trabajo era llevarle café mientras trabajaba la tierra, y luego recoger la taza vacía. Poco a poco aprendí sus métodos. A veces me contaba sobre las plantas, las estaciones, los ciclos lunares. Para ser un hombre que nunca fue a la escuela, tu abuelo fue un genio.

Un genio que murió en Puerto Rico antes de que yo naciera. Él y la isla eran misterios para mí, y el título de "abuelo" me parecía demasiado familiar para quien era, en realidad, un extraño para mí.

—¿Cómo es que no sabía leer?

—Sabía un poco. Mami le enseñó lo básico. Pero cuando era más joven que tú papi perdió a toda su familia en un huracán. Su comunidad fue arrastrada por el mar y, *zas*, se la tragó el océano. Solo dos niños sobrevivieron. Él fue uno de ellos. Por eso creció en la pobreza, pero adquiriendo la sabiduría de la vida con sus conocimientos de la ciencia indígena.

Después de que mamá hiciera un listado de hierbas en su libreta, hicimos largos viajes a los viveros de plantas que creíamos que podían venderlas: hierba del espíritu santo, romero, eucalipto, ruda, toronjil, yerba bruja, albahaca, verdolaga, peonía, artemisa, varios tipos de menta, perejil, mejorana, ají picante, pazote y muchas, muchas salvias. Por su fuerte personalidad y propiedades curativas, la salvia debía plantarse en el centro: salvia mexicana, salvia púrpura, salvia de piña, salvia limón. Plantar las hierbas jóvenes en la tierra suelta hacía brillar a mamá con un resplandor que nunca le había visto en Filadelfia.

En dependencia de la humedad del aire, su cabello podía verse como un afro mullido o una pirámide de rizos sueltos. A veces lo llevaba aplastado bajo un pañuelo, solo dejando salir un mechón sobre las orejas. A medida que avanzaba el verano su piel se oscurecía, pasando del color cobre brillante de los centavos nuevos al tono oscuro del cobre de los centavos viejos. Pero algunas cosas no cambiaron nunca: su nariz definida, la sobremordida que acentuaba hasta su sonrisa más cansada, y sus hombros delgados pero suficientemente suaves como para recostar en ellos mi cabeza.

De lunes a viernes mamá salía de casa temprano y volvía tarde, exhausta. Era la proveedora del hogar. Yo no tenía idea de lo que hacía en la ciudad, pero el largo viaje de regreso, en tren, lo hacía de pie, con los maletines de los demás pasajeros golpeándole las rodillas. Llegaba a casa sin fuerza en las extremidades, como una marioneta a la que se le han soltado los hilos. Sus rizos y su ropa, impecables por la mañana, caían sobre su frente, sus hombros y sus caderas. Parecía un tendedero descuidado. Por lo general, yo ya estaba acostada y solo escuchaba sus pasos amortiguados por el pasillo y el suspiro del colchón al recibir sus penas. A menudo una pelea la energizaba de repente, y yo me quedaba mirando al techo mientras oía los gritos vitriólicos de mis padres.

La idea de volver a hacer ese trayecto los sábados no le hacía ninguna gracia, de modo que, pese a mis súplicas, nuestras visitas de fin de semana a casa de abuela y titi Ginny quedaron en el recuerdo. Titi Ginny nunca vino a visitarnos, ni sola ni con el auto lleno de primos como había prometido.

Mamá y yo pasábamos los fines de semana trabajando en el jardín o paseando por las colinas de la granja, mientras papá se dedicaba a la carpintería en el garaje de la casa.

Entonces comenzaron los rituales.

* * *

—Acompáñame afuera si quieres.

La puerta mosquitera se cerró detrás de ella.

Me levanté de un salto y me di cuenta de lo que iba a ocurrir. La cosa de Dios, la cosa en español. Ya ella estaba a mitad del camino rumbo a la colina. La seguí, atravesando el jardín circular y subiendo a través de la hierba salvaje, con la respiración entrecortada, moviendo los brazos para mostrarle a los saltamontes lo libre que era. El pasto de la cima, desde donde podíamos ver las vacas y los caballos, siempre estaba más caliente que ningún otro. Tan cerca del cielo, el sol envolvía la piel de mamá cual cobertura de caramelo. Y vaya si brillaba.

Mamá abrió su libreta de carátula marmolea y dejó que las yemas de mis dedos rozaran las páginas. Los surcos que hacía su letra cursiva eran profundos y voluntariosos. Como siempre, había traído una radio casetera pequeña y unas cuantas cintas musicales de tambores yorubas y flautas de pan andinas, que reproducía con un volumen bajo para acompañar las oraciones.

¿Qué iba a leer hoy? ¿Una oración lakota traducida al español? ¿Un salmo adaptado donde Dios terminaba siendo mujer? ¿Una anotación en su diario sobre sueños auspiciosos? ¿Un poema que había escrito sobre la naturaleza?

—Mamá, ¿qué significa "pecho"? —le pregunté en inglés—. ¿Qué significa "tierra"? ¿Qué significa "madre"?

—Deja de hablar y escucha.

Ahora solo escuchaba el español durante los rituales en la colina. En Filadelfia, en casa de abuela o titi Ginny, el español era tan común como un abrelatas en la cocina. Pero en la granja de caballos de Malvern era un idioma que solo hablábamos afuera de la casa, un secreto entre mamá y yo. Siempre que papá estaba cerca, mamá hablaba en inglés.

Eché un vistazo al bulto de tela que había traído. Mamá se había pasado semanas secando salvia y eucalipto, y luego había empapado sus hojas en alcohol y aceites. Siempre llevaba en el bolso una botella de la poción. Pensé que tal vez mamá fuera a hacerse un masaje *shiatsu*. El cuerpo humano, me había dicho, tiene las mismas cinco direcciones que una rueda medicinal. Después de ungirse las palmas de las manos con la sustancia apestosa, mamá solía presionar mis costillas con sus pulgares para aflojarme la tos de verano. Mi huesuda espalda se volvía maleable bajo sus manos. Luego, tras un suspiro, me despertaba sola, mucho después de que mamá hubiera terminado y se hubiera marchado a la cocina.

Pero esta vez en la colina mamá no cogió el bulto. Tampoco abrió la libreta ni puso una cinta en la radio casetera.

—Cuando yo tenía tu edad —comenzó a decir— ocurrió algo espeluznante. Me asusté porque no lo entendía. Quiero que estés preparada, Quiara, por si tienes una experiencia similar.

A mis cinco años, mamá me contó cómo fue su vida cuando tenía cinco años. Me lo dijo en inglés, para que yo pudiera entender cada palabra.

* * *

Don Genaro se había sentado en un taburete junto a la cama de mamá, el cuello hinchado como una guayaba madura a causa de la diabetes. Era impropio que un hombre adulto entrase en la habitación de una niña, por lo que mamá supo que su visita se debía a algo urgente. Mientras dormía, mamá lo había visto levantarse de su cama, a unas cuadras de distancia de su casa, y pasar cojeando por el callejón frente a su ventana, arrastrando sus chancletas como de costumbre. El andar de Don Genaro era inconfundible, por el sonido que hacía, y todos en Arecibo lo identificaban. En su sueño, mamá vio a Don Genaro salir caminando a la luz de la luna, gritando el nombre de mamá con voz agónica: "¡Virginia! ¡Virginia!". Lo vio subir por el portal y entrar en la casa y, cuando abrió los ojos, lo vio de pie junto a su cama.

—Dales la alerta a todos, díselo a todos —le dijo don Genaro.

Mamá sabía que el hecho de que su vecino estuviera en su cuarto, tan real como la lluvia, no era normal.

Ginny, su hermana de nueve años y con quien compartía la cama, se despertó con los gritos de mamá y corrió hasta el cuarto de sus padres, como había hecho tantas otras noches antes. Ellos le preguntaron a mamá lo mismo de siempre.

—¿Quién está aquí?

Antes, las respuestas de mamá siempre habían sido vagas. "Extraños", solía decir. "Gente que no conozco". Pero esa noche no.

—Don Genaro —dijo mamá.

El papá de mamá frunció el ceño más que de costumbre. Juan Pérez no era un hombre religioso, aunque su conexión con la tierra era profunda. La iglesia, para él, era su finca y los elementos de la naturaleza: el sol, el aire, el agua y la luna. Pero sabía que las pesadillas de su hija, recurrentes y llenas de detalles extraños, eran una experiencia legítima. En el Puerto Rico agrario de los años cincuenta, sin televisión, con pocos libros y sin películas, las influencias externas eran mínimas.

Obdulia y Juan Pérez corrieron a la casa de al lado para despertar a los vecinos, parientes de don Genaro y a quienes este visitaba con frecuencia. Así fue como lo había conocido mi madre: Don Genaro solía llevarles una galleta a la pequeña Virginia y a su hermana Ginny cuando visitaba a sus parientes en la casa de al lado. La tiendita de la esquina vendía golosinas de un centavo y estaba perfectamente situada en el camino.

Las dos hermanas se quedaron en la casa como les dijeron sus padres. Estos, acompañados por sus vecinos, se dirigieron a la casa de Don Genaro bajo el velo de la noche. Subieron por el callejón situado junto a la ventana de mamá, giraron a la izquierda en la tiendita y llamaron a la puerta del anciano. Nadie respondió. Don Genaro había muerto.

* * *

Ese año, cuando mamá se acostaba en la cama con su hermana, inhalaba la fragancia de la magnolia. El árbol crecía al final del portal, justo frente a la alacena, y, cuando florecía, las enormes flores desprendían un perfume nauseabundo.

Como la mayoría de las cocinas rurales de Arecibo, la de la casa de mamá estaba mitad adentro de la casa, mitad afuera, y la alacena estaba más afuera que adentro. Tallada a mano en la década de los años treinta, era el orgullo de su papá, una pieza fina que pudo comprar al cabo de muchas cosechas. Los gandules y las batatas le habían permitido adquirir su única antigüedad. Sus estantes guardaban algunas piezas de vajilla y tenedores y cuchillos bonitos, cosas finas que se usaban en los días festivos.

Mientras mamá se adentraba en el sueño y el olor de las magnolias llenaba sus pulmones, escuchaba el estruendo de vasos y vajillas estrellados contra las paredes, y de utensilios que caían al suelo. Luego comenzó a escuchar pasos explosivos que se acercaban a la casa, y algo que se arrastraba tras ellos. También escuchó un cascabel tintineando, tintineando. ¿De dónde vendría? No había ningún cascabel en el armario.

Décadas después, siendo ya santera en Filadelfia, mamá aprendió el propósito ceremonial del cascabel: llamar a los Egun, convocar a los ancestros. Pero cuando tenía cinco años era solo un cascabel: *tákata, tákata, tákata.*

Las pesadillas ocurrían durante la floración del magnolio, y el gran árbol florecía varias veces al año. Con demasiada frecuencia, pensaba su mamá, pues sus sueños se volvieron abrumadores.

—Cuando escuches algo, páralo rezando una oración —le dijo su madre.

Al principio funcionó, y el horrible sonido del cascabel disminuyó. Pero nuevos sueños ocuparon el lugar de los antiguos. Mamá empezó a soñar con gente, extraños que hacían fila a lo largo de la inclinada calle de la casa, desde la cima de la colina hasta el pequeño valle donde desembocaba la tubería del alcantarillado. Cientos de personas que esperaban para cruzar a otra tierra, como si el túnel de cemento fuera la puerta a lo desconocido.

Obdulia era una mujer devota que iba a la iglesia. A pesar de haber dejado la escuela en segundo grado, leía *La Biblia* a diario con la devoción de un erudito. Su hermano era ministro metodista, y todos en la familia eran cristianos. Durante mucho tiempo, mantuvieron en secreto los sueños de mamá. No querían estigmatizar a la niña. Pero, luego del incidente de Don Genaro, se corrió la voz. Los vecinos de al lado lo supieron. "Tiene facultad", susurraba la gente.

* * *

Frente a la casita de madera de la familia de mamá estaba la finquita de su padre. La tierra estaba parcelada y la trabajaban tres hombres de forma cooperativa. Apartada del tráfico peatonal de la pequeña carretera, a mamá le gustaba fantasear y explorar solitaria en el lugar. Jugaba a escapar del cerdo y a atravesar y esconderse entre los surcos de gandules. Disfrutaba recoger parchas agrias y guayabas pulposas de los árboles que crecían junto a la cerca de seguridad alrededor de la charca. En esa charca una vez, un banco de lodo movedizo se tragó un caballo hasta el cuello y ella vio cómo tres hombres lo jalaban con sogas al rescate.

Una tarde, mamá vio una multitud atravesar la finquita hacia el agua bruñida de la charca. En Arecibo, cuando se congregaba una multitud era porque sucedía algo. Eventos como una procesión fúnebre o un desfile del Día de los Inocentes. En cuanto veían un grupo, los niños se acercaban.

Ese día, la multitud era diferente. Se trataba de hombres con rostros preocupados que buscaban algo. Mamá se preguntó qué podría ser. En las tierras de su papá solo había cultivos, algunos animales y la charca de agua. Tras rebuscar el área y no encontrar nada, los hombres salieron del terreno, cruzaron la carretera y entraron al balcón del hogar de Juan Pérez, donde Obdulia los estaba esperando. Cuando mamá se acercó para escuchar, Obdulia le ordenó que entrara a la casa.

—Ve a buscar a papi y quédate en tu cuarto. No salgas.

Mamá hizo como le dijeron, y observó desde la ventana de su cuarto cómo sus padres, Obdulia y Juan Pérez, despedían al grupo en voz baja.

Unas semanas después, un hombre del barrio fue encontrado ahorcado en su apartamento. En la nota de suicidio describía el armario donde había escondido a la niña que había matado. A pesar de estar algo deteriorado, el cuerpo de la niña revelaba evidencias de brutalidad y violación. Eran actos monstruosos inauditos en Arecibo. El dolor y la conmoción se apoderaron del pueblo, y Obdulia y Juan Pérez no pudieron seguir ocultándole la verdad a la pequeña Virginia. El grupo de hombres habían ido a la casa porque escucharon hablar de una niña con un don especial. Y ellos pensaron que ella podría ayudarles a localizar a la niña desaparecida. Los papás de mamá se negaron.

Para mamá fue una noticia amarga descubrir que había podido evitar algo terrible. Que no tuvo la oportunidad. No entendía, si sus dones eran reales, por qué tenía que esperar a que fueran a buscarla y preguntarle. Pensaba que debía saber la verdad antes, a través de sus sueños. Ella y la niña asesinada iban a la misma escuela, y sintió culpa de que esa niña ya no estuviera sentada en la clase.

Mamá enfermó. La luz más tenue le provocaba dolores de cabeza. Su hermana Ginny, que pasaba las tardes cepillando el largo cabello de su hermanita, veía el cepillo de pelo convertirse en un matorral de mechones caídos. En las partes sin pelo asomaba la piel de la cabeza de mamá. Su piel trigueña se volvió amarillenta.

A instancias del doctor Sandín, un hombre alto y amable de piel blanca que hacía visitas a domicilio, Obdulia y Juan Pérez encerraron a mamá en una habitación oscura. El doctor le recetó inyecciones de Vita-Min, habló de problemas renales y le mandó a hacer espejuelos para leer. Mamá dormía en la cama de sus padres, temerosa de los terrores que podría traer el sueño, y pasaba los días temblando y delirando.

Entonces Obdulia decidió que ya era hora de tumbar el magnolio. Las propiedades curativas y la esencia de sus flores eran reconocidas. Obdulia comenzó a creer que el árbol tenía también otros poderes. Y que quizás su aroma atraía a los espíritus. Además, cortarle permitiría a Juan Pérez ampliar el balcón de la casa. Ya había empezado a transformar la casita, cambiando la madera por cemento. Cortar el árbol de magnolia prometía beneficios reales.

Una vez cortado el árbol, las visiones de mamá desaparecieron. Nadie más la visitó en sueños. Entonces mamá desarrolló el don de negar que tenía un don. Desde muy niña aprendió a estar incompleta. Con el auto-sometimiento llegó el alivio, fresco como el agua de charca.

A mamá le volvió a crecer el pelo. Recuperó su niñez.

* * *

Cuando mi madre terminó de contarme su historia, nos quedamos en silencio, hasta que oímos, a lo lejos, un sonido de gomas sobre la gavilla. Al otro lado de la carretera el burro rebuznó, anunciando que papá había vuelto del trabajo de carpintería que hacía el fin de semana.

—Será mejor que empiece a preparar la cena —dijo mamá.

Tumbada de espaldas, con los ojos entrecerrados, traté de imaginarla como una niña calva y asustada, pero solo pude ver a una hermosa mujer de veintitantos años, de rasgos angulosos, con una bandana sosteniendo sus rizos.

—¿Es un secreto? —le pregunté.

—La gente usa las cosas que no entiende en tu contra —me dijo.

—¿Lo sabe papá?

Mi instinto me decía que no. Mamá me acarició la barbilla.

—¿Alguna vez has tenido sueños así? ¿O recibido visitas?

Había deseo, además de ternura, en sus ojos. Pensé que el silencio sería respuesta suficiente, pero mamá se quedó esperando una respuesta. Moví apenas la cabeza para decir que no.

—Si alguna vez te pasa, ven a hablar con mami. No hay nada que temer. Y, si no lo haces, tampoco pasa nada. Solo recuerda que la noche que quedé embarazada de ti vi que las luces entraban en mí.

Mamá me besó la frente y luego se recogió la falda para ponerse de pie. Sin embargo, su ternura no pudo esconder su decepción, ni mi silencio pudo camuflar la mía. Inmóvil, en el suelo, la observé igual que un boxeador abatido mira los pies del vencedor. No estaba segura de si la mujer que se alejaba era mi aliada o una extraña a quien acababa de conocer.

Mamá había confiado en mí. Eso era lo importante. De la misma manera en que el bosque me confiaba cosas: una piel de serpiente todavía húmeda, una punta de flecha desenterrada. Tal vez escuchar era mi don. Quizá guardar el código de la caja de seguridad era un honor, aunque yo no fuera dueña del tesoro que había dentro.

Como yo no había asistido a ninguna iglesia excepto a la catedral espiritual en la cima de la colina, ni había leído otra escritura que no fuera la libreta de mi mamá, me imaginé a Dios a su imagen y semejanza: susurrando en español, con los pechos y su vientre suave, escondiéndose cautelosamente, de un mundo que no la comprendía. Sí. Había descubierto que mi confianza era refugio.

Para cuando mamá me llamó a cenar desde la puerta trasera, había encontrado mi peldaño en aquella escalera. Tal vez en otros domingos me contaría más secretos.

3

EL INGLÉS ES EL IDIOMA DEL ATEÍSMO
Y EL LENGUAJE DE LA CARPINTERÍA

Papá fumaba un cigarrillo Camel sin filtro, su larga melena cayendo en cascada sobre el respaldo de la silla, los ojos ocultos tras un libro de ciencia ficción. Asimov, Vonnegut y Bradbury habían invadido su biblioteca y ahora formaban torres por todo el suelo de su estudio. Cada lomo agrietado atestiguaba múltiples relecturas, la mayoría con las carátulas rotas. A veces me colaba en el estudio cuando papá no estaba, y hojeaba las páginas amarillentas, saboreando el olor a astillas y hierba. Esos libros eran la única huella del pasado de papá. Si tenía padres, nunca los mencionaba o describía. Si venía de algún lugar, nunca hablaba de él. Tenía la impresión de que había salido del bosque, como un adolescente eterno con un centenar de libros al hombro y una pipa de agua en el bolsillo trasero.

—¿Dios existe? —le pregunté.

—Dios es el opio de las masas —me dijo, reclinando su silla giratoria de madera.

Sus pensamientos sobre cualquier asunto eran a menudo demasiado grandes para sentarse erguido. Papá podría haber dicho cualquier cosa mientras descansaba, y yo lo habría dado por indiscutible.

—¿Sabes qué es genocidio? —preguntó.

—No.

—¿Y la esclavitud? ¿Y el Holocausto? Ya lo aprenderás, aunque no en preescolar. Son cosas terribles que la gente ha hecho en nombre de Dios. La religión es la raíz de todos los males.

Papá se detuvo, para comprobar que había expresado lo que quería, y luego volvió a llevarse el libro a la cara.

Cerré la puerta tras de mí, pero apenas podía moverme en el pasillo. Si la religión era mala, ¿también mamá era mala?

Durante la semana, cada vez que lo veía temía preguntar, hasta que, por fin, el viernes me decidí a hacerlo. El autobús escolar me dejó en la señal de Pare de la carretera, a un cuarto de milla cuesta arriba lejos de mi casa. Nuestra casa estaba escondida detrás de curvas y zarzas, y a medida que me acercaba escuché el chillido de la sierra de mesa de papá. Era el momento. Sabía que él y mamá discutían con dureza y odio, siempre después de que yo me acostaba, como si los párpados cerraran también mis oídos, pero si papá pensaba que mamá era mala no había nada que hacer. Él no veía su salsa especial, su ingrediente principal, su abecedario.

Los dedos de mis pies sintieron ese cosquilleo que se siente cuando se está cerca del borde, y tras dar tres pasos mareados sentí que cruzaba un puente construido con ramitas.

Al acercarme a la casa sentí la tos de fumador de papá, ese sonido grave que era eco del primer cigarrillo que fumó a los trece años. Entré en el garaje y me recibió una constelación de aserrín. Las motas de luz flotaban, suspendidas, bailando despacio.

Papá levantó la vista y me saludó con la cabeza. Su concentración era contagiosa, y me quedé en silencio viéndolo trabajar. Él le dio vuelta a una pesada plancha de madera, de un lado a otro, examinándola con un cigarro colgando de los labios. Parecía un trozo de madera lisa y sin brillo, pero después de mirarme para comprobar si le prestaba atención, papá bañó la tabla con alcohol. De repente, bucles y rizos brillaron en su superficie.

—Arce rizado —dijo, como un sacramento.

—Arce rizado —repetí, como un rebaño de una persona.

En pocos minutos el alcohol se evaporó y la veta de la madera volvió a ser opaca. En los próximos días, papá me explicó, lijaría la tabla, primero con una lija áspera y luego con una cada vez más fina. Después la aceitaría, una y otra vez, día tras día, hasta que el brillo que acababa de vislumbrar se hiciera permanente y la veta se mantuviera brillante. Para ese proyecto solo emplearía juntas de caja y espiga, sin un solo clavo.

—La carpintería, si se hace bien, es más fuerte que los clavos —me dijo.

—¿Cómo puede ser eso?

—Un clavo crea una perturbación, un agujero. Daña la madera.

El taller de papá era mi programa extraescolar. A veces me atrevía a preguntarle algo mientras trabajaba, a pedirle una explicación. Él me respondía con la menor cantidad de palabras posible, pensando cada sílaba. Pero la pregunta de hoy era una roca en mis labios. Si la religión es la raíz de todos los males, ¿mamá también era mala?

El cielo estaba lleno de franjas de un anaranjado sanguíneo cuando papá miró su reloj. Corrimos hacia la camioneta y perseguimos el sol que huía por las curvas mientras las zarzas verdes se convertían en siluetas oscuras. La ferretería cerraría pronto y papá necesitaba papel de lija. Su Camel sin filtro crepitaba como una hoguera en miniatura. Más que dar una calada al cigarrillo, papá exorcizó a un demonio. Cinco caladas y, listo, se consumió. Entonces papá abrió la ventanilla y por el retrovisor vi la colilla volar como un cometa.

Mamá me había contado uno de los secretos de papá. En su niñez, solía asistir cada verano a un campamento de *survival*, donde aprendió a sobrevivir por sus propios medios. Pasaba veintiún días solo en la naturaleza, con una brújula y un cuchillo, sin tener forma de contactar a su familia. "Qué jodido", me había dicho mamá. Me había imaginado a papá de pequeño tallando palos bajo las estrellas, preludios de los lápices afilados a mano que había por doquier en nuestra casa.

Entonces, un verano, cuando papá tenía trece años y ya era un experimentado *survivalist*, su estadía tuvo un abrupto y prematuro final. A las dos semanas, un oficial del campamento llegó a toda prisa al bosque y le dijo que debía irse, que no había tiempo que perder. Llevaba varios días intentando localizar a papá. Habían avisado de su casa que había ocurrido otro ataque al corazón a causa de la diabetes, el cuarto y último. A papá lo sacaron de la montaña para asistir al funeral de su madre. "¿Te imaginas?", me había dicho mamá con un suspiro, "se enteró de la muerte de su madre por un extraño".

Algo hizo clic en mí. La tristeza de papá siempre me había parecido un poco santa. Una vez le pregunté, pero enseguida pasó de un "Sí, eso fue triste" a contarme que podía encender un fuego en un bosque húmedo sin un fósforo. El campamento de supervivencia era la única parte de su infancia que había disfrutado, me dijo, usando para ello más palabras de las que había empleado para hablar sobre su madre.

En la tarde, cuando el sol ya se había puesto, papá entró en el estacionamiento de True Value y accionó el freno. Detrás de los carteles de las ventanas, un cono de luz iluminaba la caja registradora. Todavía estaba abierta. Adentro encontramos varias lijas, y papá seleccionó algunas que iban de áspero a suave. Cada una dejaba arañazos de distintos tamaños en mis dedos. Y, aunque la señora había quitado el cerrojo de la puerta para dejarnos pasar, los últimos clientes del día, papá se tomó su tiempo para explicarme cada nivel de aspereza. Habría detenido el mundo para educarme en los pasillos de True Value.

Cuando salimos, la señora volvió a cerrar y papá y yo nos quedamos bajo el letrero de la tienda, donde él encendió otro cigarrillo sin filtro.

—¿Helado de crema irlandesa con caramelo caliente?

Baskin-Robbins todavía estaba abierto, y quedaba solo a un estacionamiento de distancia. Con la oferta de papá, mi pregunta urgente se disipó. La religión es la raíz de todos los males, había dicho. Entonces, ¿mamá era mala?, me preguntaba a mí misma. Pero en aquel estacionamiento vacío y sin luz pude ver la grieta en la base de ese pensamiento. Papá no era ateo. Sus palabras no coincidían con su forma de ser. Papá era místico, pensé, como si enderezara un cuadro torcido. Mamá me había hablado sobre los místicos. No eran las típicas cosas de los padres las que convertían a papá en un místico, aunque él también las había hecho: mantén el ojo en la pelota, apunta a la diana, mantén el arco firme; cuando suelte la bicicleta, sigue pedaleando; pronuncia la palabra. El misticismo de papá provenía de su capacidad de estar a la vez al lado mío y a miles de kilómetros de distancia, una facultad nacida de una niñez solitaria en la montaña. A pesar de su implacable certeza intelectual, papá hablaba de un mueble sin clavos como los salmos hablan de los valles.

Ya no me fiaría de sus declaraciones, por mucho que se reclinara en su silla. Si sus palabras no coincidían con su forma de ser, ¿por qué molestarme en buscar explicaciones? ¿Por qué no observar simplemente el trabajo del carpintero, confiando, no en lo que dice, sino en lo que se siente y lo que se ve, que es en definitiva más fiable? Eso hice durante todo el verano, hasta que entré a preescolar.

4

UN NOMBRE QUE ES UNA MÁSCARA

Malvern estaba a solo una hora de Filadelfia, pero era un universo totalmente diferente. Los bosques, los burros y los caballos no hacen ni la mitad de la historia. Nos habíamos mudado a un mundo monolingüe y pálido. Su uniformidad lingüística era tal que resultaba espeluznante como un zombi. Los vendedores y los carteros hablaban inglés con seguridad y pronunciaban todas las vocales exactamente igual. En las casas que visitaba, los niños, los padres y los ancianos compartían el mismo idioma y nunca se detenían para traducir o recordar una palabra. Aunque la gente de Malvern no les rezaba a sus ancestros, como hacía mamá, me di cuenta de que, si lo hubieran hecho, hasta sus fantasmas hablarían inglés. Mi inglés era tan bueno como el de cualquier otro residente de Malvern, pero el de mamá no, y yo intuía que eso traería problemas.

Al llamar la lista de nombres en la escuela, la maestra pronunció mi Q a la manera inglesa, por lo que mi nombre sonaba gelatinoso. Después de arreglar algún error en el libro de asistencia, intercambió las letras de mi segundo nombre.

—¿Algeria?

—Ugh —exclamaron todos los niños al pensar en el país africano.

—¿Algeria? ¡Algeria! —dijeron.

Yo expliqué que era Alegría, significaba felicidad en español.

—Entonces ¿por qué suena feo? —preguntó un niño.

Cuando llegó el momento de levantarnos a recitar el juramento a la bandera, ya me había cansado de corregirlos. Mi nombre "Alegría" fue amputado de mis reportes y tareas como un dedo gangrenado. Tuve que contener el daño a "Quiara" y "Hudes".

Según mamá, antes de que yo naciera había habido una Ciara, unas cuantas Kiaras y muchas Chiarras, pero nunca una Quiara. Ella inventó el nombre derivado de la palabra "querer", para llamarme querida. Cada vez que un compañero de clase se burlaba de mi nombre, las tripas se me revolvían, calientes como una estufa. Sin embargo, bajo el ardor de las burlas me alegraba en secreto, como una superhéroe, al saber que mi nombre era una palabra nueva.

Mi madre me nombró Alegría no porque significaba felicidad, sino en honor al doctor Ricardo Alegría, antropólogo puertorriqueño. Mamá me relató sobre los hallazgos documentados de yacimientos taínos. Como nunca había viajado a la isla, no podía imaginarme petroglifos o piedras en posición vertical. Sus investigaciones y publicaciones ayudaron a nuestra presencia y a nuestro legado cultural. Antes del Profesor, explicó mamá, nuestras raíces indígenas habían sido silenciadas.

—Las tablillas de una biblioteca cargan un poder tremendo, Quiara. Si no está escrito, no existe —me dijo.

Aunque nunca había ido a la universidad, mamá hablaba con reverencia de los libros y el estudio.

—El Profesor nos trajo a la luz. Era un revolucionario, así que tu segundo nombre, Alegría, es una revolución enmascarada en la felicidad.

Hudes venía de papá, por supuesto. Papá rara vez hablaba de cosas judías, y su apellido no era una excepción. Si tenía raíces en algún idioma o significaba algo, no lo sabía. Lo único que sabía era que en inglés la u se pronunciaba como en *beautiful* o *cute*, aunque los desconocidos la pronunciaban como en *moo* o *boot*. Tenía una "u" muda en Quiara y una "u" sonora en Hudes. Mi nombre rompía sus propias reglas.

* * *

Tres semanas después de empezar el preescolar, mamá llevó a la escuela un bizcocho de cumpleaños de esponjosas capas amarillas intercaladas con mermelada. Lo había hecho ella misma con frambuesas silvestres de la granja. Estaba cubierto por una capa glaseada hecha con cientos de minuciosos ramilletes de crema que mamá había dibujado la noche anterior mientras susurraba boleros.

Cuando los niños vieron la piel cobriza y el afro suelto de mamá se volvieron hacia mí.

—¿Eres adoptada? —me preguntó uno.

Se me revolvieron las tripas y negué con la cabeza.

—Entonces, ¿qué eres? —me dijo, con auténtica curiosidad.

La verdad es que no tenía ni idea. Para mí, Puerto Rico era una isla del pasado. Ser judío era más turbio, pues no era ningún lugar en absoluto, y papá se encogía de hombros cada vez que se pronunciaba la palabra. Un grupo de compañeros de clase me rodeó, esperando mi respuesta. Sus ojos estaban llenos de emoción. Me molestaba que en esa ciudad donde solo se hablaba inglés el tono de piel de mamá y sus vocales de melaza la convirtieran en un titular de noticia, y que el hecho de que yo fuera diferente a ella significara algo.

—¿Entonces? ¿Qué eres?

—Soy mitad inglés, mitad español —me atreví a decir, como si no estuviera hecha de carne y hueso, sino de idiomas.

Y me sentí bien. Los niños parecían satisfechos con mi declaración.

5

UN PRIMO INGLÉS VIENE DE VISITA

Pasó más de un año sin que nos visitara ningún familiar. En Filadelfia, mis primas y tías siempre estaban cerca, rotándose entre nuestra puerta y la de Ginny, cuidando niños e intercambiando chismes. Pero ni una sola vez visitaron la granja, así que los invitados que teníamos eran como la gente de Malvern, solo hablaban inglés. Pero Simon, mi primo por parte de papá, fue desde Filadelfia a pasar el fin de semana con nosotros. Teniendo en cuenta los pocos compañeros de juego que tenía en la granja y los pocos amigos que había hecho en la escuela, la oportunidad de mostrarle a un niño mayor, un niño de ciudad, mi selva personal me emocionaba. Era como estar con mis antiguos socios, trepando a los árboles para lucirme y clavándome una espina en el brazo para dejar salir una gota de sangre y deleitarme con la expresión de "¡Qué asco!" de Simon.

El avispero estaba escondido bajo una mata de hojas húmedas, en una parcela distante del bosque, a medio camino del pasto de las vacas. Llevé a Simon hasta el pequeño lago con algas, aplastando el lodo con mis pies desnudos. Lo supe en cuanto la pisé: la textura como papel bajo mis pies, el crujido de la colmena rota. Las abejas salieron de su hogar como alma que abandona el cuerpo. Una nube zumbante me cubrió.

—¡Corre! —gritó Simon.

Sentí un dolor eléctrico por todas partes. Salimos corriendo del bosque, chillando entre las vacas impávidas. Yo aullaba de terror y dolor, y Simon gritaba porque pensaba que me iba a morir. No pude huir de las abejas. Aun corriendo a toda velocidad, estábamos a diez minutos de la casa. Había cientos de ellas, una cantidad mortal. Encontraron mi dedo meñique, mi rodilla y mi cuello. Me nublaron la frente, se cernieron sobre mi coronilla, se agarraron a mi pelo.

—¡Tu blusa! ¡Tu blusa! —gritó Simon.

Al mirar hacia abajo, vi mi blusa cubierta de abejas muertas; colgaban de los hilos como lentejuelas de la muerte. Me arranqué la blusa a mitad de camino, lo arrojé detrás de mí y durante un bendito suspiro el terror se detuvo. Las abejas se calmaron y pasó por mi mente un pensamiento, "estoy desnuda". "Este es mi vientre. Estos son mis pezones planos y rosados, y él los está mirando". Entonces la hierba encontró mi mejilla y el descanso encontró mi cuerpo.

* * *

Recobré la consciencia en los brazos de papá. ¿Cuánto tiempo habría pasado? Papá pateó la puerta mosquitera con tanta fuerza que se descolgó, y tuvo cuidado de no golpear mi cabeza mientras entrábamos. Se dirigió a la cama más cercana, me colocó encima de la colcha y me quitó suavemente la ropa para ver el daño que me habían hecho las abejas.

—No me quites mi ropa interior—susurré, demasiado débil para mantenerla en su sitio.

Mientras papá y Simon me examinaban, vi que el miedo de Simon se convertía en curiosidad y luego en traviesa excitación. Hizo una O de asombro con la boca, señalando mis manos, que intentaban cubrirme como una hoja de higo.

Deseé que mamá recibiera la llamada de auxilio de mi alma al igual que había recibido los mensajes de otros espíritus en apuros. Tenía que venir rápido, cerrar la puerta contra todas las miradas y curarme con aceite de eucalipto y sus manos femeninas. Un millón de veces me había vestido, bañado y curado, y cada vez sus ojos me habían dicho que mi cuerpo no era ni más ni menos extraordinario que la hierba, las plantas o las piedras.

Pero, o mi llamada de auxilio se perdió en el camino, o mamá se atascó en el tráfico de regreso a casa.

Resultó que no era alérgica a las abejas, y que la constelación de picadas no se hinchó demasiado. Pasamos la tarde en mi habitación, yo con dolores de cabeza intermitentes. Simon y yo recreamos lo sucedido una y otra vez, sin necesidad de adornos. ¿Cuántas picaduras tendría?

—Cientos —afirmó con los ojos muy abiertos, asustado al volver a contarlas.

Marcamos cada picadura con bolígrafo azul mientras calculábamos. Entonces llegó el momento de revisar mi torso, pero me levanté la camiseta solo hasta la mitad. Simon me miró, con esperanza en sus ojos brillantes. Ya había visto varias veces mis pezones, al igual que todos los niños de Filadelfia. Cuando jugábamos con el hidrante de la acera, retozaba feliz con el único traje de baño que tenía, unas pantaletas de la Mujer Maravilla. Entonces le dije a Simon que había dos picaduras ocultas a la vista, y las añadió a la cuenta, decepcionado mientras dibujaba sus marcas. Luego me fui a la cama y me metí bajo las sábanas. Los eventos del día me hacían palpitar la cabeza.

"Mi cuerpo no significa lo mismo para los demás que para mí", pensé. No es que me molestara lo que mi cuerpo significaba para Simon, para quien era algo curioso, tal vez la posibilidad de jugar al médico o el leve escándalo de ver las partes privadas de su prima. Eso no me importaba. En Filadelfia siempre hacía cosas de adultos con mis amiguitos, a menudo por insistencias mías. Lo que me molestaba era que su curiosidad fuera más importante que mi herida. Y que en el momento de mi dolor yo no pudiera definir el significado de mi propio ser.

Fingí dormir durante horas. Cuando Simon se despidió éramos como dos globos de helio que habían perdido el gas. Nunca terminamos de contar las picaduras de las abejas.

6

EL LENGUAJE DEL BOSQUE

La vida que mamá se construyó en el bosque con un hippie solitario resultó un gran fracaso. Cuando estaba en segundo grado, ellos se separaron, y mamá y yo regresamos a la antigua calle de Filadelfia, como si nos hubieran desahuciado desde el suburbio.

Casa de papá cada dos semanas. Casa de papá los fines de semana. Casa de papá cada dos fines de semana. Casa de papá una vez al mes, si acaso. Las líneas del tren R5 se convirtieron en mi brújula. Los trenes salían de los andenes 12, 32 y 52. Me convertí en una migrante. Me dijeron que buscara siempre un asiento en el pasillo cerca del conductor, que me cortara las uñas si un hombre se sentaba a mi lado y que, si eso no lo repelía, que me cambiara de asiento. Pero las normas me daban igual: siempre corría a buscar la ventanilla y apoyaba la cabeza en el liso cristal. Siempre estaban salpicadas de polvo en el exterior, lluvia sucia que se había secado. Yo contemplaba más allá del polvo, como si mi vida fuera un borrón en la distancia, que se va, se va, se va. Mamá había hecho este mismo trayecto para ir a trabajar y había terminado agotada. A mí la ruta no me cansaba, sino que me causaba frío. El aire acondicionado, los vidrios. Quizás sintiera miedo por el trayecto de una hora, o al tener que esperar a que me recogieran, en la solitaria plataforma. Quizás sentí tristeza porque mi familia se había dividido en dos. Pero al apoyar la oreja y la frente contra el cristal de la ventana me anestesiaba.

Los revisores me saludaban con la cabeza, inclinaban sus gorras de la SEPTA, me llamaban por mi nombre e incluso detenían el tren si me veían correr hacia el andén. Pero sus sonrisas apenas lo disimulaban. Maldita lástima, me decían sus ojos mientras perforaban mi billete, una niña de nueve años viajando sola.

El español de mamá ya no estaba reservado a los rituales en el patio de la casa, fuera del alcance de papá. Ahora se abría un abismo del espacio de una hora entre mi yo inglés y mi yo español. Durante esos viajes me di cuenta de la enorme diferencia entre los quince minutos que separaban la estación de la calle 30 hasta la de Overbrook, la cual estaba repleta de escombros, grafitis, ventanas rotas, y gomas viejas y amontonadas. Y descubrí que tres minutos más tarde, por la zona de Merion, el Main Line se convertía en un oasis de ladrillos relucientes, grama de color esmeralda y rejillas de hierro restauradas. El cambio ligero de paisaje me enfermaba por lo que implicaba sobre mamá, mis titis, mi abuela y mis primas: las mujeres Pérez eran desordenadas y abandonadas; y que mi padre de habla inglesa era grama muy bien atendida.

* * *

Así regresé a mi infancia urbana, la cual había sido interrumpida. Nuestra casa nos había esperado, lealmente. Las telarañas se habían multiplicado en rincones inalcanzables. Las tablas del suelo crujían más fuerte, con las mismas grietas, ahora tan amplias que por ellas se podía pasar una nota al piso de abajo. El rellano de la escalera en el segundo piso seguía estando embrujado, por lo que había que salir corriendo hacia arriba antes de que el fantasma te jalara los tobillos. La cerradura del callejón estaba oxidada, sin llave a la vista. Titi Ginny no nos había esperado: ahora su nueva residencia era en el norte de Filadelfia, más cerca de abuela. Al no vivir sus tías en la misma calle, mis primos Pérez se ausentaban. Y aunque yo vivía en el mismo bloque, casa y habitaciones, todo se sentía diferente.

Sin embargo, todavía pasaba los fines de semana y las tardes después de la escuela en casa de abuela, donde el lenguaje español navegaba sobre los humos del autobús, colándose por cada esquina y a través de las ventanas abiertas. El regreso de mamá al anonimato me tranquilizaba: ella volvió a ser neutral, y la neutralidad, como me había enseñado Malvern, era un lujo. Aun así, incluso en Filadelfia, de vez en cuando mamá y yo teníamos que dar explicaciones.

—¿Quieres hacer horas extra? Acabamos de perder a nuestra niñera.

—Yo soy su madre. Que pases un buen día.

* * *

Sentía que el barco intacto de mi vida se había estrellado, y ahora tenía las tablas rotas e iba a la deriva en direcciones separadas. Era desconcertante ver cómo partes de mí se alejaban cada vez más unas de otras. Busqué en los rincones de las gavetas de mamá, en las cajas de zapatos de los estantes altos, una pista sobre lo que había pasado, el antes o el después de nuestra familia. Unas cajas viejas en el sótano llamaron mi atención. Sabía que los secretos más jugosos se encontraban en la de más abajo. En ella encontré un viejo álbum de fotos que me llevé a mi cuarto y miraba cada noche. Foto a foto supe de la historia de amor de mis padres. Saqué mis fotos favoritas de las fundas de celofán, tocando su acabado mate y sus esquinas redondeadas. Ahí estaban mis padres, con apenas veinte años, en un viaje a una cascada o recogiendo madera en una playa a finales de otoño. Ahí estaban, en el festival del Encuentro del Arco Iris, montados en canoas en un lago rodeado de pinos, papá con una trenza tan larga que caía sobre su espalda desnuda hasta casi rozar su cinturón. Había cuatro fotos instantáneas desde cuya privacidad captaron los besos franceses de sus bocas. Y la foto de ella desnuda a los nueve meses de embarazo, la silueta de sus elegantes pechos iluminada a contraluz por una ventana. Pero la foto donde aparecían comiendo de pie en una fiesta me hipnotizó. Me convencí de que en esa foto estaba la respuesta, y la estudié día tras día. Posiblemente papá fuera todavía un adolescente y mamá acababa de entrar en sus veinte. Abrazados, se habían convertido en un solo universo. Sus cuerpos eran ágiles, envueltos en telas de aspecto hindú, sensuales. Mamá, oscura y luminosa, sonreía a la cámara e imaginaba un gran mañana; papá miraba en diagonal hacia abajo, hacia otro lado, esperando que el aura cálida y saturada de la mujer que tenía a su lado enmendara su terror. La forma en que se entrelazaban sus brazos me recordaba a los paracaidistas lanzándose en formación. Estaban tan hipnotizados por el amor como un ciervo nocturno frente a los faros de un auto.

La separación ocurrió así, o al menos así me lo dijo mamá sin que yo le preguntara: mientras ella trabajaba para pagar el alquiler, papá había llevado a una escultora *punk* a nuestra casa y cama. Cuando el asunto no funcionó, la mejor amiga de la escultora llegó a ocupar la vacante.

—Eso no es cierto, mamá. Susan y Sharon eran amigas de papá.

—Tengo las cartas. Están en unas cajas en el sótano. ¿Quieres leerlas?

—No.

—Él las dejó por todas partes, como rogándome que las descubriera. Pero cuando una mujer quiere ser ciega, es sorprendente lo que se niega a ver.

—Susan me enseñó el arte de usar la pistola de pegamento y a ensamblar los objetos que me encontraba. Sharon me prestó sus zapatos de escalar y con ellos subí un acantilado de 60 pies de altura. Esas son cosas que hacen los amigos, mamá. Salí con ellas y con papá. Los hombres y las mujeres también pueden ser amigos.

—Que anduvieran contigo… No hables de cosas que no sabes, Quiara. Yo lo sé. ¡Yo lo sé!

—Bueno, ¡nunca le gritaron a papá como tú hacías siempre!

—Óyeme bien, Quiara. Nunca me gustó juntarme con los hippies. Toda esa hierba, tú me entiendes, no me gusta eso. Pero decidí sorprender a tu padre y aparecerme en una de sus reuniones sin avisar. Todas las cabezas se volvieron hacia mí como diciendo "oh, oh". Pues bien, una chica arrogante de voz chillona y sonrisa falsa se me presentó y no se apartó de mí. Parecía empeñada en avergonzarme, toda la noche buscando peleas, criticando mi trabajo social en el barrio. ¿Creería que, porque se había graduado en la universidad y había viajado a Nepal era una experta en temas hispanos? Vete a la mierda, perra. Otra feminista blanca que creía tener las respuestas. Todas sus amistades lo sabían, Quiara. Ellos estaban al tanto de los asuntos de tu padre. Le habían presentado a las mujeres, ¿puedes creer? Mientras yo me rompía el culo poniendo la comida en la mesa…

—Mamá suspiró un montón de veces rápidamente, y luego bajó la voz al nivel de la verdad, diciendo en alto—. Siempre querré a tu padre porque gracias a él te tuve a ti.

—¿Y qué hiciste en la fiesta? —pregunté.

—Le dije a esa perra lo que pensaba. "No pongas en duda mi integridad, puñeta, cuando he estado en el suelo, rompiéndome el culo por una comunidad de la que no sabes una mierda, ¡solo porque fuiste voluntaria en Habitat durante quince minutos!".

Mamá volvió a suspirar. Un babalao la había alertado, me dijo. Ella había ido a consultarse por otro asunto, y él le preguntó a ella "¿Eres feliz en tu matrimonio?". "Mucho", le respondió. "Pues, cuando regreses a tu casa esta noche, no habrá matrimonio", le anunció. Mamá se echó a reír en la cara del babalao.

—Mira lo que pasó, Quiara. Mira lo que pasó. Orula no miente.

Bloqueé su voz. Era demasiado para mí. Su descarga era agotadora. Y esas palabras, "Orula" y "babalao", eran como explosivos en un campo de batalla. Ni siquiera sabía lo que significaban. Pero en esas vocales redondas percibí un nuevo idioma. Uno que, aparentemente, mamá no se detenía a explicarme.

* * *

Decidí preguntarle a papá sobre esto, como había hecho con el tema de Dios. Me recogió en la estación cuando lo visité el fin de semana, y en cada curva del camino rural luché contra mis nervios. *"¿Tuviste una aventura con...?"* sonaba demasiado acusador. *"¿Engañaste* a...?"*, demasiado directo. *"¿Te acostaste con...?"*, ni hablar. Por fin llegamos al garaje y se me acababa el tiempo.

—¿Te desnudaste y te metiste bajo las sábanas con Susan?

Hasta yo sentí vergüenza por la ingenuidad de mis palabras. Por un segundo, me preocupó que tomara mi pregunta como el cuento de la cigüeña. Pero, por la forma en que se desplomó al apagar el motor, supe que había entendido.

—¿Por qué Susan específicamente?

—Sé que lo has hecho con Sharon. Te vas a casar pronto. Pero tú y Susan dejaron de ser amigos cuando tú y mamá estaban juntos. ¿Lo hiciste? ¿Te quitaste la ropa y te metiste en la cama con Susan?

El sí de papá cambió nuestra relación para siempre. Así fue como mi dios carpintero se bajó de su pedestal de aserrín y se convirtió en el extraño solitario que veía de vez en cuando los fines de semana.

—Ojalá supiera mentirte, Quiara —dijo.

Había sido mi héroe por todos esos años, y de repente, en el asiento de su camioneta estacionada, tuvo lugar la ceremonia en silencio, en la cual se abrió un abismo que brillaba entre nosotros, de extensión panorámica y belleza devastadora. Luego bajamos de la camioneta y entramos a la casa.

* * *

A raíz de la separación, la melancolía se apoderó de papá como un oso que sale de la cueva tras la hibernación. Lo noté durante las estancias de fin de semana en la granja que hasta hacía poco había sido mi hogar.

Papá me recogió en la plataforma del R5 y encendió un cigarrillo mientras entrábamos en la carretera rural.

—He estado pensando —dijo, con una mano en el volante— en dejar Malvern. No estoy seguro de a dónde iré, pero será a algún lugar lejano, donde nadie me conozca. Quizá California, cerca de las secuollas. Quiero empezar de nuevo, desde cero. ¿Qué te parece, cariño? ¿Quieres venir? —Su voz se quebró un poco al exponer sus sueños—. No habrá mucho dinero hasta que consiga algún trabajo. Probablemente no podría comprarte ropa nueva para la escuela. Tendrías que dejar a tu madre, a tus amigos y a tu familia, y quizás no los veas durante mucho tiempo.

Me conmovió ser parte de la fantasía de escape de papá, pero el momento me pareció inoportuno.

—¿No te vas a casar con Sharon en un mes?

—Sí —dijo.

La siguiente vez que me buscó en la estación se había cortado todo el pelo.

Recogerme del tren, regresarme al tren. Parar en Wawa, echar gasolina y comprar Camels sin filtro y café negro. Ese era nuestro ritual de ida y vuelta. Hubo más confesiones, como si yo fuera su única confidente. No estaba enamorado, me dijo. Y no había suficiente trabajo en la carpintería. Se sentía responsable de que no tuvieran buena ropa ni pudieran tomar vacaciones en Florida. Ahora ser hija significaba escuchar, hablar menos, nunca llorar y demostrar devoción con contacto visual y movimientos de cabeza.

* * *

Nadie me dijo cómo debía comportarse una niña en la boda de su padre. Sabía muy poco sobre lo que iba a ocurrir ese día, y no me di cuenta hasta esa misma mañana de que la boda se celebraría en la granja de caballos, a veinte minutos a pie del jardín circular de mamá, ahora marchito. La primera vez que visité a papá sola corrí a recoger hojas de salvia para frotarla con mis manos y oler su fuerte fragancia medicinal. Lo que encontré fue un círculo de tallos marchitos: plantas arrugadas y dobladas, rotas y descuidadas. El día de la boda ya no quedaba nada del jardín.

Más allá de las colinas donde mamá y yo rezamos una vez, había una mansión de piedra azul propiedad de residentes de la vieja guardia del Main Line. Una señora de edad avanzada, la matriarca, administraba la finca, incluyendo la casa que habíamos alquilado.

La boda se celebraría junto a la verja de arbustos manicurados, y el banquete se haría junto al lago de lirios. Pero, antes, unas personas que no conocía posaron para fotos. Me aventuré y, sin conocer ningún protocolo, me uní al gran grupo. Gente desconocida llamaba desde el patio, agitando los brazos y gritando "¡Entra! Deprisa".

Creía que debía unirme. Pero, después del primer flash, Sharon me tocó el hombro y me hizo un gesto con el dedo para que me apartara. Entonces se levantó el velo y se inclinó a la altura de mis ojos, sonriendo.

—Este es un retrato de los miembros de mi familia. Te avisaré si te necesitamos. Hoy es mi día —me dijo.

Su sonrisa parecía razonable, incluso amable, pero no se sintió como un paseo por el parque escuchar esa palabra: "mi". Nunca la había oído utilizada como arma. "Hoy es mi día". Sharon se volvió a ajustar el velo y regresó a la sesión de fotos.

Entonces me fui. Llevaba mis zapatillas de *ballet* en las manos mientras corría más allá de las vacas y los caballos, más allá de la charca de algas en la que las abejas me habían picado, más allá de la colina, hacia el interior del bosque. Los veinte minutos de trote destrozaron mis medias, y ahora caminaba demasiado cerca de las zarzas, dejando que las espinas se enredaran con mi vestido y rasgaran la tela. Pateé unas cuantas setas viejas, haciéndolas saltar de los troncos de los árboles caídos. "Hoy es mi día". ¿Por qué no me había dejado entrar en la foto, o por lo menos me hubiera explicado quiénes eran las personas desconocidas? "Hoy es mi día". ¿Por qué yo había asumido afinidad entre nosotras y creído que la boda podría ser, de hecho, *nuestro* día? "No volveré a cometer ese error", pensé. "No volveré a asumir nada como nuestro, nunca jamás". Era mejor renunciar a todo deseo de pertenencia. La soledad era segura y agradable. El bosque lo entendía, me había enseñado bien. Pasé mucho tiempo visitando a mis viejos amigos: los helechos, los sapos, el musgo. Por fin llegó el alivio, una vez que decidí quién quería ser. La niña sola. La niña que desprecia la palabra *my* en inglés.

Animada por esa nueva conciencia de mí misma, y aligerada por todo lo que había dejado ir, me sentí lista para volver a la boda. Sharon se había graduado de la universidad y sus aspiraciones no incluían a una hijastra deprimida con una madre boricua y enfadada. Papá nunca había tenido la intención de secuestrarme a un gran futuro, solo había murmurado un bonito deseo mientras manejaba su camión. Pero nada de esto me molestaría ahora, con mi nueva armadura de soledad. Si la coraza y el casco de hierro eran pesados, tal era el costo de la protección de una guerrera. Incluso la tierra debajo de mis uñas susurraba: "Tienes un bosque tranquilo en tu interior. Retírate hacia él, allí nadie podrá hacerte daño".

Al concluir la larga caminata de regreso, descubrí que las sillas plegables habían sido movidas. Ya no formaban una cuadrícula ceremonial sobre la hierba, sino que ahora rodeaban las mesas para el almuerzo. Las bandejas del bufé estaban revueltas. Había servilletas arrugadas en las mesas, y la gente se congregaba aquí y allá, con las copas y las llaves del auto en la mano.

—¿Qué tal estuvo? —le pregunté a una desconocida.

—Encantador —respondió la anciana—. ¿No te parece?

Recorrí la multitud con la esperanza de que papá apareciera. No esperaba mucho, quizá treinta segundos o un minuto. Me daría una palmada en la espalda, soltaría un "¿Dónde has estado, nena?", con una mezcla justa de reprimenda y perdón. Y yo le ofrecería la simple verdad: "Lo siento, papá, perdí la noción del tiempo". Pero no se acercó a mí en el resto de la noche, y ahora, conociéndome a mí misma, podía vivir con su silencio.

PARTE II

Todo el lenguaje de mis mujeres
Pérez y, sin embargo,
tanto silencio...

7

VOCABULARIO MÉDICO LATINO
DE FINALES DE LOS AÑOS OCHENTA

Mi madre no siempre se dedicó al activismo comunitario. Antes de que yo naciera había trabajado como carpintera haciendo trabajos no-tradicionales restaurando edificios. Pero, poco después de mi llegada al mundo, cuando vivíamos en el oeste de Filadelfia, había una pareja feminista que vivía frente a mi casa, y desviaron a mamá de la carpintería. La señora Penny era desaliñada y simpática, con una nube de rizos despeinados. La señora Nancy era profesora de la universidad. Era alta, de voz ronca no menos cálida, y siempre estaba bien vestida, con pañuelos, tirantes y pantalones de lana. Era *trans* antes de que yo conociera el término. Fueron las primeras personas blancas que se mudaron a nuestra calle, antes de que papá fuera a vivir allí. Cuando entraban o salían nos saludaban, pero llevaban una vida tranquila a puertas cerradas y con las cortinas corridas. Mamá decía que eran valientes y que debía dirigirme a ellas con la cortesía y el respeto que merecen los mayores venerables.

Eran los buenos tiempos. Antes de la granja de caballos. Antes del tren R5. Yo corría por los callejones junto a mi pandilla y llegaba a casa sedienta, con las rodillas raspadas, para encontrar a las señoras Penny y Nancy en la sala con mamá. Hablaban sobre la condición de la mujer profesional y pronunciaban palabras como "sindicato", "derechos" y "trabajo", que yo escuchaba mientras me embuchaba de agua y merendaba. Aunque mamá desconfiaba del feminismo blanco, nunca tuvo una mala palabra que decir sobre ellas: dos mujeres rebeldes que construyeron puentes hasta la puerta de mamá.

A través de sus contactos en la universidad de Temple, donde enseñaba, la señora Nancy conectó a mamá con programas de formación para mujeres que quisieran desempeñar oficios, y que asistían para conseguir empleos sindicalizados con salarios equitativos. Pronto mamá organizó a las demás participantes y cofundó Mujeres Obreras con Trabajos No-Tradicionales en la sala de nuestra casa. Compartían información relevante obtenida de sus compañeros del sindicato, e intercambiaban chismes que escuchaban en sus trabajos. Las historias de mujeres sindicalizadas que sufrían acoso por parte de sus colegas hombres horrorizaron a mamá, por lo que trató de conseguir otro empleo no sindicalizado construyendo tarimas decoradas para el Canal 17. El jefe parecía apoyarla y le garantizó libertad para trabajar como quisiera. Mamá se lanzó a la tarea.

Sin embargo, no estaba a gusto. Era el trabajo comunitario, no la carpintería, lo que la apasionaba.

Y fue a través de su amistad con Lilian Chance, la matriarca de la vieja guardia, dueña de la granja de caballos, que la vida de mamá se encaminó por fin hacia el activismo real. La señora Chance provenía de un linaje de mujeres sufragistas, y cuando vivimos en la granja mamá tocó a su puerta. En Arecibo la gente solía visitar a las personas mayores con regularidad, y mamá conservó la tradición en Malvern. Ambas amaban la jardinería. Ambas tenían relaciones que no las hacían felices. Aunque el matrimonio de la señora Chance con un renombrado ingeniero la había aislado, era muy adinerada y podía darse el lujo de tomar licores de alta calidad a cualquier hora del día. La señora Chance encontró alegría en servir de mentora de mamá.

—Tienes que ir a hacer tu trabajo —le dijo a mamá—. Voy a hacer una llamada para ayudarte.

La señora Chance se puso en contacto con la agencia de Women's Way, una organización que ofrece subvenciones y protección en Filadelfia, dirigida por feministas blancas de clase alta del Main Line. Era un santuario de mujeres que se habían conocido a través de las Hijas de la Revolución Americana. Una llamada telefónica más tarde, mamá entró a trabajar en CHOICE, una línea telefónica de atención y referimiento dedicada a la salud reproductiva y al cuidado de los niños, ubicada en el centro de Filadelfia.

* * *

Pero la chispa del activismo de mamá se había encendido años antes de mi nacimiento, cuando le daba a abuela un masaje para aliviar los dolores de la escoliosis. Sus toques firmes en la cadera de abuela le aliviaban la presión de la espalda.

Un día, mamá vio una cicatriz en el vientre de abuela que nunca había visto.

—¿Qué es eso?

—La operación.

Así fue como mamá se enteró de las esterilizaciones forzadas en su pueblo natal, Arecibo.

Abuela le dijo que no importaba, que eso era el pasado, lo que hizo que mamá insistiera aún más en conocer el origen de la cicatriz. Los detalles que abuela le contó con reticencia, restando importancia a cada parte, le alarmaron. A mediados de los años cincuenta, en Arecibo y otros municipios vecinos, les ofrecieron cupones de dinero y otros servicios a las mujeres pobres en edad reproductiva que accedieran a participar en nuevos programas de anticonceptivos. "Siempre te tiran un dulce para atraparte", le había dicho la Abuela, quien luego describió los altos números de mujeres que irían al pueblo en carro público. En el hospital durmieron a abuela y, cuando se despertó, la enviaron a su casa. Pin, pan, pun. Fue una puerta giratoria.

La ligadura de trompas de falopio por laparoscopia aún no era legal en los Estados Unidos, pero se hizo tan frecuente en Arecibo que muchas escuelas de niños cerraron al bajar la tasa de natalidad. Los hospitales no hacían pruebas de antemano, por lo que abuela fue esterilizada sin saberlo estando embarazada de mamá. Los médicos solo hablaban de la facilidad y validez del método, olvidando convenientemente mencionar su permanencia. El sistema médico apostó correctamente por el silencio de las mujeres puertorriqueñas, porque ¿qué mujer boricua declararía públicamente su esterilidad, o permitiría que la gente supiera que le habían robado la maternidad bajo un engaño? "Mantén silencio y sigue con tu vida. No vayas a hacer una escena".

Abuela había tenido más suerte que muchas otras, habiendo tenido ya varios hijos. De todos modos, eso no era nuevo. De hecho, mamá se enteraría más tarde de que, en décadas anteriores a la operación de abuela, la tasa de esterilización en la isla había ascendido a un tercio de la población. La más alta del mundo.

Pero ese día, mientras le daba un masaje a su madre, mamá se asustó. Cuando terminó de sobar con sus manos a abuela, anotó los detalles en su diario.

* * *

—Nunca había oído hablar de ese asunto.

Mamá me contó lo de abuela mientras organizaba una conferencia sobre la esterilización forzada. Yo estaba en cuarto grado y me estaba aclimatando al *después*. Después de la granja de caballos. Después de la separación. Ahora mamá y yo teníamos más tiempo para estar juntas, y yo lo dedicaba, en parte, a demostrar que era una oyente respetuosa. Ella recompensaba mi atención apasionadamente con relatos de las batallas de su vida como disidente, en las trincheras de la lucha por la justicia y el bienestar de la salud.

Para la conferencia, mamá había hecho venir en avión a la doctora que arriesgó su carrera para sacar a la luz el abuso de la esterilización forzada.

—La Dra. Helen Rodríguez Trías es una heroína americana —me dijo mamá—. Nosotros fuimos conejillos de Indias, Quiara. Eran los métodos para controlar la población. Ella sacó a la luz los documentos del gobierno que lo demostraban.

Sin embargo, a pesar de que yo aparentaba comprender el tema, me resultaba difícil entenderlo. Una voz dentro de mí decía "Eso no puede ser real, esas cosas no pasan". Mi cuerpo nunca se había enfrentado a tal peligro. Ni cuando las abejas me atacaron, ni cuando me quedaba sola en una plataforma oscura. Pensé que debía de ser una leyenda urbana, una trama de *La dimensión desconocida*. Pero, incluso cuando las dudas me invadían, sabía que estas hacían duplicar la importancia del activismo de mamá y se sumaban a un silencio cuyo costo había sido demasiado alto.

Mamá tenía que llegar a tiempo a la conferencia, peró antes debía pasar a recoger a la oradora principal en la Terminal A del aeropuerto. Con un pie pisando el acelerador y el otro tartamudeando en el freno, conducía como alma que se lleva el viento. Tantos frenazos me hicieron sacar una bolsa de plástico de la guantera, repleta de "bolsas para el mareo" recolectadas en Acme y ShopRite y de las que a cada rato había que tomar una. Por suerte, cuando mamá por fin estacionó, mi cabeza pudo empezar a ponerse en orden. Mamá cubrió las ventanillas del auto, se quitó los mahones y se puso el traje magenta que traía colgando junto a la ventanilla trasera. Se pintó los labios, mirándose en el espejo del retrovisor y me entregó el folleto de la conferencia, pidiéndome que revisara los errores para así poder disculparse con los participantes si las horas o los títulos estaban mal escritos.

Durante el evento, permanecí en una sala llena de máquinas de escribir y con acceso al código de la Xerox, un verdadero patio de recreo para una joven poeta. Allí me dediqué a planificar el siguiente número de mi revista que autopublicaba, sobre ídolos adolescentes, haciendo una lista de posibles títulos y portadas. Copié a máquina letras de canciones de los Beatles, y me imaginé a Paul escribiéndolas sobre servilletas usadas. En un rapto de energía escribí un artículo de una página sobre un hombre indigente que vivía en una caja antes de sacarse la lotería.

De vez en cuando me asomaba a la sala de conferencias, impresionada por todas las latinas bien vestidas y de aspecto distinguido que estaban allí. Mamá estaba de pie en el podio y se dirigía a esa poderosa multitud; su voz reverberante era una mezcla de bravura y sentimiento.

Sus palabras eran nuevas para mí. Las historias que contaba, como la de la esterilización de mi abuela, provenían de lo que parecía otro mundo. Pero ese era ahora mi mundo. No conocía nada de él, hasta que lo conocí todo.

Nunca había ido a trabajar con mamá. De hecho, apenas sabía en qué consistía su trabajo. Pero ahora, por necesidad, su oficina y su auto se convirtieron en un segundo hogar. El taller del garaje de papá había sido un rapsódico programa extraescolar; el aserrín flotante, un cosmos diurno donde mis ensueños silenciosos solo eran interrumpidos por las herramientas eléctricas. Pero no había lugar para soñar despierta cuando mamá tomaba el volante, lanzando sermones sobre las crisis de salud que afectaban a las latinas. Era un curso intensivo a toda velocidad, y más valía que le siguiera el ritmo, escuchara con atención y le creyera, porque de seguro la mayor parte del mundo no lo hacía. Mientras bajaba a toda velocidad por la avenida, instruyéndome sobre el SIDA, yo extrañaba sus masajes shiatsu cuando era jardinera. La agitadora incendiaria en quien se había convertido, inundada de asuntos urgentes relacionados con el cuerpo, apenas tenía tiempo para la ternura. ¿Qué había sido de la jardinera con las manos llenas de tierra que araba bajo el sol, la que me confiaba sus sueños fantasmales?

Mamá desglosó la catastrófica tasa de mortalidad infantil en la comunidad hispana, de la cual, sin dudas, yo ahora formaba parte. Nuestros bebés morían al doble de la tasa de mortalidad de los bebés blancos, tremendamente. Me demostró cómo la crisis del SIDA afectaba a las mujeres hispanas. Me dijo que había dos cuadras en el norte de Filadelfia donde las madres caían como moscas. Su hipótesis era que sus compañeros compartían agujas. El cáncer de cuello uterino estaba por las nubes, se quejaba mamá, porque las mujeres latinoamericanas pensaban que el espéculo usado en la visita médica traicionaba sus votos matrimoniales. Si no se hacían la prueba citológica, no podía detectarse el cáncer. Las agricultoras indocumentadas daban a luz en los sótanos de las casas, temiendo que las deportaran si acudían a un hospital. Incluso la brutalidad policial amenazaba nuestros embarazos. Mamá sacó las fotos forenses de una barriga de una mujer embarazada llena de moretones: las heridas tenían la forma de una bota de policía. La mujer había sido agredida por agentes uniformados a plena luz del día por quedarse cerca de una pelea en lugar de irse de la escena del crimen. El bebé nació con un chichón en la cabeza.

¿Cómo hacer llegar la información a las mujeres más afectadas? ¿Cómo instar a las latinas a que acudieran a las consultas de los ginecólogos bilingües que mamá había evaluado? ¿Cómo ayudarlas a presentar demandas civiles contra la policía? ¿Cómo enseñarles a esterilizar agujas? ¿Cómo convencerlas de que la atención prenatal las ayudaría en lugar de conducirlas a otra historia fatal de negligencia por los hospitales? Mientras las latinas no llamaran a la línea directa de atención telefónica en la que mamá trabajaba, todos los recursos que reunía no servirían para nada.

Mamá había respondido con todas sus fuerzas a cada caso que encontraba: se entrevistó con concejales políticos, marchó con líderes hispanos, escribió múltiples peticiones, entabló polémicas negociaciones con la Orden Fraternal de la Policía, redactó comunicados de prensa sobre vientres magullados y estadísticas urgentes. Sin embargo, los cambios paulatinos que se produjeron se quedaron a nivel de quienes estaban más cerca de las palancas del cambio: políticos, proveedores de atención médica, comisarios de policía, líderes de la comunidad. Mamá aún no llegaba a la gente común con la profundidad y la amplitud a que aspiraba su alma de pionera.

—¡No tienen teléfonos! —le gritó mamá al tablero del auto una noche—. ¡No tienen un jodío teléfono!

Aquello me pareció triste, indicativo de una pobreza que ya hubiera querido que la gente de Malvern pudiera ver por un segundo, pero mamá lo dijo como si hubiera descubierto oro.

—¡Bingo! ¡Maferefún! ¡Cabiosile pa' Changó! Gracias, Creador, por girar siempre mi brújula hacia el camino.

Atravesamos el norte de Filadelfia a toda velocidad, con las ventanillas abiertas, mientras mamá gritaba alabanzas multilingües a los postes de luz rotos de la calle. Agradeció a dioses que yo había oído nombrar y a muchos otros que no. En casa de abuela comimos arroz con gandules en platos de metal. Abuela diariamente alimentaba a su familia de sangre y de barrio, aceptando como pago los cuentos que nunca escaseaban. La única cosa más profunda que las viejas ollas de abuela eran sus oídos para escuchar. Yo me identificaba con ella, prefiriendo absorber las cacofónicas historias orales en silencio, pero saboreándolas igual.

Aquella noche, mientras nos llevábamos el pegao de arroz a la boca, mamá expuso su Visión. Abuela la escuchó, asintiendo con la cabeza como si con ese suave gesto arrullara a un barrio enfermo para que tuviera buenos sueños. Cuando regresamos al oeste de Filadelfia, la adrenalina de mamá se había agotado, aunque no la luz que brillaba en su interior. Nos besamos en la mejilla y nos dimos las buenas noches como siempre, y nos fuimos a nuestros respetivos limbos, cansadas.

Así nació Casa Comadre, el centro comunitario que mamá creó para atender a un grupo demográfico sin teléfonos. Tenía de sede una vieja casa adosada en la calle séptima, que arregló con pocos recursos, pero cuya calidez eclipsaba su espartana decoración. Casi de inmediato, mujeres curiosas asomaron la cabeza. Luego se quedaron a tomar un cafecito en el sofá. Más tarde asistieron a los talleres que mamá daba y donde presentaba gráficos de anatomía femenina para que la charla sobre el cuerpo pudiera desarrollarse con descarada especificidad.

Las comadres hablaban de sus vidas y sus necesidades: de alimentación nutritiva, de trabajos dentales, de protección contra la violencia doméstica. Eran necesidades urgentes y dolorosas de contemplar. Sin embargo, sus risas, su trayectoria educativa, sus preocupaciones de clase trabajadora y pobre, incluso su contacto visual, se sentían familiares.

Mamá designó y formó a las Embajadoras de Calles para que hablaran con las mujeres que no querían ser vistas entrando en el centro. Ahora mamá podía llegar a cuarentonas que nunca se habían hecho una prueba citológica y explicarles el procedimiento ginecológico mientras las llevaba de la mano al médico. En una de esas visitas el médico detectó un cáncer de cuello uterino a tiempo, y al correrse la voz acudieron más mujeres. Ahora mamá podía sentarse cara a cara con mujeres indocumentadas y convencerlas de que parir en el hospital era legalmente posible. Mamá también creó un equipo bilingüe de profesionales legales y médicos que juraron responder a su llamada a cualquier hora y presentarse en el hospital para defender a las pacientes.

Yo me acercaba a la preadolescencia y sabía poco sobre las cosas del sexo, pero estaba en cambio bien versada en el SIDA y las ETS (Enfermedades de trasmisión sexual). Los panfletos sobre el herpes que había en el asiento trasero eran mejor lectura que la clase de inglés. A medida que me instruía sobre los cuerpos de las latinas me enfrentaba a la idea de que me incluía a mí misma. Si el mío era, como insistía mamá, boricua hasta la médula, ¿no llevaba el abuso de la esterilización forzada dentro de mi memoria celular? Sí, decía mamá. La salud y la enfermedad eran compartidas por la colectividad, no era cosa individual.

Pero mi tono de piel se parecía más al de las supervisoras blancas de mamá en la línea directa de atención telefónica. Mamá a menudo se burlaba del pedigrí de las gerentes, tachándolas de elitistas y desconectadas de la realidad. Después de todo, había sido contratada a través de una red exclusiva, las Hijas de la Revolución Americana, el tipo de club feminista que seguramente le negaría la entrada. Durante los siete años que mamá trabajó en CHOICE, nunca pudo reconciliarse con la blancura de la administración. La visita de Gloria Steinem fue el glaseado del bizcocho. Cuando la famosa feminista eligió a CHOICE y sus programas afiliados como parada en su gira por Filadelfia, la oficina se alegró mucho.

—¡Esto es grande! —gritó mamá en medio del denso tráfico matutino, tamborileando el volante—. ¡Voy a poner el movimiento de salud de las latinas en el radar de Gloria! Hoy, los boricuas van a tener una audiencia nacional.

Pero el trayecto a casa esa noche fue sofocante. Nos saltamos la visita a casa de abuela y en su lugar compramos comida y nos fuimos directamente a la cama.

—La misma mierda de siempre.

Resultó que a la recepción que habían organizado para Gloria solo estaba invitada la administración. Mamá contempló a la multitud blanca a través de una ventana en cuyo reflejo pudo ver que ella no estaba sola.

Detrás de mamá estaban su única compañera de trabajo afroamericana y su única colega latina. Las tres contemplaron a la superestrella feminista a través de un cristal.

¿En qué lado de esa división caía yo? ¿Habría sido invitada al jardín o habría tenido que ver todo desde la distancia, sin sonido?

Así estaban las cosas cuando tocó renovar el presupuesto de Casa Comadre. A mamá le dijeron que el trabajo desviaba la misión central de CHOICE, y que no tenía que ver con los objetivos de la agencia. Que era obra de una fanática cultural que ponía la pasión sobre el protocolo. El programa insignia de mamá, centrado en la comunidad hispana, demandaba una cantidad importante de recursos de la organización, que contaba con poco dinero. Dieciocho meses después de su fundación, Casa Comadre perdió sus fondos.

Mamá había perdido algunas libras a raíz de la separación con papá, y luego bajó otra talla más de pantalones durante la batalla por mi custodia. Cuando le negaron los fondos para la Casa Comadre, sus pómulos se ahuecaron hacia dentro, como preparándose para que le crecieran colmillos. Día tras día vi sus suaves hombros quedarse en los huesos. Cuando sus manos tomaban el volante del auto los nudillos se veían sueltos. Mamá se estaba ahuecando, consumiendo, porque había latinas en crisis y gente que las veía sufrir.

Así comenzamos a compartir algo nuevo. Mamá podía olerlo en mí y yo podía olerlo en ella: la pérdida, el desconcierto, nuestro perfume común. Cuando abordaba el tren R5, yo también era una latina en crisis. El viaje a casa de papá era una variación del mismo tema. Ese maldito tramo de vías de tren entre la calle 30 y Overbrook, lleno de escombros, grafitis y abandono, y luego, puf, llegaba el Main Line como un oasis americano, con césped, letreros de tiendas de madera dorada, buzones grabados con detalles históricos. Si antes había dudado de las historias de esterilización forzada que contaba mamá, ahora sí creía en ellas y me dolía su sufrimiento.

Varios líderes latinos de la ciudad formaron un comité que abogaba por la supervivencia de Casa Comadre, y el periódico *Inquirer* publicó un artículo elogiando los éxitos del centro, en un barrio que poseía pocos recursos. En la foto que acompañaba al artículo, mamá lucía concentrada y valiente. Había sido tomada durante una conversación, y mamá tenía la boca abierta, pronunciando palabras inaudibles que parecían autoritativas y amorosas a la misma vez.

Al final, ningún comité o artículo logró salvar el esfuerzo y el centro tuvo que cerrar. Mamá dejó el trabajo donde había pasado siete de sus mejores años, ya en la treintena. Nuestra casa se saturó de tristeza y apenas podíamos soportar estar allí. En aquellos días evitábamos el barrio oeste de Filadelfia. Solo íbamos a casa a dormir y lavar ropa; cada rincón era un recordatorio de los amores una vez sentidos, los padres favorecidos y el activismo que una vez se encendió. Para no estar allí, mamá, una adicta al trabajo, se entregó con frenesí a un nuevo puesto de trabajo en favor de la justicia social (con una nueva jefa blanca que se convertiría en una segunda madre para ella). Y yo me convertí en una expatriada en el norte de Filadelfia, haciendo de la casa de abuela la capital de mi nueva ciudadanía.

8

LOS PRIMOS QUE HABLAN *ESPANGLISH* EN LA AUTOPISTA DE JERSEY

Si había un lugar donde ganarse una tarjeta de regalos que te permitiera llenar el carrito de compras con tantos primos como pudieras, ese era la casa de abuela. Entraban, salían, se quedaban lo mismo cinco minutos que dos meses o dieciocho años. Venían de la avenida Lehigh, del sur de Nueva Jersey, de Florida y de PR. Siempre había uno nuevo que no conocía, además del desfile diario de los sospechosos habituales. La relación entre primos dentro de mi gran familia era como nadar entre tiburones en el país de las maravillas.

Yo estaba en el medio. La más joven en edad de los primos de mi generación, pero mayor que sus hijos. En esa tierra de nadie tenía que ser amiga de todos si no quería quedarme sola. Siempre rondando, siempre escuchando, con las orejas levantadas como las de abuela, aunque más bien desde afuera, sin ocupar su rol central. Ella era nuestro sol. A veces una carcajada de mis primos rompía mi caparazón y me hacía sacar la cabeza a la luz de su sol, contonearme en su alegría, con las alas mojadas, pero anhelando volar.

Dos años mayor que yo, Tiny era la más cercana a mí en edad. Cuando nos mudamos a Filadelfia ya era una adolescente. Medía apenas cuatro pies de altura y lo compensaba peinándose hacia arriba, rociándolo con una firmeza más dura que un diamante. Usaba brasieres con aros y copa C, y sus senos ocupaban la mitad de su cuerpo. A pesar de sus frecuentes estancias en el norte de Filadelfia, no podía ocultar del todo sus aires suburbanos del sur de Nueva Jersey. Sus padres habían huido del caos de Filadelfia. Eran puertorriqueños de nariz parada, como si tener una piscina portable les distinguiera como mejores personas. Sin embargo, seguían enviando a sus hijos al cuido de abuela.

Tiny siempre estaba enferma. Parecía una reclusa victoriana en el tiempo y lugar equivocado. Pasaba los días de convalecencia en casa de tía Moncha, justo al lado de la casa de abuela. Para contener su flujo menstrual se requería la represa Hoover: tenía la regla tres de cada cuatro semanas, y esta venía acompañada de calambres, náuseas y migrañas, lo que la obligaba a tomar unas enormes píldoras rosadas al doble de la dosis prescrita. Cuando Tiny no estaba en posición fetal o encorvada sobre el toilet, jugábamos a las cartas con una baraja incompleta, o mirábamos, sentadas en el portal de tía Moncha, a los muchachos sin camiseta que subían y bajaban en bicicleta por la calle American. "Ese es mío", ella decía. "Yo me lo pido", respondía yo. Poníamos poses sexis cuando los muchachos se acercaban a nosotras y nos preguntaban qué bandas nos gustaban. "Menudo", decía Tiny. "Guns N' Roses", gritaba yo. "¡Perras cursis!", nos gritaban ellos, haciendo caballitos a su paso. Para paliar la decepción, comprábamos chicles de un centavo en la bodega, que Tiny me enseñó a explotarlos como si fueran petardos.

Los primos JJ y Danito eran lo suficientemente mayores como para poder jugar con ellos, y a la vez lo suficientemente pequeños como para cuidarlos de niñera. Eran hijos de Flor, pero titi Ginny los había adoptado en la escuela primaria. Cuando pasaba por la casa de Ginny, bajaban como rayos las escaleras de peldaños desiguales y me arrastraban hasta la caja de los soldaditos. Si hoy alguien excavara el patio de Ginny, encontraría los restos de unos cien soldaditos. Disfrutaban mucho ganar y darme una paliza jugando con la Nintendo: Ginny tenía el don de encontrar siempre juegos "nuevos" en las ventas de garaje que organizaba la iglesia. JJ y Danito presumían del precio original de Madden Football o NBA Jam, diciendo que mami Ginny los había conseguido apenas por céntimos del dólar. Eso es hacer magia con el presupuesto.

JJ insertaba el cartucho y, tras un momento de silencio o estática, lo retiraba, lo sacudía como si fuera oro hilado y le daba un soplo sagrado a la ranura. De vez en cuando, el juego se cargaba. "Pulsa A", gritaban. "¡Ya lo hice!", les gritaba yo. Después de destruirme durante una hora, se aburrían y corrían a Norris Square, en la esquina de Hancock y Susquehanna, donde se jugaba fútbol de verdad. Yo me quedaba en la cocina de Ginny escuchando mi walkman hasta que su esposo, tío George, llamaba a sus hijos a cenar, haciendo gala del silbido más alto del norte de Filadelfia. Sabía que mamá pasaría pronto a recogerme, pero siempre anhelaba que fuera uno de esos cuelgues en que, insistiendo en que solo tenía cinco minutos, mamá acercaba una silla a la mesa y nos colábamos en la cena familiar.

Candi, la hermana biológica de JJ y Danito, tampoco fue criada por Flor, pero en su caso fue abuela quien la adoptó. Era tímida y estudiosa, y tenía una sonrisa que tendía a convertirse en mueca. La recuerdo sobre todo en la sala de abuela, vestida con el uniforme a cuadros de la escuela católica e inclinada sobre sus deberes. Me enseñaba a hacer el punto sobre las "i" de su nombre en forma de corazón, y luego salía corriendo a jugar a brincar la rayuela en la acera o a las casitas con las niñas del barrio. En la calle, se ponía a dar vueltas o a correr. Yo entonces me ponía los auriculares en las orejas y pulsaba el *play* de mi walkman, observando a los niños desde la cocina. Unas cuantas notas de piano más tarde, cuando Whitney Houston me aseguraba que los niños eran nuestro futuro, Candi abría un refresco de uva e intercambiaba sorbos con un joven de la cuadra. Para el clímax sinfónico de la canción, cuando Whitney dejaba salir esas notas altas, "if I fail, if I succeed", los niños se estaban lanzando refresco unos a otros, manchándose las camisetas y aplastando las latas con sus zapatos de Payless. A escasos centímetros de la magnífica idiotez de la infancia yo me ponía poética, sin tomar parte en la acción.

* * *

Cuando Cuca me invitó a Six Flags con los primos mayores me sentí como cuando invitaron a la Cenicienta al baile. Esos no eran los parientes con quienes más jugaba, sino primos entre cinco y diez años mayores que yo, dioses del Olimpo que merecían ser estudiados, mitificados e incluso temidos. Cuca, Joe el Pelirrojo, Mary Lou, Flor y Nuchi, pronunciar sus nombres era algo grande. Ellos tenían bebés y tatuajes. Yo tenía espinillas y pantis que se me metían entre las nalgas. Ellas tenían curvas y se movían con *swing*. Yo tenía mis senitos de pubertad, *pezonitis*. Ellos se movían con coordinación, como si fueran un solo organismo que bailaba, reía, maldecía y bochinchaba. Eran electrones y protones, algunos positivos y otros negativos, que circulaban y orbitaban en un flujo dinámico. Hablaban en *espanglish* con la misma fluidez con que Greg Louganis se zambullía en las piscinas olímpicas, dando vueltas, temperamentales, y reían con la magnitud de una explosión nuclear.

El hecho de que mis primos fueran un universo en sí mismos hacía que fueran también un microcosmos de su hogar en el norte de Filadelfia, excepcionalmente homogéneo en comparación con la ciudad. En otros lugares de Filadelfia los opuestos se encontraban. La basura se acumulaba junto a rascacielos nuevos y los indigentes hacían ciudades de cartón a una cuadra de la Campana de la Libertad. Todos los caminos pasaban por el mercado italiano, con su peste a pescado, sus cajas de calamares apiladas en la acera, sus escaparates que olían a cerdo muerto y melocotones podridos. Los obreros de la construcción hacían fila en Pat's Steaks junto a ejecutivos del centro de la ciudad. Las chancletas del barrio chino y los zapatos finos de Rittenhouse Square caminaban sobre pétalos de flores y cáscaras de fruta. Las aceras del mercado italiano eran resbaladizas, aunque un cubo de agua las lavaba de vez en cuando. Los intermediarios gesticulaban y fanfarroneaban junto a los vendedores de verduras. Los taxis recogían a los ricachos canosos con abrigos de visón. El quesero te regalaba un trozo si te atrevías a desafiar el hedor. Solo los turistas y los indigentes lo hacían.

Mi tía Alice, del lado de papá, vendía café en la antigua tienda de utensilios del mercado italiano. Se había fugado de los suburbios de Long Island hacia el bullicio anárquico de la clase trabajadora blanca de Filadelfia, y le fue bien. Pero no era la única emigrante. Tenía la impresión de que, si lanzabas una piedra en cualquier dirección en el mercado, le podías dar a un expatriado que había huido de su riqueza familiar.

En sexto grado ya viajaba sola en tren y autobús, y exploraba cualquier rincón de la ciudad del Amor Fraternal. Rittenhouse Square, Old City, el barrio chino, la ciudad universitaria... había tantas Filadelfias en mi inquieto tráfico peatonal. Las vitrinas de las panaderías con las lámparas de calefacción exhibían las especialidades regionales; hombres mayores jugaban juegos de otros países en las mesas de los parques; el botón del radio, lo mismo en onda corta que larga, revelaba nostalgias arraigadas en distintos hemisferios. Lo único común era la porosidad, el hecho de que tantos locales y visitantes recorrieran las mismas cuadras, remontando un poco la corriente para beber un poco en las aguas comunes. Dentro de todo el desajuste y el caos, yo podía ser a la vez intrusa y elemento central, en un tira y jala bicultural que conocía bien.

El norte de Filadelfia era diferente. Desconocía qué letra escarlata delimitaba las fronteras del barrio, pero sus movimientos y su comercio eran internos. Una colonia en Marte no podría ser más hermética. Mis primos mayores seguían una lógica interna con una música propia, impermeable e invisible para el resto de Filadelfia. Estar con ellos era un pase VIP al más delicioso, aunque segregado, club social. El de ellos era un mundo aparte, como lo había sido antes el jardín circular de mi madre, y aprendí que esa separación representaba no solo un puerto seguro, sino también una especie de grito.

* * *

Nuestro viaje lo financió Coca-Cola. Ese verano habían lanzado una campaña promocional que ofrecía entradas para Six Flags, en Nueva Jersey, a mitad de precio a quienes recogieran cierta cantidad de latas vacías del refresco. Nos apretamos en un cacharro de auto que tenía cuatro gomas de diferentes tamaños y ningún cinturón de seguridad, con el baúl lleno de latas de refresco traqueteantes. Aunque nos costó más caro, llenamos el tanque de gasolina en Filadelfia, porque a falta de la tapa de la boca del tanque la cubríamos con cinta adhesiva y en Jersey no iban a querer echar gasolina con esa jodienda. Cada vez que nos topábamos con un bache podía oír cómo se movía el hielo medio derretido en la neverita, en donde flotaban el jamón de la bodega y el pan Wonder Bread que habíamos traído.

Me tocó sentarme en el medio de la parte de atrás. Mis muslos se pegaban al asiento de cuero y en contra a las piernas desnudas de Flor. El hombre de Cuca, empapado de sudor, empujaba el mío. Volamos rumbo al norte por la autopista escuchando a todo volumen La Mega, que mis primos pusieron, gritándoles las letras de las canciones en español a los autos que pasaban. Un denso desfile de camiones atronaba la autopista.

—Mueve tu puño así, Qui Qui —me dijo Flor, moviendo el brazo.

Un camión de dieciocho ruedas iba junto a nosotros, haciendo vibrar nuestra carcacha. Flor me pellizcó el muslo.

—¡Anda, Qui Qui, no tengas miedo! —me dijo, cariñosamente.

Ella me había apodado Qui Qui cuando aún usaba pañales. Ese apodo infantil siempre sonaba mejor en su boca, pero ahora todos mis primos mayores coreaban: "¡Qui Qui! ¡Qui Qui! ¡Qui Qui!". Por fin la cabina del camión llegó a la altura de la ventanilla trasera. Los ojos del conductor miraron hacia nosotros y yo aproveché el momento, apoyándome en el hombro de Cuca como si fuera un cojín y así lograr que el mundo exterior pudiera verme, y cerré el puño derecho e hice sonar una bocina invisible. El tifón de sonido que nos llegó cuando el camionero devolvió el bocinazo solo fue superado por los gritos salvajes de mis primos.

—¡Bien, Qui Qui! —gritó Flor, y todos nos echamos a reír.

Joe el Pelirrojo, cuyas pestañas resultaban demasiado rubias para el barrio, contaba chistes picarescos que sonaban como idioma arameo en mis oídos. Los de adultos los contaba en español, pero ni siquiera me enteraba de qué iban los chistes en inglés. Estaba segura de que tenían que ver con el sexo y la caca, pero no mencionaban ninguna de las dos palabras, ni ningún sinónimo que yo conociera. Aun así, me reía cuando ellos se reían. Nuchi soltó una risa desdentada y Cuca, que era de las católicas que espera hasta el matrimonio, se desternilló y le dio una fuerte palmada en el hombro a Joe por corromperla.

Flor tenía noticias sobre la nueva montaña rusa. Six Flags había estado anunciándola todo el verano, pero Flor conocía a algunas personas que se habían atrevido a subir y regresaron no solo con historias apócrifas de caídas empinadas y giros vertiginosos, sino también con calzoncillos cagados de verdad.

—¡Espero que hayan traído calzoncillos limpios! —dijo, riéndose.

Por lo general me mareaba en los carros, pero esta vez era diferente. Mi muslo empezó a sudar al contacto con el de Flor, y mis tripas se volvieron un guiso. El aire acondicionado brillaba por su ausencia y, para cuando llegamos al estacionamiento de Six Flags, no podía estirarme.

—Mira, Qui Qui, hay que caminar bastante hasta la taquilla. Para cuando lleguemos, el aire fresco te habrá hecho sentir mejor —me consoló Flor.

Pero sacarme del asiento trasero se volvió una tarea hercúlea.

—¿Te llevamos a casa? —preguntó amablemente Nuchi, la mayor del grupo.

—No, solo quiero tomar una siesta. Por favor, váyanse sin mí.

Joe el Pelirrojo intentó sacarme del asiento trasero.

—Deja que te lleve a caballito —me dijo.

Pero a los diez años yo pesaba demasiado para eso, además de que mi cuerpo estaba flácido por las náuseas.

Nuchi y Cuca se miraron entre sí.

—¿Llamamos a titi Virginia? Quiara, ¿quieres hablar con tu mamá?

—Es solo el mareo del carro. Se me va a pasar.

Me habría dado vergüenza si no me hubiera sentido tan mal. A pesar de la reticencia inicial, finalmente todos accedieron a empezar la diversión sin mí. Me iría con ellos cuando regresaran a merendar. Me acurruqué en posición fetal en la parte trasera, con los ojos cerrados y el pelo mojado como un espagueti contra el cuero caliente, y el auto se convirtió en mi infierno personal al cerrarse de golpe las cuatro puertas.

Más tarde, medio adormecida, escuché vagamente las voces de mis primos que llegaban a través de las ventanas abiertas. Estaban comiendo sándwiches junto al baúl, untando mayonesa en las rebanadas de pan.

—¿Quién necesita mostaza?

—Flor, pásame un refresco de naranja.

—Oye, estos chicharrones están increíbles.

Al parecer, habían pasado horas. Conversaban sobre qué montañas rusas tenían menos cola, qué juegos de feria daban más entradas.

—Despierta, Qui Qui, ¿te sientes mejor? ¿Quieres venir?

Murmuré un "no" desde las profundidades del infierno. Entonces se marcharon y de nuevo caí en la negrura del sueño.

Mientras conducíamos de regreso a casa, gemía entre punzadas de estómago, como un coro patético y atontado: "Siento mucho haber arruinado el día". Estaba segura de que no volverían a invitarme.

—No, bendito, Qui Qui, nos sentimos muy mal dejándote así. —dijo Flor, y pidió que bajaran las ventanillas porque el aire fresco era bueno para el mareo.

A mí me dio un golpecito en la cabeza, guiándola suavemente hacia su cálido hombro.

El viaje rumbo sur fue más sereno. Todos estaban agotados y con latigazos en el cuello después de todas las subidas y bajadas, pero también querían evitar que me sintiera más mal por haberme perdido la diversión. Ya me contarían sus aventuras en otro momento. Si antes me había intimidado con sus chistes adultos, ahora era objeto de su compasión. Mis primos pusieron La Mega y escucharon la música en silencio. Cuando llegamos a la salida 5, Joe el Pelirrojo roncaba y Flor usaba mi cabeza como almohada.

Me perdí las despedidas de Flor, Nuchi y Joe el Pelirrojo, que se bajaron en diferentes esquinas del norte de Filadelfia. Cuando llegamos a la calle American solo quedábamos Cuca y yo. Me arrastré hasta el baño de abuela; no había ido en todo el día. Mis tripas palpitaban, mi espalda estaba encorvada e irradiaba calor. Aunque pude enderezarme lo suficiente como para desabrocharme los pantalones cortos, bajarlos hasta los tobillos fue apocalíptico. Entonces vi el interior de mis pantis: rojo marrón y húmedo.

—¿Cuca?

Cuca corrió hasta el piso de arriba y golpeó la puerta.

—¿Estás enferma, Qui Qui?

Me acerqué al pomo de la puerta, la entreabrí y le pregunté si así era la regla. Suspendidas en los tobillos, mis pantaletas formaban una horrible hamaca. Entonces Cuca exhaló aire y una lágrima salió de sus ojos, disparada como un balín, y soltó una gran carcajada de regocijo. Luego desapareció por el pasillo y oí cómo se abrían y cerraban las gavetas de la cómoda de abuela. Cuando volvió, Cuca traía unas grandes pantaletas limpias y frescas, y cantaba una improvisada melodía.

—¡Oh, Dios mío! Qui Qui ya es una mujer —decía.

Cuca sabía la temperatura precisa en la que el agua aliviaba la presión abdominal. Ya bañada y refrescada, me puse las pantaletas baratas de abuela como si fueran las de una reina. Cuca me trajo dos aspirinas Bayer y un vaso de agua tibia. Luego cruzó la calle para comprar una caja de almohadillas sanitarias.

—¡No se lo digas al bodeguero! —le supliqué.

Las almohadillas Always que me trajo eran gruesas como una biblia, y ásperas como un cartucho, dos características que me parecieron el colmo de la sofisticación. Cada quince minutos las cambiaba con entusiasmo y aplicación. No más veía una gota de sangre, consideraba que era hora de ponerme una nueva.

—Solo tienes que cambiártelas cada dos horas —me dijo Cuca, sonriendo.

—¿Pero la sangre no me ensuciará? —le pregunté.

—¡Tranquila! Un poco de suciedad no le hace daño a nadie —dijo, y se rio, chasqueando los dientes y disfrutando de ser mi guía.

El norte de Filadelfia fue un oasis durante el resto de la noche: el maratón de la "Rueda de la Fortuna", mi estómago en paz, una fuerte brisa nocturna golpeando la puerta mosquitera una y otra vez. Todo estaba bien. Dando vuelta alrededor, preparándose para la semana de trabajo, Cuca pasaba a cada rato por el sofá y me besaba la frente. Por fin me dormí mientras Vanna White se paseaba por la pantalla con una sonrisa tranquila y regia.

9

LENGUAJE DEL CUERPO

Faltaba una de las dos cumpleañeras, pero no importaba. Los bebés de Brooklyn, los primos del sur de Jersey y las tías del norte de Filadelfia abarrotaban la cocina como sardinas, cantando al ritmo del último hit de Juan Luis Guerra, contando chismes mezclados con vulgaridades, besando en la mejilla a la marea de personas que llegaba. Abuela era la anfitriona por defecto de todas las fiestas, funerales, rosarios, peleas, noches de bingo, trasnochadas, adopciones de último momento, desayunos, tardes después de la escuela y domingos perezosos. Si hubiera podido ser la anfitriona de su propio funeral, lo habría sido.

El 4 de julio era un cumpleaños auspicioso. Nadie sabía la edad de abuela. Desde que tengo memoria, ella ya era una anciana, como Moisés con las tablas, pero con una cuchara de cocina. Yo pensaba que tenía las mismas arrugas desde que nació. La creciente sospecha de su osteoporosis era la única evidencia del paso del tiempo.

—¿Tienes ochenta años, abuela?

—Pienso que sí, no sé.

Seguramente habría un registro de bautismo en la Isla, pero eso era una galaxia muy, muy lejana.

La arrugada hermana de abuela, tía Moncha, vivía en la casa adyacente. Ambas habían encontrado la forma de pasarse ingredientes a través de la verja trasera. "¿Necesitas arroz?", "¿No tienes harina de maíz?", "Toma, coge el teléfono, ¡son los primos de Puerto Rico!". Pero ese día tía Moncha había bajado la escalera, recorrido los trece pies de acera que separaban ambas casas y había subido gruñendo los escalones de la casa de abuela para unirse a la fiesta. Se abrazaron entre risas, con los ojos llenos de lágrimas de cataratas, y sus moños encrespados a ambos lados de la cabeza, como una estéreo de sonido. Qué lejos habían llegado desde que habían emigrado de las fincas tropicales, los surcos de yuca fibrosa y ñame sin cosechar, para terminar viviendo lado a lado en ese caos urbano.

Flor, la otra cumpleañera, no estaba ese día. La había visto por última vez en noviembre, una tarde, en casa de abuela, y el incidente aún ardía como la luz del sol a través de los párpados cerrados. Yo estaba recostada en el sofá cubierto de plástico viendo "Looney Tunes", una de las dos cintas de VHS que abuela tenía, y Flor estaba arriba, bañando a Danito, el menor de sus tres hijos. De pronto, Danito empezó a llorar un llanto fuerte y agudo, un grito de barítono con el cual ningún niño pequeño debería estar familiarizado.

—¡SI NO TE CALLAS DE UNA PUTA VEZ…! —le gritó Flor.

Luego le había caído a golpes. Lo supe sin verlo, por el sonido. La cabeza de Danito dio contra la bañera. Cuca subió corriendo, de cuatro en cuatro escalones, estilo superheroína, como las abuelitas que levantan un auto para salvar a un niño, mientras los "Looney Tunes" seguían pasando en la pantalla. No me atreví a moverme del sofá. Me fijé en Bugs Bunny y me mordí el labio. Me quedé inmóvil frente al televisor y cerré los ojos cuando el caos que se desataba entró en mi visión periférica, pero no tenía forma de bloquear los sonidos. Alguien hizo girar el disco de marcado del teléfono con frenetismo. Abuela lloraba y susurraba salmos. Cuca le dijo a Flor que se se largara al carajo. "Cuidado con la puerta al salir". Oí cómo se expandía y contraía el resorte de la puerta mosquitera, y escuché pasos sobre el piso de linóleo y voces decididas. Llamaron a los médicos. Titi Ginny, que era enfermera pediátrica, dio instrucciones precisas. Mamá se encargaría de conducir. Alguien rezaba y acunaba a Danito como a un pollito recién caído, envuelto en una toalla blanca. Le habían puesto hielo en la frente, pero como yo miré hacia otro lado no pude saber quién lo tenía cargado. Luego, por suerte, gracias a Dios, escuché a Danito llorar.

No podía creerlo: Flor, mi prima de risa cálida como el sol de septiembre, había perdido la cordura y caído en el caos, como una semilla de diente de león frente a la brisa del diablo.

—Las drogas —dijo mamá en el viaje de vuelta a casa—. Antes de que esa mierda llegara al barrio éramos solo un barrio pobre que intentaba arreglárselas. Pero entonces llegó la sensación de la noche a la mañana —agregó con un suspiro.

Su mirada, fija hacia adelante, cerró la puerta a mis preguntas.

Ahora, en su cumpleaños, Flor estaba quién sabía en dónde. Sus hijos, Danito y JJ, llegaron a la fiesta de abuela sudados y sucios. Venían del Hunting Park, donde habían estado jugando a la pelota con tío George. Cuca y Candi, la hija mediana de Flor, saboreaban un *limber* frente a la casa, y un río de coco derretido corría por sus antebrazos. Las hermanas de Flor, Mary Lou y Nuchi, estaban en la cocina, relucientes de sudor. Tía Toña, la madre de Flor, leía los números del bingo. Y Juan Luis Guerra cantaba, llevándonos al éxtasis. Las nalgas rebotaban, como si reclamaran un pedazo del norte de Filadelfia. Al diablo, hasta la cena bailó. Tap, tap, tap, vibraba la tapa de la olla mientras el arroz se cocinaba. Fui bailando hasta la cocina, con movimientos tímidos, y cuando quité la tapa mi cara recibió un baño fragante de vapor.

* * *

Mi vida también había cambiado. En pocos meses comenzaría la escuela superior; un nuevo comienzo me aguardaba. Con el tiempo, después de que nos mudamos de la granja de caballos, la tristeza se me había ido colando hasta el tuétano de los huesos. A esas alturas apenas podía inhalar aire sin sentir el yugo de la pena. Cuando lograba olvidarme de la depresión por un momento, esta volvía sin avisar, cogiéndome desprevenida. Me atormentaba el matrimonio de papá y sus nuevos hijos, una escena suburbana que no podía sacar de mi cabeza. Cada vez que tomaba el tren y cenaba con ellos y veía su alegría, una bestia empezaba a roer mi interior.

Sin embargo, en esa época de cambios hubo consuelos también: Ya era lo suficientemente grande como para viajar sola en el Greyhound hasta Nueva York, donde mi tía Linda, del lado de papá, que era compositora, me enseñó a leer música. Mi nuevo profesor de piano, de origen ruso, me dejó tocar el Nocturno de Chopin en si bemol menor. Había muchachos y muchachas a quienes besar, y cintas de canciones variadas para ambientar las reuniones veraniegas, y botellas de vino para beber cuando mamá estaba trabajando, y para leer una y otra vez *Cien años de soledad*.

El último disco de Juan Luis Guerra, *Bachata Rosa*, salió ese verano y nos hizo levitar. Ese álbum nos elevó. Trompetas de clarín, golpes de sintetizador, voces de afro pop; el viejo mundo, el nuevo mundo y la ruta esclavista transatlántica del Pasaje del medio, unidos como trenzas, todo eso a solo 7.99 dólares en el Sam Goody local, o gratis, si tu antena mala lograba captar La Mega. Cuca escuchó tanto la cinta que se fundió en la pletina, y corrió a pagar 7.99 dólares por una nueva. Nos identificábamos con el romance en tiempos difíciles de que hablaban sus letras. El amor que sentían sus caribeños era más grande que cualquier granja o trabajo en fábricas. Esa música palpitante y llena de esperanza llegó a nuestros reproductores justo cuando atravesábamos el apocalipsis zombi. Morir amando era la esencia de la latinidad. Su virtuosismo trascendía cualquier época, sin duda, pero la alegría era doble en una década en que las hijas se perdían en los callejones.

Aquel 4 de julio todos pudimos sentir la precariedad que se avecinaba. Cada vez que me despegaba la camiseta del torso, esta volvía a adherirse a mí como si fuera de plástico. Que no hubiera aire acondicionado en un mes tan caluroso, o que mantuviéramos abiertas las dos puertas para que ver si entraba un poco de brisa no alcanzaba a explicar el sudor que nos cubría. El constante roce de nuestras pieles hacía que el calor se triplicara: brazos alrededor de los hombros, vueltas de salsa, besos en las mejillas, pellizcos en las nalgas, apilamientos frente a una cámara Kodak desechable. Tía Toña, a cargo del bingo en la mesa, les pedía besos y demandaba pedir la bendición a todos los niños que entraban. Estos tenían que abrirse paso entre pellizcos de culo, besos en la mejilla, levantes y abrazos para poder llegar a su lado. Yo observaba la procesión desde lejos (es decir, desde el muro de concreto del patio) hasta que Toña me dijo que me acercara a ella.

—¿Qué pieza de piano estás tocando ahora? —me preguntó en inglés, aferrándose a mí y apretándome la mano esperando mi respuesta.

—Pregúntale en español —dijo mamá.

Todos los mayores que estaban jugando bingo levantaron la vista, anticipando que me verían masticar las palabras.

—Ay, Virginia, déjala quieta —susurró titi Ginny.

—¡Coño, puedo hablarle a mi sobrina como yo quiera! —dijo tía Toña.

En español, describí el último recital de piano en el cual había participado. Los mayores, mamá incluida, asintieron con la cabeza. La carnosidad de las manos de tía Toña envolviendo las mías me resultaba grotesca y bautismal también. Cuanto más apretaba, más fuertes eran mis ganas de huir y, sin embargo, más hablaba. Sus manos me trajeron de vuelta de mi ensueño al mundo material. Viniendo de una familia cuya migración se remontaba a cuatro generaciones, sin que se hubiera detenido aún, las manos que me agarraban significaban linaje, pertenencia y lugar de reposo. Mucho después de que lograra desprenderme de ellas y dirigirme a la cocina, el calor de sus palmas permaneció en mi piel.

Me serví un poco de arroz con gandules, me dirigí a la escalera y apoyé el plato de lata sobre mis rodillas. Sentada a poca distancia del revolú, podía ver perfectamente a los primos y las tías, un rebaño moviéndose rítmicamente a izquierda y derecha. Ni siquiera estando cerca de ellas y tocándolas yo podía entender por qué mis mujeres Pérez brillaban tanto, como si estuvieran húmedas. Me di cuenta de que algo malo estaba pasando por la manera desenfrenada en que bailaban Nuchi, Cuca y Mary Lou ese día. Tal parecía que si sus caderas dejaban de moverse, todo lo que nos quedaría sería la ausencia de Flor.

El trasero de Nuchi ponía a prueba los límites del *spandex*. Las curvas de mi prima tenían curvas. Como ella era lo suficientemente alta como para proyectar su sombra sobre todos, su imponente figura parecía extenderse desde la sala hasta el comedor y la cocina a la vez. Nuchi no caminaba, sino que se abalanzaba, y lo hacía de forma amenazante. En ella, los movimientos de baile más sutiles parecían actos de agresión. Cuando Nuchi se dirigía hacia alguien mientras bailaba, lo mejor que podía hacer esa persona era quitarse del medio. Por eso la espiaba desde los escalones. La observaba, atónita y con timidez, tratando de no dejarme atrapar por la telaraña pegajosa del baile y los chismes.

Nuchi sintió mis ojos y me lanzó una sonrisa.

—¡Hola, Qui Qui! —me dijo y me saludó.

Yo le devolví el cariño tirándole un beso, recordando su ternura cuando habíamos ido a Six Flags. Pero ahora sus ojos lucían más cansados que en aquel lejano día, aunque su imponente majestuosidad y sus muslos siguieran viéndose desafiantes. Trata de no mirar. Trata de no tragar. Trata de no sentirte un chilín violada.

Dos años después, la adicción la dejaría esquelética, como una daga andante. Pero en ese entonces el *spandex* le quedaba ajustado y perfecto: shorts blancos de ciclista, sujetador deportivo blanco, pantallas de aro blancos. Todo blanco, excepto la piel, trigueña, y sus collares elekes. Las siete potencias, los siete orichas lukumí, orbitaban su cuello como un óvalo protector.

Nuchi había llevado a sus cuatro bebés a la fiesta, y estos andaban enganchados de las caderas de otros como si fueran herramientas que cuelgan de un cinturón. Los adolescentes cargaban bebés, los niños cargaban bebés. Había bebés de piernas arqueadas, bebés en pañales y niños pequeños malhumorados que hacían muecas en el balcón.

Mary Lou era delgada y con menos curvas. Con el abdomen expuesto, sus movimientos de baile parecían diez veces más esbeltos. Un rosario de madera colgaba en su escote: Jesús señalando el pecado. Pero su alegría resultaba escandalosa, la que hacía que fuera tan divertido verla desde los escalones. Su alegría no necesitaba café, se despertaba sola y se soltaba por el mundo. El regocijo era su ritmo diario.

Con su pronunciada sobremordida, en mitad de un paso de salsa, proclamó que se mudaba a Florida "¡porque aquí no vale!". Si odiaba el barrio, Mary Lou tenía una forma alegre de demostrarlo.

Mary Lou perseguía a los bebés de Nuchi por toda la fiesta, plantándoles besos en la frente y enseñándoles a moverse. "Baila el pañal", los instaba, y ellos obedecían o bien salían corriendo.

—¿No, Qui Qui? ¡Diles!

—¡Baila el pañal! ¡Baila el pañal! —decía yo, rapeando, mientras comía arroz meneando rítmicamente el tenedor.

Comí sin prisa sentada en los escalones, contando los granos, prolongando mi excusa para no bailar. De pronto, entre la alegría de Mary Lou su voz se tornó sibilante, dirigiéndose a su única hija. Ashley tenía cinco años y desde los escalones vi cómo Mary Lou la detenía con su mirada cortante y su grito feroz.

Mary Lou era estricta porque amaba a su hija enormemente. "No dejaré que este barrio destruya a mi hija", decía. Su dureza provenía de su ambición de proteger, y había crecido hasta hacerla decir frases como "Estoy cansada de esta mierda" y "Las cosas no están funcionando" o "Este barrio me está deprimiendo". Un año más tarde, el cuerpo equino de Mary Lou se derrumbaría:

un aneurisma la haría caer al suelo a los veintisiete años. Ashley crecería sin madre, y atravesaría el océano de la niñez sin una brújula, la severidad de su madre apenas un fantasma.

Tía Toña subió las escaleras, apoyándose en mi hombro al pasar por mi lado, rumbo al baño. Ya había subido de peso, pero pronto engordaría tanto que no podría levantarse del sofá. Que tu marido muera antes de haber cumplido cincuenta años y uno de tus hijos muera antes de llegar a los treinta te hace eso. Hay que hacer algo con toda esa pena, tal vez debe ingerirla. Pero todavía, antes de que sufriera una muerte más, la de Mary Lou, Toña lucía incluso ágil al subir escalones. Tal vez después de usar el baño, pensé, se colaría en la habitación de abuela para echar un vistazo a las barajas para adultos. Cada carta tenía un hombre desnudo, bellezas negras y morenas, entre la naturaleza: recostados sobre rocas, chapoteando en cascadas, sus penes flácidos dispuestos en poses escénicas. Durante ese verano nunca fue mejor mi habilidad para jugar a las cartas de *gin rummy*.

Flor era la única Pérez que lograba arrastrarme a la pista de baile. "¡Vamos, Qui Qui, baila conmigo!", me decía, y me tiraba de la mano hasta que yo accedía. Para Flor, bailar era una comedia escrita en carne y hueso, y el movimiento de las nalgas eran los chistes. Mi falta de destreza se convertía en una ventaja cuando ella tomaba la iniciativa de guiar el baile. Ese día, como ella no estaba, permanecí sentada en la escalera. Solo bailé con los ojos y los oídos, observando, preguntándome cómo sería una vida tan corpórea. Desde mi puesto en la escalera gocé del privilegio de espiar hacia la vida, y el valor de pisar la pista de baile. Nunca había leído un libro que fuera como la sala de abuela, pero aun así me pude saborear este momento, como si fuera las páginas privadas y atesoradas de una novela.

10

INGLÉS DEL SEGUNDO AÑO

En el primer año de la escuela superior, las lecturas fueron bastante interesantes: *Romeo y Julieta*, *Rebelión en la granja*, "El barril de Amontillado", pero yo era la única que levantaba la mano. De hecho, era la única cuyos ojos se mantenían abiertos durante toda la clase. Nuestros libros de texto habían sido usados por unas cuantas generaciones anteriores y no tenían espacio donde escribir el nombre. Las páginas, si no estaban sueltas, estaban pegadas con cinta adhesiva. Yo asistía a una escuela de artes y no es que mis compañeros fueran perezosos, pero se quedaban hasta tarde dibujando con carboncillo, o practicando sonar duro el bajo, o fabricando pipas de marihuana con botellas de refresco, en vez de leer las páginas que asignaban en la clase de Inglés. Nos dieron tres semanas para leer *Rebelión en la Granja*, lo cual era indulgente, incluso para una lectora lenta como yo. Pero, aún así, al final nadie sabía a qué se refería la frase "cuatro patas, bien, dos patas, mal". De modo que, aunque mi fanzine prosperaba, me sentía inquieta.

En segundo año abandoné el barco para cambiar de escuela a la Central, un imán académico que atraía a jóvenes de todos los códigos postales. Era una escuela competitiva, con una matrícula de cuatro dígitos de procedencia afroamericana y blanca sobre todo. Unos pocos latinos y un puñado de asiáticos completábamos el pastel demográfico. En la nueva escuela me costaba trabajo seguir el ritmo de lectura: *Los viajes de Gulliver*, *Los ojos de Dios*, *La vida de Frederick Douglass*, uno tras otro. Todos me sacudían, me incitaban, pero ninguno tanto como *La muerte de un viajante*. Mi mandíbula se apretaba con las escenas de Arthur Miller: suburbios soleados que enmascaraban un magma de pesadilla. Loman estaba convencido de que estaba predestinado a un trono, por derecho de nacimiento, y al no obtenerlo se aisló, desconsolado.

—¿Qué piensas, Quiara? Escribiste esto en tu comentario a la lectura: "Las raíces del césped se están pudriendo". Cuéntanos más.

—Me molesta que Loman se crea trágico. Tiene dos hijos lo suficientemente sanos como para jugar fútbol, y un matrimonio intacto. O sea, ¿qué parte de su vida es tan horrible?

—Dime tú. ¿Cuál es su problema? —me preguntó el profesor.

—Bueno… Loman se piensa que es perfecto, se parece a los patriarcas que aparecen sonriendo en una publicidad de seguros. Los carteles publicitarios y los programas de televisión lo presentan como un arquetipo de rey proveedor. Y supongo que se lo creyó y luego, o sea, al final tuvo que enfrentar el hecho de que es un tipo como cualquier otro. Así que esa es su tragedia. Ser mediocre. Lo cual no me parece trágico.

—Todos anoten eso —dijo el profesor.

¡Mierda! Hasta yo lo anoté. La clase comenzó a andar a partir de ahí, todos lanzándose a la discusión, mientras Arthur Miller me tiraba del hombro con fuerza y me sacaba del aula, como un niño robado en la noche. Me despegué de mi pupitre y fui lanzada a través de un abismo, para caer en el césped de papá en los suburbios. Allí estaba su casa, que ahora visitaba ocasionalmente. Sus impecables modales y su alegre pantomima no podían ocultar su malestar. Lo conocía demasiado bien. Cuanto más prosperaban mis hermanos de los suburbios, con sus trofeos de gimnasia y sus retratos con la banda de la escuela, más profunda era la depresión oculta de papá, hasta que ya no pudo distinguir el tronco del árbol de la enredadera invasora. ¿Todavía era él? ¿O era solo un entramado de "qué tal si..." y pequeños fracasos? Yo era su mayor fracaso, pero su matrimonio infeliz y su incapacidad para encontrar trabajo de carpintería no ayudaban. Papá y Willy Loman, Willy Loman y papá. Arquetipos americanos. Crisis de inconsecuencia. ¿Podría la miseria de papá conducirlo algún día a un final como el de Willy? ¿Solo en el garaje, inhalando los gases de la combustión del auto y dejándonos a nuestra suerte? Entré en un lejano pasillo de la memoria y evoqué la espesa cola de caballo de papá, la majestuosidad con la que le rozaba la parte baja de la espalda. Recordé que una vez, cuando era pequeña, le pregunté si podía columpiarme en ella como Tarzán. Él sonrió y dijo que sí. Y yo me columpié de su pelo hippie hasta que, temiendo hacerle daño, me solté y caí a la tierra.

Todos los patriarcas literarios exhibían su dolor como el evento principal. Hamlet rumiaba, Romeo se golpeaba el pecho, Willy se volvía loco. ¿Por qué no bailaban como las mujeres Pérez? ¿Estaban tan por encima de eso? Ningún cartel publicitario o comedia había llamado reinas a mis primas Pérez, y eso me parecía ahora la libertad. No había tronos falsos, solo la tormenta de mierda de la vida. Coge una pala y canta una canción mientras trabajas. Construye un trono de verdad.

El teléfono de la clase sonó como una detonación de dinamita. Me llamaron a la oficina del director.

—Coge también tu mochila.

Cerré *Muerte de un viajante* y lo metí en mi mochila. Mis botas de vaquero resonaban en el pasillo de bloques de hormigón. Era extraño ver los pasillos vacíos. La mayoría de los estudiantes estaban en clase. Pasé junto a retratos al carbón de Langston Hughes, y carteleras que anunciaban quién había sido admitido en los equipos deportivos. El despacho principal estaba lleno de humo. Este rodeaba al principal y ocultaba su rostro barbudo. Sobre el escritorio había un estante de pipas, como pequeños saxofones colgados en un tendedero. El principal me dijo que llamara a casa.

—¿Tienes una moneda? —me preguntó.

—No.

El principal me dio una moneda y me hizo salir. Afuera de su oficina había unas antiguas cabinas telefónicas de madera. La puerta plegable se cerró con estrépito. El teléfono devolvió mi primera moneda: nadie respondió. Al segundo intento se tragó la moneda y la llamada entró. Era la casa de abuela. Al fondo se escuchaban los gritos. Mary Lou estaba muerta.

A la salida de la escuela, la plataforma del SEPTA solía ser un carnaval de adolescentes. Pero a media mañana, sola junto al túnel del metro, parecía un limbo cavernoso y húmedo como una gruta. El agua trazaba minúsculos contornos en las paredes y se encharcaba junto a las vías. Aunque solía leer cuando viajaba en el SEPTA, *Muerte de un viajante* quedó dentro de la mochila. Yo apretaba la mandíbula con fuerza, mordiendo una pregunta. En Central High había jóvenes de toda la ciudad, ¿por qué mis compañeros de otros códigos postales tenían menos funerales que yo? ¿Cómo es que los de Mount Airy y el sur de Filadelfia, con sus zapatos Birkenstock, negaron con la cabeza cuando les pregunté si alguna vez habían visto ataúdes abiertos? Minutos antes me había maravillado de la resiliencia de las Pérez en comparación con los Willys y los Romeos. Ahora contaba nuestras desapariciones. ¿Qué nos pasaba a las Pérez? ¿De qué nos estábamos muriendo?

A tía Toña no le quedaba nadie más a quien perder. Su marido y su hijo se habían muerto. Flor no salía de su prolongada juerga con las drogas. Nuchi se estaba convirtiendo en un esqueleto. Y Mary Lou se había ido. Tía Toña se podía graduar de tanto sufrir; podía enseñarle proyección vocal a Pavarotti. Eso es lo único que recordaba del primer funeral al que fui, el de su marido, Guillo. Al llegar a la iglesia y atravesar el vestíbulo de mármol, tía Toña se derrumbó en un ataque de lamentos y golpes de pecho. La horrible escena me hizo preguntarme si alguna vez había sentido algo real, y me hizo dudar de querer hacerlo. Entendí sus gritos como una forma esencial de la condición de ser mujer: poderosa, peligrosa, grotesca, impregnada de la tragedia llamada amor. Nada me repugnaba más que la posibilidad de verme a mí misma así, tan expuesta. "Por favor, nunca me dejes ser así", había rezado, mientras los hombres rodeaban a tía Toña e intentaban despegarla del frío suelo de la iglesia. Ella los pateaba violentamente, como si su preocupación fuera una provocación. Dios merecía escuchar sus gritos.

Ahora dejaba atrás estación tras estación mientras me aproximaba a una nueva tanda de lamentos de Toña, acompañados de oraciones en susurro proferidas por los demás, y de un inevitable aluvión de invitados portando flores y cigarrillos. El latigazo ruidoso pero suave se prolongaría hasta la medianoche, y luego se reanudaría al día siguiente cuando llegara el momento de cantar el rosario. Conocíamos bien esa rutina.

En casa de abuela, me senté en la escalera y contemplé el desfile de dolientes. Nadie probó las galletas Ritz; el queso Gouda se puso ceroso. Alguien había preparado una cafetera horas antes y estaba sobre la estufa, fría y medio llena. Vinieron las primas de Brooklyn. Con el rímel corrido, se pasaban pañuelos de papel. La mesa estaba repleta de ramos de flores. Un ramo de claveles estaba envuelto en celofán. La puerta mosquitera daba cantazos constantes: los vecinos y la familia pasaban y salían a fumar en el balcón. El aire de diciembre se metía en la casa, pero a nadie le importaba. Toña se lamentaba y gritaba en el piso de arriba. Cuando llegó Ginny con los niños, el pequeño Danito me tomó de la mano y me miró a los ojos.

—Siento tu pérdida, Qui Qui.

Apenas acababa de entrar a la escuela primaria y ya sabía lo que era el sufrimiento. El chico tenía su estilo.

Ashley se desplomó en el sofá. Sus ojos estaban vidriosos, mirando el linóleo. Tenía ocho años. Con seguridad estaba reviviendo la escena: había escuchado un grito extraño, había bajado corriendo las escaleras y descubierto a Mary Lou tendida sobre las losetas de la cocina. Tenía una caja de cereal en la mano y había algunos Cheerios tirados por el suelo.

Todo el mundo acariciaba a Ashley o la abrazaba, hasta que su padre llegó y se la llevó.

—Vamos.

Ashley se desplomó sobre su hombro, como una muñeca de trapo.

Años antes, Mary Lou me había elegido novia en miniatura. Había decidido celebrar una verdadera boda, con ceremonia en la iglesia con invitaciones escritas a mano. Mamá me cosió un vestido blanco igual al de Mary Lou. Bajo un ancho cinturón blanco, la falda se abría en una explosión de tul. El corpiño estaba cubierto de pedrería. Los guantes estaban cubiertos de lentejuelas de ópalo cosidas a mano. Durante meses, mamá se encorvó ante la máquina de coser, mirando a través de un monóculo. Era la viva estampa de la devoción a la suave luz de la lámpara, las palmas de sus manos guiando la tela a través de la corriente constante de la máquina. El vestido era complicado y ambicioso y requería que ella lo cosiera las noches entre semana, a pesar de que todos los días hacía el viaje al trabajo de pie. Con constancia me cosió una versión en miniatura del vestido de novia que nunca se había podido poner con papá.

El día antes de la boda, mamá me recortó la pollina. Cogió una plancha para el pelo y me rizó las puntas hacia dentro, justo por encima del hombro. Luego puso el vestido en el suelo.

—Entra —me dijo, antes de subirlo por mi cuerpo.

Lentamente encajé cada brazo dentro de las delicadas mangas. Mamá tardó muchos minutos en abrochar cada perla de la espalda. Tarareaba para pasar el tiempo. Luego salimos. Todavía vivíamos en la granja de caballos y mamá observó nuestro entorno.

—Vamos al jardín circular, de modo que puedan verse los árboles detrás de ti y las colinas a la izquierda.

El bosque junto al pasto estallaba en rojos y amarillos.

—Inclina la cabeza así —me dijo, y me hizo una foto.

Bajo un enorme cielo otoñal, posé resplandeciente y pensativa.

Lo repetimos a la mañana siguiente, antes de conducir a la ciudad. Me quedé de pie en el pasillo de la iglesia de San Ambrosio, y luego me escondí en el vestíbulo junto a Mary Lou. Nuestros vestidos combinaban perfectamente. La única diferencia eran sus tacones, altos en comparación con mis zapatos planos. La mayor de mis primas sonreía. Se veía nerviosa y le brincaba la rodilla. Mary Lou me dejó marcado en la mejilla un beso de carmín rojo. Luego sonrió con una media luna de picardía y abrió su bolso de mano. En ese momento de tranquilidad, mientras buscaba el maquillaje en su bolso, me sentí salvajemente viva.

Disfruté cuando la tapa se abrió con un clic, y emergió la barra rosa como una escalera de espiral. Me encantó la humedad cerosa que Mary Lou me aplicó en los labios para darles color. Sentía como si Dios me estuviera tocando para darme vida, para convertirme en humana. Siempre me había disgustado el picor de los vestidos y la payasada del maquillaje. Pero la ceremonia de vestirse significaba entrar en contacto con mujeres mayores, y eso hacía que valiera la pena. Los dedos de Mary Lou temblaban al mantener mi cara inmóvil.

—Tu madre me va a matar.

Caminé por el pasillo. En el altar estaba su novio, un boricua alto de piel indígena. Era guapo y seguro de sí mismo, como Mary Lou, solo que un poco menos chistoso. Tras el beso, salieron corriendo a la acera del norte de Filadelfia. Sonaban las campanas de la iglesia, y se metieron de prisa en una limusina de verdad. Todo eso olía a importancia, que yo confundí con permanencia.

Pronto yo volvería a la iglesia de San Ambrosio vestida de negro de pies a cabeza. Pronto recorreríamos las calles del norte de Filadelfia como una caravana de pegatinas anaranjadas fúnebres. Un camino lento y sinuoso, con las bocinas sonando, camino al cementerio. Pero esta noche había que empezar el rosario.

* * *

Mary Lou había ido a cuidarme una tarde de verano. Yo tenía doce años y ya hacía tiempo que era una niña independiente, por lo que creo que mamá había inventado la excusa de cuidarme para darle dinero a Mary Lou en tiempos en que no le iba bien. Para mí significaba la oportunidad de pasar el rato con ella y Ashley. Ashley entró con un Big Gulp del tamaño de su torso, su largo pelo enredado de forma muy bonita. Actuaba como si el refresco fuera Dom Pérignon, así que decidí hacer un show.

—¡Es mío! No te lo acabes —gritó Ashley.

Mary Lou se puso como loca. Apenas habían llegado y ya le estaba gritando a su hija.

—¿Tu refresco? ¡¿Abuela no te ha dicho que eso no se dice?! ¡Siéntate! —Mary Lou empujó a Ashley con fuerza para que se sentara en el suelo—. Tú también, Qui Qui. Siéntate. No te preocupes, tú no estás en problemas, pero ella sí, y le voy a dar una lección.

Me senté.

—Ahora vamos a compartir este refresco, y si te quejas, Ashley, si se te ocurre quejarte, no volverás a casa de Qui Qui NUN-CA. ¿Me entiendes?

Ashley apartó el Big Gulp, secándose las lágrimas con un puño.

—Bebe.

Ashley bebió. Ahora me tocaba a mí, y ni siquiera me gustaba el Mountain Dew. Mierda, si hubiera sido una Cola Champagne o un Black Cherry Wishniak, verdaderas delicias de bodega, hubiera valido la pena el escándalo.

Bebimos por turnos. Era aburrido y tardaba una eternidad, sorbo a sorbo. Ya estábamos llenas y apenas habíamos bebido la mitad del Big Gulp. Teníamos las barrigas hinchadas. Ashley inflaba la suya, hasta que no pudimos contener la risa. Por fin Mary Lou quitó la tapa y se bebió la mitad del Big Gulp sin siquiera respirar. Mis ojos y los de Ashley se abrieron de par en par, hasta que Mary Lou puso el envase sobre el suelo, boca abajo. Estaba vacío. Hizo una pausa, y de su boca salió algo que empezó como un eructo, pero creció hasta convertirse en un evento sonoro perjudicial. Era un eructo jurásico, cavernoso, y mientras lo hacía Mary Lou recitaba el alfabeto. Sin cambiar de tono. Llegó hasta la "M". Las tres dábamos vueltas de la risa, llorando y pataleando.

—Me oriné encima —dijo Mary Lou.

—Yo también —dijo Ashley.

Yo no me había orinado.

—Eso es porque no te estabas divirtiendo tanto —dijo Mary Lou.

* * *

El rosario de la primera noche terminó antes de la medianoche. Mamá tenía un aura de calma mientras conducía por las calles vacías. Filadelfia se había ido a la cama. Mamá tomó el camino largo a casa en lugar de la autopista, zigzagueando por bloques residenciales, demorándose después de que los semáforos cambiaban.

—Mamá, está en verde, ya puedes avanzar.

La Quinta y Girard, incluso bajo el velo de la noche, era un espectáculo diverso: la riqueza y la necesidad convergían en esa intersección. Justo al norte de Girard, la ruina. Al sur, casas de piedra rojiza y alarmas antirrobo.

La ruta de mamá, ligeramente hacia el oeste, nos llevó a la calle Mt. Vernon. No fue casualidad. Mt. Vernon era la zona donde había vivido cuando llegó a Filadelfia, preadolescente. Por aquel entonces el área era un enclave puertorriqueño, pero ya no. La cuadra siempre había sido bonita, recuerdo cuando abuela vivía ahí, pero ahora era más exclusivo. Había banderas estadounidenses colgando sobre las puertas, y tenían las franjas cosidas, no impresas. Los ladrillos de las casas eran impecables, como metal pulido. En ellas vivían banqueros y jueces, que habían devuelto las casas a su distribución original unifamiliar. Las Pérez habían seguido la migración puertorriqueña hacia el norte, a casas más pequeñas hechas de materiales menos resistentes.

Mamá frenó y miró a su alrededor antes de tomar la diagonal de la autopista. Detrás de nosotras, el reloj de la alcaldía parecía una luna de medianoche. William Penn se balanceaba en lo alto de la torre, centinela de bronce de la noche.

—Mamá, ¿qué es un aneurisma?

No me había atrevido a preguntar en casa de abuela.

—Un coágulo de sangre en el cerebro.

—¿Qué lo causa?

—La genética.

—¿Se podía prevenir?

—El cerebro de Mary Lou era una bomba de tiempo, y nadie tenía ni idea.

La respuesta de mamá me trajo un pequeño alivio. Un accidente del destino, una predestinación genética era algo que podía ocurrir en cualquier ciudad o suburbio, en cualquier familia, rica o pobre, blanca o morena, hispano o angloparlante. Era una forma trágica de morir, pero no era sociológicamente compleja. Mary Lou: edad al morir, veintisiete años.

Pensé que, tal vez, la fatiga de mamá podría hacer que se le escaparan pequeñas verdades. Tal vez la medianoche era la hora de las respuestas. Me arriesgué a hacer una segunda pregunta, esta vez sobre otro primo.

—Mamá, ¿de qué murió Big Vic?

—Insuficiencia renal.

—¿Por qué le fallaron los riñones?

—Las diálisis no duran para siempre, cariño.

—¿Por qué tenía que hacerse diálisis?

—Tomó demasiados ibuprofenos.

—¿Advil? ¿Por qué?

—Era un tipo grande, tomó más pastillas de las que necesitaba.

—Pero al final ya no era grande, solo era pellejo y huesos.

Mamá hizo una pausa.

—Big Vic pudo haber tenido SIDA.

—¿Pudo?

—Tu tía Toña me da una respuesta diferente cada vez que le pregunto.

—¿Cómo cogió el SIDA?

—Por la diálisis, quizás —dijo mamá.

—¡Mamá! Mamá. —Sin saber si me iba a responder o si preferiría esconder la verdad en ella, me di cuenta de que hay palabras que tienen fuerza de voluntad, que te obligan a no decirlas en voz alta—. ¿Acaso Big Vic se inyectaba? ¿Estaba usando agujas sucias?

Mamá no respondió. Big Vic: edad al morir, veinticuatro años.

—¿Y Guillo? ¿También tuvo una sobredosis de Advil? —pregunté.

Mi sarcasmo no la conmovió.

Mamá suspiró.

—Si le preguntas a Toña, te dirá que murió porque le falló el hígado.

—¿Le falló el hígado? ¿Por qué? —pregunté.

No recibí respuesta. Guillo: edad al morir, alrededor de los cuarenta años. Fuera lo que fuera, la plaga que nos golpeaba seguiría sin tener nombre una noche más. Mis sospechas de una conspiración universal contra los Pérez eran, como mucho, basadas en pruebas anecdóticas. No obstante, prefería la forma en que Mary Lou había muerto, de una manera que nadie se avergonzaba de nombrar en voz alta.

Bajé la ventanilla para que la brisa me diera en la palma de la mano. El río que teníamos al lado reflejaba un cielo oscuro y las luces parpadeantes de Boathouse Row. La radio seguía apagada. Esa era la banda sonora de nuestra banda sonora. Lo que sonaba detrás de Juan Luis Guerra en nuestras fiestas no era otra cosa que silencio.

—¿Vamos hasta el museo de arte? —me preguntó mamá, accionando la luz intermitente.

Mamá giró en U y tomó la carretera sinuosa que conduce hasta los pilares monumentales de color arena. Al llegar a la parte superior del estacionamiento, se detuvo. Yo sabía lo que tenía que hacer: bajarme y desenganchar la cadena. Mamá entró y yo enganché la cadena de nuevo y volví a subir al auto. Entramos lentamente a la gran plaza superior del museo. Las fuentes estaban apagadas. Los focos iluminaban los frisos griegos. No había peatones ni turistas. Solo mamá y yo.

—Guillo tal vez murió de SIDA —dijo mamá, apagando el auto.

Varias veces al año veníamos aquí, a lo alto de la famosa escalinata, después de que los guardias de seguridad se hubieran ido a sus casas. Era una de las rebeliones nocturnas favoritas de mamá. En otras ocasiones íbamos a celebrar o a matar el tiempo. Mas allá de nosotras, parpadeaba la Ciudad del Amor Fraternal. En algún lugar entre esas luces, uno de los patriotas fundadores de la nación había escrito sobre las verdades evidentes, pero yo no tenía fe en ningún tipo de evidencia. La advertencia de Linda Loman pendía en la oscuridad: "Hay que prestar atención". Extrañaba a mi prima.

11

CUANDO LAS COSAS SE CALLAN
POR DEMASIADO TIEMPO...

Como no eran ni mi mamá ni mi papá, como mamá me sacaba del norte de Filadelfia tras cada funeral, las muertes no se sentían del todo mías. Me imaginaba a los hermanos y parientes limpiando los platos después del rosario, tirando claveles marchitos una semana después, vertiendo el agua turbia del florero por el retrete. Mientras tanto, mi madre seguiría preparando el café cada mañana. Todavía podría escuchar el ruido del vapor de la plancha cuando se preparaba para el trabajo. Nuestra rutina diaria continuaría sin interrupciones. Los vacíos dejados por esas muertes estaban a dos barrios de distancia, a un paseo en auto.

La verdad es que nunca lloré por la muerte de un primo. Ni una sola lágrima. Y me maldije por ello. ¿Qué adolescente no necesita un Kleenex junto a un ataúd? Temí que la falta de llanto fuera indicio de que no los había querido lo suficiente. Tal vez el llanto y el baile viven en el mismo lugar de nuestro interior, y yo tenía cerrada esa parte: la del dolor, la euforia y Dios. Sin lágrimas, nunca podría decir que eran legítimamente *mis* pérdidas; en todo caso, *nuestras* pérdidas.

Con *nuestras* me refiero a las pérdidas de la familia Pérez. Los Hudes habían vivido, sin duda, uno de los lutos más trágicos de la historia. Una generación antes de que la madre de papá muriera a una edad demasiado joven, los campos de exterminio acabaron con seis millones de personas. Cuando vi el apellido Hudes en una escena de *La lista de Schindler*, corrí a casa, llamé a papá y le pedí que me contara. Y me contó. A los siete años había visto los tatuajes en los brazos de algunos de sus parientes. Entonces, mi desconcierto y mi pena encontraron consuelo en el contexto. En la clase de Inglés ya había leído *La noche*, de Elie Wiesel, y *El diario de una joven*, de Ana Frank. Esos libros tenían portadas y párrafos finales. La película de Spielberg tenía una secuencia inicial y un plano final. El horror de la historia era ligeramente menos insoportable a través de la narración, el análisis forense, el testimonio.

Pero la bestia que acechaba a los Pérez existía en el presente, y su apetito era insaciable. No había portadas ni párrafos finales que la nombraran, ni secuencias de apertura con planos finales que me ayudasen a entenderla. El fantasma de la muerte nos pisaba los talones y se sentaba en nuestra mesa el día de Acción de Gracias. Estaba en la funeraria Compagnola de la calle 5ª Norte, y en la Floristería Riehs de la Avenida Girard. Teníamos cuentas allí, comprábamos funerales a crédito, nos tuteábamos con el personal. No conocía ningún estudio sociológico sobre las epidemias de *crack* y SIDA, o sobre el costo humano de la segregación residencial. No sabía que estábamos viviendo y muriendo en un punto discreto de la cronología estadounidense: los años ochenta y noventa. Apenas tenía un puñado de tarjetas funerarias con ángeles rubios y nombres latinos debajo.

No era precisamente tristeza lo que sentía. Un nudo amargo se movía en mi estómago, puliendo su amargura en cada vuelta: lo injusto que era todo. Porque, por cada cumpleaños que papá no me llamaba, por cada par de medias que no me podía comprar, recibía una bendición de titi Ginny y un paquete de chicle de Cuca. Las Pérez se esforzaban y, sin embargo, acumulaban funerales como tarjetas de béisbol.

* * *

Miro hacia atrás, y pienso que tal vez, esa noche en las escaleras del museo de arte, mamá me explicó la muerte de Big Vic y Guillo con bastante claridad. Quizá yo filtré la verdad y solo retuve confusión. Ahora tengo cuarenta años y pienso que, si le preguntara hoy en día cómo murió Big Vic, mamá me soltaría al menos un dato o dos. En eso pensaba durante la cena de Acción de Gracias. Después de todo, no hay mejor momento para preguntar por el SIDA en la familia que el de rellenar el pavo, ¿no? ¿O será mejor hacerlo cuando estás desempolvando la vajilla? Mientras la pregunta salía de mi boca, tuve la certeza de lo engañada que estaba: era muy probable que Vic hubiera muerto de esclerosis múltiple o cáncer de estómago, y yo, siempre dramática, había sacado las cosas de contexto. Cuando las cosas se callan por demasiado tiempo, el silencio es lo único que queda.

Mamá sacó las batatas dulces del horno, quemadas. Luego pinchó la melaza endurecida con un cuchillo.

—Bueno, hay dos versiones de la muerte de Big Vic —dijo.

De nuevo con lo mismo. Justo como pensaba. Haz una pregunta y obtendrás un laberinto.

—La primera es que Guillo, el marido de tía Toña, tenía una amante en PR. Guillo se hizo el listo y le dio la casa vacía de Toña, como si le sobraran propiedades. Pero esa era la casa de mi papi, no la de Guillo, y todos en Arecibo lo sabían. Mi papi había sido un hombre respetado. Tía Toña estaba establecida en

Filadelfia, así que Guillo pensó que jamás se enteraría. Pero, tú sabes, las noticias boricuas viajan rápido. Una vecina encontró el número de Toña en Filadelfia, la llamó y le preguntó quién era esa señora que entraba y salía de su casa, solo para saber, para estar segura de que no era una intrusa. La señora trató de sonar educada para no avergonzar a Toña. Entonces Toña viajó a PR, echó fuera a la perra esa, puso sus cosas en la calle y vendió la casa. Ni un céntimo para Guillo. Pero ya él tenía el VIH.

Intenté entender lo que mamá estaba diciendo. Es difícil que una mujer le transmita el VIH a un hombre. Cuando le comenté eso, mamá alzó una ceja.

—Esa mujer era una prostituta conocida, una libertina total. Probablemente se había infectado a través de varios hombres.

Esa dudosa respuesta no cambiaba la escasa probabilidad de transmisión del VIH de mujer a hombre. Mamá olfateó mi duda.

—Te digo lo que me han dicho, Quiara. De todos modos, Guillo se enfermó enseguida. Como Big Vic era el único hijo de Guillo y Toña, se fue con su papá para cuidarlo.

La imagen me impactó, era casi bíblica: Big Vic, el buscavidas, el macho, con su cadena de 24 quilates de oro, convertido en enfermero personal; el hijo curando las heridas del padre; el hijo bañando a su padre con un paño húmedo; el hijo vaciando la bacinilla de su padre; el hijo volteando al padre para evitar que le salieran llagas; el cuerpo de Guillo entregado a la interdependencia padre-hijo.

—Eran los primeros días, nadie había oído hablar del SIDA. Para la mayoría de la gente era una enfermedad de homosexuales, y Guillo no era gay, así que no podía ser SIDA, ¿no? —Mamá me lanzó una mirada—. Y, aunque hubiera sido SIDA, cosa que se negaban a admitir, nadie sabía cómo prevenirlo. ¿Usando

guantes de goma? Por favor. Eso es lo contrario de lo que habíamos aprendido. Nos habían enseñado a resolver las cosas con las
manos. De modo que intercambiaron muchos fluidos: al ponerle vendas al sarcoma, al vaciar la orina y las heces de la bacinilla.
Muchos, muchos fluidos. Big Vic cuidó muy bien de su padre,
Quiara. Nunca se apartó de su lado.

—Estaba segura de que me lo había inventado. Pero tenía
razón, Big Vic tenía SIDA —dije.

Mamá se encogió de hombros.

—Tal vez —murmuró, como si toda la explicación que acababa de dar se hubiera disuelto de repente—. Te estoy diciendo
lo que me dijeron, Quiara.

Guillo había muerto en 1989, Big Vic en 1990. En realidad,
no eran los primeros días. Por aquellos tiempos la ciudad estaba empapelada de anuncios de prevención del VIH. Mamá había
puesto muchos ella misma. *Silence Equals Death*, "El silencio es
igual a la muerte" era el mantra de entonces. Pero ¿hay necesidad
de prevenir la transmisión de algo que no tienes? Es increíble el
poder de nuestros secretos. ¿Será que ni el mismo Guillo lo sabía?
¿O se habría guardado el secreto, negándose a hacerse la prueba?

Entonces mamá me contó la otra versión de la muerte de Big
Vic, pero yo ya estaba fatigada con solo escuchar la primera. Sin
duda había dejado la historia más picante de segunda, pero ya
yo no quería oírla. Me sentía mal, deprimida; volví a sentir mi
estruendosa impotencia adolescente a los cuarenta años.

—Sabes que Big Vic vendía drogas, ¿no? Era parte de una red
perversa, la más violenta y temida de Filadelfia, pero él era un
traficante de bajo nivel, no participaba en ninguna de esas cosas.

La caracterización de Big Vic como actor secundario me
dio tanta risa que casi se me salen las batatas quemadas de la

boca. Décadas después, ¿todavía estábamos tan comprometidos con nuestros cuentos de hadas? Como si no hubiera visto a Vic pasearse por el barrio como un maldito emperador, con sus cadenas de oro apiladas y el pelo brillante como un billete de cien dólares, junto a su muchacha, Mónica, que usaba gafas de sol y uñas de pedrería. No por eso lo quería menos; podía sostener la realidad de sus ingresos y su corazón en una sola mirada. En vísperas de Navidad, Big Vic llegaba a casa de abuela con un gorro de Santa Claus, abría el maletero y dejaba que los niños hicieran de las suyas. Traía media juguetería en su carro. "¡Elige lo que quieras!", decía, y sonreía mientras nos volvíamos locos.

—Big Vic cayó preso por una ofensa menor —continuó mamá—. Solo tres gramos, no era nada grande. Lo cogieron de anzuelo para la trampa. Usaron el peón para coger a la reina. Y él colaboró. —Mamá no usó la palabra *chota*—. La policía sabía el nombre y la dirección de la jefa de la pandilla. Llevaban mucho tiempo intentando atraparla, sin suerte. Pero Big Vic sabía dónde estaba la mercancía. —Mamá se animó, riéndose mientras contaba—: Así que los policías entraron en la casa de la mujer y se dirigieron directo al altar. Ella les dijo: "¡No, por favor! ¡Donde sea menos ahí!", pero cuando levantaron la tapa de su sopera de Obatalá, cosa que no se puede hacer, ¡nunca se debe abrir un oricha así!, ¿qué vieron? Una montaña de cocaína. ¡Justo como les había dicho Big Vic! La mujer montó una escena y dijo que eso era ¡cascarilla y tiza ceremonial! —Mamá se estaba desternillando de la risa ahora—. ¡Coño, hay que admirar su creatividad, compadre! ¡Solo en el barrio ocurre esa mierda! Con la mujer presa, Big Vic supo que tenía los días contados. Sus socios se estaban preparando para la guerra. Big Vic se escondió y recibió más elekes que lo protegieran, pero los socios de ella estaban metidos en las artes oscuras. —Mamá dijo "artes oscuras" como si fuera el tráiler de una película—. Consiguieron un brujo que, por el precio adecuado, estaba dispuesto a matar. La maldición que le echaron suele funcionar. Se drena la sangre de una persona, espiritualmente hablando, y se le concede una cierta cantidad de días de vida.

Murmuró el número de días, pero yo estaba molesta y no le presté atención. ¿De verdad me estaba diciendo que Big Vic había muerto producto de una maldición?

—Sé que no crees en eso —me dijo mamá—, pero hay muchas cosas que no entiendes, Quiara.

—Sea cual sea la versión que tú creas, murió rápido. Se lo llevó rápido.

Eso sí lo recordaba. En Memorial Day, Big Vic se pavoneaba por el barrio como un T-Rex cubierto de joyas. Para Navidad parecía que tenía un hacha clavada en el cuello, tan protuberante era su nuez de Adán. Tenía las rodillas tan salidas que el bastón apenas lo sostenía en pie.

Pusimos la salsa de la carne y la de arándanos en la mesa, y llamamos a los niños, que estaban en el salón de la televisión. Se acercaba la hora de dar las gracias.

12

LA VOZ DE LA POSESIÓN

Había una jicotea en mi bañera.

—¿Podemos comprar un terrario? —pregunté. Como mamá no respondió, seguí—: ¿Es una mascota?

—No te encariñes demasiado —dijo—. No le pongas nombre.

Durante una semana, la jicotea y yo intercambiamos miradas. Ella sospechaba de mi poder, y yo, de su destino. De nuestra desconfianza mutua surgió una extraña camaradería, una perplejidad compartida ante nuestras vidas tan distintas, pero que se encontraban por una coyuntura inesperada. A la semana de su estancia, la levanté de la bañera. La jicotea siseó y se retrajo, y una afilada garra rozó mi muñeca. Me asustó más de lo que me dolió. La dejé caer y se golpeó contra la bañera estruendosamente. Maldije a mamá y volví a intentarlo, esta vez sujetando su caparazón por el medio, y agarrándola más fuerte. La puse en el suelo con cuidado. Pronto asomó la cabeza y dio un paso. Luego se fue. Se escabulló por debajo de la cama, entró en el armario y volvió a salir, enroscándose en las patas de metal de la mesita de noche. Podría haberle ganado a una liebre, una jicotea con prisa es una maravilla. Su alivio era también mi alivio. Sus patas nudosas y su torso engorroso hacían ridícula su carrera. La pobre criatura apenas podía caminar sobre el resbaladizo linóleo de la bañera, pero ahora se deleitaba con la fricción y el agarre del suelo de mi habitación.

* * *

La jicotea seguía en la bañera. La duración de su estancia no dejaba de sorprenderme.

Cuando mis amigos de la escuela venían a casa y usaban el baño, salían de prisa, asustados.

—¿No ibas a mencionar la jicotea?

—Uy, lo siento. Nuestro terrario se cayó y se hizo trizas.

—¿Dónde te bañas?

—En la bañera de abajo.

—¿Cómo se llama?

Las instrucciones de mamá me dieron un respiro.

—Jicotea.

—¿Tu jicotea se llama Jicotea?

Trataba de hacerlo ver como una ironía, un metanombre gracioso.

Por la noche, la jicotea intentaba escalar las paredes de porcelana de la bañera para conseguir la libertad, pero sus garras solo se agitaban, arañaban, golpeaban y desistían. Una y otra vez, volviéndome loca, hasta que ya no me importó. Después de meses de escuchar los zarpazos nocturnos de la jicotea, la falta del sueño por la noche me hacía caerme de sueño durante todo el primer periodo de clases.

Maldecía al animal y maldecía a mi madre. Me tapaba los oídos con papel higiénico y me cubría la cabeza con la almohada, hasta que me ahogaba con mi propia respiración.

Una tarde entré en la cocina y descubrí a mamá encorvada sobre una tabla de cortar y una cazuela. Tiraba con fuerza. Una mano agarraba un caparazón de jicotea medio hueco, y la otra tiraba de la carne marrón en su interior. La cazuela estaba llena de carne cruda y húmeda. Los cuchillos de mamá no competían con la musculatura sinuosa y beligerante de la jicotea.

¿Por qué la niña que fui tenía siempre que conocer la muerte tan de cerca? ¿Por qué el fantasma de la muerte no tocaba a la puerta de mis amigos blancos también? Primero Guillo, luego Big Vic, luego Mary Lou y ahora la jicotea, sin ataúd abierto ni cicatrices, solo carne de reptil amontonada en un recipiente.

Aquella noche no salió ningún sonido del baño. Ninguna agitación de garras me obligó a poner música. El silencio se me enganchó en el cuello y me apretó los pulmones, hasta que me costó respirar. Me levanté en la oscuridad y caminé hacia el baño. La madera del suelo crujió, llenando la habitación de un poco de sonido. Entré, sintiendo las frías baldosas bajo mis pies, envuelta en el silencio una vez más. La bañera lucía vacía y ensombrecida; un resbaladizo sepulcro, sin su muerto. Me senté en el suelo, apoyando la espalda contra la cerámica, y metí la cabeza entre las palmas de mis manos. Se lo debía a la criatura: unas horas de vigilia nocturna, unas horas que llegaron demasiado tarde.

Me obligué a quedarme allí toda la noche, tratando de precisar el comienzo del despertar de mamá. ¿Cuándo habían aparecido los altares en nuestra sala? ¿Cuándo mamá había permitido que Dios ocupara sus días otra vez? ¿O se había iniciado en lo que los laicos y las películas de terror llamaban santería? ¿Por qué no me había invitado a ser testigo, como había hecho en la granja de caballos? Mamá nunca me había prohibido ver los toques de tambor y los bembés, pero tampoco me había invitado de manera explícita. Solo me decía que algo iba a ocurrir en el piso de abajo y que, si no quería ver, hacía bien en quedarme en mi habitación. Dado que en la ciudad prosperaba una red de venerables teólogos afrocaribeños, una comunidad que se parecía más a mamá, ya ella no me necesitaba como su principal apoyo.

Cuando descubrí a mamá en la cocina, pura casualidad, la curiosidad me atrapó. "Mamá, ¿por qué una jicotea?", "¿Qué significa?", "Dime qué bendición se supone que traiga". Las preguntas se acumulaban en mi boca cerrada. Sabía que, para mamá, darme una explicación a menudo requería que se discriminara ella misma. Requería que hiciera concesiones ante un mundo que no paraba de juzgarla y de señalarla con el dedo.

* * *

Había un chivo en el sótano. Bajé de un salto los escalones, llevando en la mano la llave del candado en forma de "U" de mi bicicleta. Mi Schwinn de segunda mano pesaba unas cuarenta libras, pintada de rojo y óxido a partes iguales, tenía solo dos velocidades, y tan pesada como un camión de basura. Le eché un poco de aire a sus viejos neumáticos y, de repente, sentí que me miraban. Un chivo, tan real como yo, me miraba con la cabeza inclinada de forma inquisitiva. De su barba colgaba una tira masticada del *Inquirer*. Lucía alegre con mi compañía, como si me hubiera estado esperando. "¿Un poco de té?", parecían preguntarme sus ojos de cerradura. Subí las escaleras, cerré la puerta suavemente y decidí que el tren 34 sería más rápido que mi Schwinn.

—Deberías quedarte a dormir esta noche en casa de una amiga —me dijo mamá esa tarde mientras ordenaba despreocupadamente las cartas, sin mirar hacia mí.

Salí con un saco de dormir.

Al volver a casa al día siguiente, la encontré vacía. Me dirigí a la puerta del sótano, pero al agarrar el pomo perdí los nervios. Me tambaleé hasta el sofá y me tiré al suelo, donde enumeré mis quejas, anhelando la decencia de una maldita explicación. Por fin volví a atravesar el salón, giré el pomo de la puerta y bajé de puntillas. Cada duda, pensaba, podría hacer retroceder el tiempo. Pero la cabra ya no estaba. El periódico tampoco. No había orine en el piso y este, usualmente polvoriento, brillaba de limpieza.

* * *

Había un pollo en el patio trasero, dentro de una jaula. Su barba era flácida como un gusano aplastado, y su pico, de un rosa enfermizo. Maldije sus patas anaranjadas en forma de trípode, con sus dedos toscos y moteados de marrón. Podía anticipar la desaparición de todos sus detalles, a menos que, por supuesto, liberara al animal.

Me dispuse a hacerlo. Las plumas blancas se agitaron en la jaula, levantando una nube. Nuestro patio de cemento se convirtió en una bola de nieve con cada aleteo. Me acerqué sigilosa a la jaula, estudiando cómo abrirla sin que el pollo me picoteara. Por fin acoplamos el ritmo y el pollo se unió a mi silencio. Se quedó quieto, y yo extendí la mano y desenganché la puerta con un clic. Sus alas se abrieron con un torbellino. Sus plumas estallaron como fuegos artificiales, y el pico golpeó la palma de mi mano como clavos. Entré corriendo a la casa y subí las escaleras hasta el baño, donde cerré la puerta de golpe y maldije en el inodoro. El pollo no me cortó la piel, y yo no lo había liberado.

Esa noche me decidí a mirar. ¿Acaso yo no era cómplice? ¿No le debía al pájaro la decencia de ser su testigo? Cuando su gutural súplica atravesó la casa, bajé corriendo las escaleras a tiempo para verlo suspendido por las patas, sacudiéndose salvajemente antes de caer inerte. Su sangre se derramó, como un chorro de melaza, sobre un plato. El silencio de la muerte vino rápido, y el olor metálico de sangre llegó hasta mí. Me agaché en el primer recodo de la escalera, donde nadie podía verme. Me ardían las extremidades, me cortaban las lágrimas. Me apreté con una mano la boca, y así logré pasar desapercibida mientras la saliva se escurría entre mis dedos y caía como péndulos. Luego llegaron las lágrimas. Por un pájaro. Y no había necesitado ni un Kleenex en los funerales de mis primos. "Qué bien", me dije.

Al final, las lágrimas se cansaron de caer. Yo seguía mirando. Aun cuando repudiaba esa ofrenda lukumí, mi compulsión por ver lo que más me asustaba era más fuerte. ¿Tenía miedo de Dios? ¿O de mi conexión implícita con los espíritus de mamá, de nuestro único grado de separación? Ese impulso numinoso estaba arraigado en ella desde su nacimiento, según supe cuando me había contado de sus visiones a los cinco años. ¿Yo era heredera de eso? ¿Llevaba las ceremonias de mamá en la médula, latentes, al acecho?

* * *

Mamá me encomendó algunas tareas pequeñas que ejecuté con obediencia. Los lunes por la mañana debía poner el café a los pies de Eleguá, que vivía cerca de la puerta principal, y llevar la taza de la semana anterior a la cocina para fregarla. Cuando mamá cocinaba, llenaba el primer plato hasta que las habichuelas se salían por el borde. "Los orichas comen primero", me decía, entregándome el festín. Entonces yo llevaba el plato al solárium, donde estaban las soperas. Allí contemplaba, asombrada, el majestuoso altar que mamá había construido. Naranjas cortadas por la mitad y cubiertas de miel y canela para Ochun, una urna de color índigo que albergaba los secretos de Olokun, una corona roja y un hacha de caoba para Changó. Babalú Ayé se apoyaba en una muleta, y sus ojos tristes y patéticos me miraban con amabilidad. La Caridad del Cobre era una virgen morena sobre la espuma del océano. Las olas le llegaban hasta los tobillos, querubines multicolores revoloteaban en su corona. En el suelo había montañas de frutas, y diversos sonajeros, cascabeles de metal y cáscaras de coco colgaban de perchas. En inglés se llama altar, pero en español es un trono. A los pies del trono, colocaba el plato de la cena.

En ocasiones yo recibía bendiciones y protecciones. Cuando mi depresión de adolescente arreciaba y mamá temía que me hiciera daño, me preparaba baños y limpiezas. Mezclaba pétalos de flores, aceites, polvos y perfumes en el agua, y rezaba ante la palangana. O me llevaba con sus venerables mayores, y me hacía meterme en bañeras desconocidas para recibir limpiezas. Ellas inclinaban la gran palangana sobre mi cabeza, y la cascada descendente eliminaba las malas energías. Esos baños me recordaban los antiguos masajes shiatsu que mamá daba con aceite de eucalipto. Luego, apestosa y con aspecto desordenado, me deleitaba con la doble sensación de arraigarme y expandirme. Recogía con aprensión los pétalos de flores y las hierbas de mi pelo, pero me quedaba con la sensación del contacto paciente de esas mujeres mayores.

Otras veces, mamá me animaba a participar en los *ebós* de fruta. Su energía era suave y luminosa en esas excursiones. Después de conducir hasta Wissahickon Creek y adentrarnos en el bosque, dejábamos una bolsa marrón, sellada y llena de fruta especialmente preparada, cerca de la orilla del agua, metida entre las raíces de un árbol. Un día, durante una concurrida procesión de Odunde, nos situamos en el puente de la calle South y arrojamos melones al río Schuylkill, rodeadas de vecinos que lanzaban dinero, flores y miel. Aquella tarde de Filadelfia llovió el aché.

Cuando mamá y yo visitábamos a los mayores de la comunidad lukumí de Filadelfia, estos me recibían en sus salas con amabilidad y cariño. Estos eran, sin duda, los espacios más diversos de mi juventud. Benetton habría pagado mucho dinero por sacar fotos en ellos. Uno de los dos padrinos de mamá, ambos cubanos, era un negro de piel oscura. El otro era rubicundo y de piel blanca. Las ceremonias y celebraciones eran principalmente reuniones de latinos negros, aunque algunos morenos y blancos también asistían. Tratándose de una filosofía y una práctica de raíces africanas, sabía que una gringa no podía entrar sin más. Nunca debía asumir que estaba invitada, me decía siempre mamá. Pero, una y otra vez, al recibirme en la puerta de sus apartamentos y casas adosadas de alquiler, los mayores veían mi piel y mi espíritu y me decían: *entra*. Con sus ojos sabios, me miraban con ternura por un rato hasta requisar y calentar el mismo centro de mi ser. A menudo me preguntaba a mí misma *qué veían*, y deseaba poder verlo algún día.

—¿Qué es Ainalode, mamá? —le pregunté la tarde en que recibí un collar de protección espiritual.

Mi ropa y mi pelo estaban todavía un poco húmedos por la limpieza, y estaba tratando de sacarme, despacio, los pétalos de detrás de las orejas.

—¿Es como decir "Dios te bendiga"? ¿Es lo mismo que "bendición? —agregué.

Como todos los sacerdotes y sacerdotisas se dirigían a mamá con esa palabra, supuse que le estaban dando aché o algo así.

—*Yo* soy Ainalode —dijo mamá, y sonrió suavemente—. Ainalode soy yo. Ese es el nombre que recibí cuando me coronaron Changó. Cuando uno se hace santo, recibe un nombre.

¡Hasta ahí llegó mi autodiagnosticada amnesia para los nombres! Antes, cuando me presentaban a un mayor me entraba una ansiedad instantánea a la hora de dirigirme a él, segura de haber olvidado o malentendido su nombre. Escuchaba a los demás llamarles de otra manera, y me quedaba paralizada, maldiciendo el trastorno que me impedía retener los nombres. Hacía todo lo posible por evitar dirigirme a los mayores directamente y, en los raros casos en que tenía que hacerlo, utilizaba un español formal y torpe: "Don esto" y "Doña lo otro". Ahora entendía.

—Así que… ¿tía Toña y titi Margie tienen nombres de Ocha? —le pregunté a mamá.

Sus dos hermanas mayores también practicaban la religión.

—Sí —dijo mamá, quitando con cuidado un pequeño pétalo de flor de mi clavícula.

—Tía Toña es Obanyoko. Titi Margie es Ochalerí.

Mamá me pidió que repitiera sus nombres, rectificando mi pronunciación, mientras levantaba el tirante de mi sujetador para sacar un trocito de flor. Sus suaves uñas de acrílico me dieron escalofríos cuando rozaron mi piel al intentar pescar los pétalos.

Cuando asistí a la siguiente ceremonia, ya sin miedo de los nombres, pude deleitarme con su cadencia. Observé cómo mamá, al saludar a su padrino en la puerta de entrada, lo llamaba Padrino Julio, pero en cuanto este se ponía el gorro blanco de ceremonia se convertía en Baba Funque. *Baba Funque*, un nombre musical. Tanteando el terreno, me acerqué a su otro padrino.

—Padrino Tony, ¿cuál es tu nombre en Ocha?

—Oluchande —me contestó.

—Oluchande —repetí.

Me pareció maravilloso pronunciarlo. Y, mientras sonreía, me di cuenta de que hacía años había dejado de usar mi segundo nombre, cansada de lo diferente que resultaba. Sin embargo, ese círculo acogía la complejidad de nuevos nombres en nuevas lenguas. Era hora de prestar atención, me dije. Era hora de preguntar si podía acompañar a mamá al próximo tambor o bembé.

El problema era que muchas de las ceremonias grandes que tenían lugar en mi casa me estaban prohibidas. El hecho de que me dejaran ir a alguna que otra hacía que me tomara muy personal esas exclusiones, como si algunas devociones fueran demasiado intensas y algunos misterios, demasiado poderosos para la frágil Qui Qui. No se trataba de la edad, estaba segura, sino de la valoración que mamá hacía de mis limitaciones intelectuales y espirituales.

*   *   *

Esa noche, por el flujo de la conversación en el piso de abajo, supe que iba a pasar algo importante. Los tambores de batá espesaban la atmósfera con su humedad. No pude distinguir las palabras, solo la urgencia general. Reconocí algunas voces. Sedo, mi casi-que-padrastro, un contratista boricua con quien mamá había estado saliendo por años, pronunció una o dos palabras. La cadencia familiar del Padrino Julio era rítmica, y podía escuchar su característica risa. El mayor, un obá santero que con su amabilidad suavizaba mi reticencia era el mentor de mamá en la religión. Él me trataba con afecto sin pedir permiso ni exigir reciprocidad; por eso me caía bien. Sabía que mamá también estaba abajo, pues me había llamado para que saludara a Padrino Julio y le pidiera la bendición. Sin embargo, en ese momento no la escuchaba. Una voz masculina y desconocida se alzaba con una autoridad que galopaba con palabras rápidas e inflexiones melódicas. Nadie interrumpió ni habló por encima de ese hombre poderoso. Por el silencio, deduje deferencia y profundo respeto. Me quedé en el rellano de arriba durante mucho tiempo, inclinada, con la mano en la oreja. ¿Quién era ese invitado? ¿Qué significaba su presencia?

Un escalón a la vez, así fui bajando, diciéndome a mí misma que *volviera atrás* cada centímetro que avanzaba. Cuando llegué al final de las escaleras, maldije mi curiosidad. Me había sentado en los escalones, con la esperanza de detener el avance. Pero mi deseo de seguir era más fuerte y bajé los escalones restantes sentada. Por fin la sala de estar se desplegó ante mí. Tres personas estaban sentadas a la mesa: mamá, Sedo y el Padrino Julio. No había ningún visitante extraño. Mamá era la extraña: era un hombre. De su boca fluía la voz que había escuchado arriba, hablando en un español oclusivo y nasal, con algún dialecto intercalado. No tenía idea de qué lengua criolla era esa. Su cadencia parecía antigua. Sonaba como un espíritu juguetón y sabio. Hasta los huesos de la cara de mamá habían cambiado. Su esbelta nariz se había ensanchado, su sobremordida se había invertido y ahora su mandíbula inferior sobresalía, como si hiciera rodar una canica entre sus dientes delanteros. Mamá estaba más encorvada, y sus hombros, por lo común suaves, eran anchos y firmes. Se le había montado el espíritu.

Los hombres estaban sentados a su lado, atentos y escuchando. El Padrino Julio le daba de beber ron y le hacía preguntas, cuyas respuestas Sedo anotaba en una libreta de cubierta marmolea. Llenaba las páginas de prisa; su pluma descansaba solo cuando necesitaba pasar la página. De vez en cuando, el Padrino Julio le aclaraba cosas antes de pasar a la siguiente pregunta: la ortografía de alguna ciudad desconocida, quizás, que habría que comprobar más tarde.

—¿Puede repetir el nombre de esa persona, por favor?

Quien no era ella le respondió. Luego se llevó a los labios la botella casi llena de Bacardí, y se bebió un tercio del contenido. Pensé que vomitaría o tendría una convulsión. Más allá de una cerveza cuando hacía la limpieza de primavera, mamá nunca bebía. Pero se bajó la botella de golpe y la entrevista continuó a buen ritmo.

Mi cuerpo se desbocó y odié la escena. Las rodillas me temblaban enloquecidas, los dientes me castañeaban, los dedos me apretaban la mandíbula hasta hacerla callar. Me sentía como un cangrejo en la resaca, agitándose contra la corriente revuelta. Quería gritar: "¡Para! ¡Vas a hacerle daño a mi madre!". Quería correr y limpiar el sudor de esa cara que no era la suya, meter la mano en su garganta y arrancarle el espíritu. Primero Guillo, luego Big Vic, luego Mary Lou y ¿ahora mamá? Todas las personas a quienes quise, muertas.

Mamá no era mía, ahora lo entendía. Nunca lo había sido. Se pertenecía a sí misma y a los espíritus, no a mí. Mis pensamientos volvieron a aquel lejano 4 de julio, rememorando la fuerza con que bailaban mis primas, el impulso y la insistencia de sus caderas, como si hubieran estado conducidas por una fuerza majestuosa. Aquella reunión había sido mundana; esta era espiritual. Y, sin embargo, un pulso es un pulso; un tambor es un tambor. Sí, era cierto, y ahí estaba la prueba: la danza y la posesión eran dialectos de la misma lengua materna. Yo no hablaba ninguno de los dos. El inglés, el idioma que mejor hablaba, no tenía vocabulario para la posesión o el baile. Yo estaba hecha de inglés. Mis palabras y mi mundo no estaban alineados. Eso, quizás, me convertía en un alma perdida.

* * *

Más de una hora después, mamá seguía sin cansarse. Por fin su respiración se volvió dificultosa. Dejó de hablar y volvió a empezar. Estaba desorientada, como un toro que muere lentamente en la plaza. De repente, se levantó con tal violencia que su silla voló hacia atrás y se estrelló contra la pared. Erguida por primera vez en más de una hora, mamá perdió el equilibrio y se desplomó en los brazos de Sedo. Respiraba rápido, y tenía el pelo enmarañado en la frente. Miró el salón con una vaga familiaridad: el papel pintado que cubría las paredes, la mesa, el equipo de música. Sedo se rio.

—Bienvenida, negra. Ya puedes relajarte.

—Cuidao —dijo Padrino Julio cuando ella se puso de pie—, todo ese Bacardí se te va a subir a la cabeza.

Padrino Julio se rio cuando mamá vio la botella medio vacía, aturdida. Luego mamá se dirigió al patio de la casa sin siquiera tropezar.

—¿Qué ha pasado? —preguntó mamá mientras el aire de la noche se los tragaba.

El Padrino Julio y Sedo comenzaron a contarle, mientras yo miraba la escena buscando pistas.

Mamá me había explicado al detalle su activismo. Me había invitado a participar en sus actividades de base, contándome los crímenes ocultos contra las mujeres puertorriqueñas. Había un aire de "conoce tus raíces, atesora tu verdad y nunca olvides" en esas charlas, una forma de maternidad guerrera. La intencionalidad que había en esas explicaciones solo hacía que los otros misterios me parecieran una suerte de abandono. ¿Qué había con las muertes ocultas de nuestra familia, de las desapariciones de mis primos, de su fe floreciente? Ningún sermón materno me proporcionaba esas respuestas. Cada vez que un enigma me llamaba la atención, aparecía una niebla que oscurecía mi vista. Mi vida necesitaba una explicación, y yo no conocía el idioma que pudiera darle sentido.

"Dios, dame un espacio donde quepa toda esta pérdida y toda esta vida. Dame un idioma para expresar el grito de manera que otros puedan escuchar y entender, y que al ser entendida pueda sentirme completa. Complétame, Dios, ayúdame a encontrar las palabras adecuadas para el comienzo y el final, porque en este momento la muerte y la danza se superponen de maneras que solo me enredan". Mientras rezaba tuve que reírme, porque ¿a cuál dios, exactamente, me estaba dirigiendo?

Ansiaba un hogar que no hubiera que explicar, una perspectiva occidental de modo que pudiera ver *esas cosas* tal y como las veían mis amigos blancos. Sí, mis amigos vietnamitas y mis amigos negros no latinos se encogían de hombros ante los altares de mamá, que no les resultaban familiares, pero con demasiada frecuencia mis amigos blancos palidecían cuando en mi puerta los recibía Eleguá, el dueño de todos los caminos y encrucijadas. Era una concha marina rellena de cemento con ojos de caracoles, y estaba colocado en un plato de arcilla en el vestíbulo. Ante él yacían unos centavos y un trago de café negro, muestras de gratitud. Sin embargo, peor que el asco en las caras de mis amigos era la vergüenza que sentía en respuesta. Las brasas calientes de la vergüenza hacían arder mi garganta y deseaba que mamá adorara algo un poco más blanco. Ante el asco de mis invitados, guardé silencio en lugar de disculparme por mamá o, incluso, defenderla. Más de una vez constaté con dolor que, cuando mis amigas insistían en que las fiestas de pijamas fueran en sus casas, respondían al mandato paterno. Cuando sus padres venían a recogerles por primera vez a mi casa y veían a Eleguá, concluían que ese no era lugar para sus hijos. Mis amigos me confesaron haber tenido conversaciones difíciles con sus padres, incómodos porque conocían y amaban la vibrante y cálida hospitalidad de mi mamá. Sus padres no eran tan crueles como para desalentar nuestra amistad, pero yo no podía deshacerme de la rabia de que vieran a mi madre de color como una amenaza. Tampoco podía negar, sin embargo, que a menudo yo también sentía miedo de sus dones y su proximidad a dioses que nunca había conocido.

Tenía muchas ganas de hacer como mi padre y unirme a su rechazo hacia cualquier dios y asegurar que la religión era la raíz de todo mal. Habría sentido un alivio perverso de haber podido descartar el don de mamá como un problema químico del cerebro, algún diagnóstico psicológico. Pero tal desestimación habría negado mi instinto. Sabía que yo también tenía fe. Uno no se pasea por la ciudad diciendo: "¿Creo en el rascacielos, en las nubes que se reflejan en sus ventanas, en la sombra que proyecta?". Eso es cosa de lunáticos y pedantes engreídos. La pregunta no era si creía en Dios, los Egun, los orichas o Ifá. Había visto suficiente como para saber que las cosas ocurrían, creyeras o no en ellas. La cuestión era si mi curiosidad me llevaría hacia los altares y las voces de los espíritus, o si cerraría esa puerta. *¿Miraría* o *apartaría* la mirada?

A veces me quedaba en nuestra sala mirando una placa de madera y metal de la Organización Nacional de Mujeres que colgaba de la pared. La palabra HÉROE estaba grabada sobre el nombre de mamá. Estaba rodeada de cartas enmarcadas y discursos. El representante estatal Ralph Acosta elogiaba la inestimable labor de mamá "cuidando de las necesidades de salud de nuestra comunidad". Ese "nuestro" tenía un tono asertivo y festivo: un boricua de Filadelfia se quitaba el sombrero ante otro.

Ahí estaba la carta de nombramiento de mamá a la junta estatal de quiropráctica, firmada por el gobernador Casey. Junto a ella, una nota de agradecimiento más antigua, del gobernador Thornburgh. También había una distinción de la Cámara de Representantes de Pensilvania llena de *por endes* y *por tantos*. Ninguna de esas cosas las escondió ni las mantuvo en secreto. Mamá estaba orgullosa de ellas. Mamá había curado el yo que mostraba a la luz pública en la sala de estar. En cambio, los orichas, además de los que por mandato residían en la entrada de la casa, vivían en el solárium, lejos del tráfico peatonal. Mamá era una guerrera para el mundo, pero en su casa se protegía y escondía sus altares de la mirada ignorante de amigos, vecinos y familiares. Incluso, tal vez, también de mí.

* * *

El calor bailaba en el asfalto de Dakota del Sur. Mamá había dejado la línea directa de atención CHOICE y ahora era embajadora para la juventud del American Friends Service Committee, la organización de activismo de los cuáqueros de Filadelfia. Siendo una boricua que se había abierto camino en una organización blanca, mamá era siempre elegida para tratar con los adolescentes de color. Su trabajo era ahora de alcance nacional, en una organización también nacional, y aunque cada nueva misión la alejaba de su comunidad, a veces me le unía en viajes que ampliaban sus horizontes.

Esa semana visitaríamos Rosebud, una reserva indígena donde mamá se reuniría con adolescentes de la nación Sioux Lakota para hablar desde la adicción al alcohol hasta el sexo seguro.

Mamá agradeció la oportunidad chamánica. Los Sioux Lakota la recibieron como una indígena taína, médium y curandera. Nuestro viaje culminaría con una Danza del Sol a la que solo se podría acceder por invitación. Mamá me repitió muchas veces el honor que eso significaría.

—Es algo muy serio. Debes comportarte con el máximo respeto y deferencia.

En nuestro auto rentado tomamos una ruta escénica rumbo al oeste. Seguí los vericuetos rebeldes del mapa, comparando sus puntos de referencia con las áridas masas de tierra que me rodeaban. A través del polvo y la niebla, las Colinas Negras me parecieron montículos oscuros y bajos.

—Tierra sagrada —dijo mamá.

Conocía la costa de Jersey, la ciudad de Nueva York y Six Flags, pero nunca había contemplado el vientre del país. A eso se me parecía este paisaje: a un vientre ocre y plano.

A mitad de la reserva, la carretera se convirtió en una franja roja que se perdía en la distancia. Construcciones dispersas eran el único trazado urbano. Mamá conducía más despacio que de costumbre; ambas prestábamos atención. A unos metros de la carretera vimos una estructura de acero corrugado. Estaba cubierta con papel de alquitrán y no tenía ventanas, solo una puerta y ropa recién colgada. Lo que sea que mantiene en pie los castillos de naipes es lo mismo que parecía funcionar ahí.

—¿Es una casa? —pregunté.

—¿Qué otra cosa podría ser, Quiara? Coño, por favor, no seas grosera ni ignorante cerca de los mayores.

Por el camino no pasaba ningún cable eléctrico.

—¿Tienen agua corriente?

—Algunos sí.

Me vinieron a la mente las cuadras de Flor, Nuchi y tía Toña: edificios quemados, jeringas usadas desparramadas, lotes abandonados llenos de maleza y neumáticos viejos. Recordé sus casas: láminas de plástico en lugar de ventanas, cinta adhesiva sujetando el techo. En el norte de Filadelfia, la pobreza era ofrecerle a Qui Qui, que estaba de visita, la última rebanada de pan que había en la alacena. Nuestro país, al parecer, ofrecía una panoplia de invisibilidades. Me quedé mirando por la ventana, callada y atenta.

Mamá pasó gran parte del tiempo conversando con una anciana sioux de nombre Hildegard, una mujer corpulenta de gruesas trenzas, que acomodaba de diversas maneras. Pasaban horas hablando sobre el trabajo de las mujeres y cosas de espíritus. Aunque Hildegard era fuerte físicamente, la edad la había ablandado; mamá lucía angulosa, casi juvenil a su lado. Ver a mamá en el rol de estudiante me relajó. Por una vez no era la que más sabía.

Mientras ellas conversaban, los niños locales me llevaron al arroyo y me enseñaron algunos trucos nuevos.

—Métete las hojas de tabaco entre la encía y el labio inferior —me dijeron, como si con eso fuera a lograr que el rollo no pareciera café molido.

Sentados en las rocas del río, sostuvimos varitas mágicas de mentol y hojeamos revistas muy gastadas de ídolos adolescentes. Esos chicos vivían en casas decentes, aunque de piedras, con ventanas y agua corriente, y habitaciones tan desordenadas como la mía. Pero no dejaba de pensar en las chozas y casuchas, al tiempo que me regañaba y me decía: "Deja de mirar". Mamá solía decirme: "No tienes ni idea, Quiara", y, aunque odiaba esa frase, que provenía más del cansancio que del juicio ante cosas que no entendía, ahora entendía su veracidad.

Mamá y yo habíamos asistido a *powwows* o asambleas indígenas en Fairmount Park, en Filadelfia. Nos gustaban las competencias de baile y la forma en que los tambores resonaban al ritmo de nuestras tripas. Mamá siempre sabía qué vendedores tenían los mejores cristales y elaboraban a mano sus inciensos. A veces estos le decían: "¡Sabía que ibas a venir! Tengo algo especial para ti". Pero la Danza del Sol no era una celebración estridente ni una salida de compras.

Un campo de mantas se extendía bajo el cielo. Las familias colmaban el área, susurrando y compartiendo alimentos. Una carne en un caldo claro llegó a mi manta de manos de un silencioso desconocido. En el centro del campo los jóvenes bailaban, sus pectorales perforados con adornos de hueso sujetos a largas cintas, que a su vez estaban atadas a un árbol. A través de sus pechos izquierdo y derecho, los bailarines estaban unidos al tronco y, por lo tanto, entre sí. Sus pasos transformaban la tierra en tambor. La tierra debajo de mí vibraba como si los hombres estuvieran atados a mi cuerpo. El sonido del tambor llegaba con la brisa, uniéndonos a mamá y a mí con los desconocidos que estaban en las mantas cercanas con una costura sónica. Las cintas, cada una un radio, me remitieron a cuando mamá y yo trazamos el jardín circular.

La ceremonia llevaba ya varios días en marcha. Nos unimos por la tarde, en la recta final, cuando quedaban horas para que terminara. Los tambores parecían destacar el cansancio de los bailarines. Estos iban de la energía al letargo. En el clímax de la ceremonia, los hombres bailaban hacia atrás y hacia afuera con fuerza, hasta que los adornos de huesos desgarraron la piel. Ya estaban libres. Observé, atónita, cómo sangraban. La sangre carmesí manaba de sus heridas y dibujaba caminos en forma de raíz por sus pechos. Mamá notó que me quedé callada.

—Las mujeres sangran durante el parto. Los hombres no tienen oportunidad de hacer ese sacrificio de sangre. En esta ceremonia, sin embargo, lo hacen.

No estaba segura de si esa era su interpretación o algo que había aprendido, pero me pareció correcto, incluso personal. Los sacrificios de sangre, al parecer, no solo ocurrían en mi sala en el oeste de Filadelfia. El sacrificio de sangre nada tenía que ver con mis inclinaciones voyeristas o mis escrúpulos provincianos. No era solo un procedimiento que mamá usaba para alejarme. Era el sacrificio de uno mismo, de la santidad de la propia piel, en la búsqueda de la plenitud. Tal vez en esta vida que pedía una explicación, yo era la respuesta que buscaba: mi propio cuerpo, hecho de sangre, hueso y lenguaje.

Poco después de regresar de Dakota del Sur, comenzó mi búsqueda. De Dios, quizás, o de mi verdadera lengua materna. O del punto de equilibrio entre ambos. Solía luchar por encajar mi realidad en palabras que no se ajustaban a mí. Ahora me dedicaría a buscar mejores idiomas.

13

SEDO ME COMPRA UN PIANO VERTICAL;
EL IDIOMA DE BACH

Los hogares de los Pérez de toda Filadelfia estaban llenos de hembras. Primas, tías, abuelas, hermanas, madrinas. Para estar a la altura de una mujer Pérez, un hombre necesitaba tenacidad y constancia. Ante el vendaval de nuestras barrigas hambrientas y nuestros desamores, el velero de un hombre tenía que estar cosido con robustas puntadas. Mercedes "Sedo" Sánchez era un hombre así. Su pecho era tan ancho que podía hacer reventar un barril. Su amplia sonrisa mostraba unos dientes grandes, con amplios huecos entre ellos, como los de una armónica. El hueco principal, en el medio, fue quizás lo primero que tuvo en la boca y luego los dientes crecieron alrededor de él. En su amplia frente, encima de la ceja más gruesa tenía un lunar del tamaño de un centavo; un lunar que parecía un sol poniente. En otro hombre, ese lunar habría sido un defecto, pero en Sánchez lucía regio. Sobre seis pies de estatura era impresionante.

La gente se enderezaba cuando Sánchez entraba en la sala. Recogían sus malas palabras y las metían en los bolsillos traseros. Las manos se extendían para ser estrechadas. En la calle, la gente gritaba cuando pasaba: "¡Sánchez!". Ese nombre, dicho en voz alta, le daba algo de brillo al día. Su local, el Sánchez Bar and Lounge, era un oasis nocturno en la destartalada esquina de la calle 5ta. con Dauphin: mesas de billar, bolas de discoteca, una vellonera de neón con tubos de burbujas, botellas de ron que brillan sobre las estanterías iluminadas de azul. Los camareros se paseaban entre la multitud con bandejas de plata en la punta de los dedos. Una Heineken de un dólar bastaba para que pudieras entrar en ese paraíso del barrio, y, si el portero no llegaba, Sánchez atendía la puerta.

Sánchez era un conocido constructor del norte de Girard, que usaba zapatos pulidos para ir a las obras y tenía polvo de yeso bajo las uñas. Al día siguiente volvía, con los zapatos relucientes, a repartir los sobres de pago a los hombres de su grupo. No tenía empleados, sino hombres. Incluso olía bien cuando caminaba por las obras, con su andar tranquilo y ligero. Su presencia calmaba a la gente como una vista del océano. El mar no necesita simular fuerza; él tampoco.

Mamá no era ninguna flor marchita. De presencia formidable, se comunicaba de manera directa con los espíritus, que entraban en ella como una limpia zambullida hacia lo más profundo. Cuando eso ocurría, no tenía tiempo para advertencias: tomaba las riendas y se arrojaba. Mamá se volvía más pesada durante la posesión, como si sus venas estuvieran llenas de hierro, y necesitaba un hombre que la sostuviera cuando los espíritus se iban. Nunca se marchaban delicadamente. Sus salidas eran sísmicas.

Sánchez la atrapaba. Hasta el último kilo. Sin advertencia ni vacilación. Había crecido en un hogar católico muy piadoso, así que esa no era una habilidad que había aprendido. Era parte de su carácter, la trama y el tejido de su corazón.

* * *

En la familia Pérez no había muchos hombres que fueran modelo de masculinidad. La mayoría de los hombres, boricuas, blancos o afroamericanos, engendraban un hijo o tres y luego se iban, dejando a las mujeres Pérez en su burbuja insular. Big Vic y Guillo habían muerto. El viudo de Mary Lou había regresado a Puerto Rico. Danito, JJ y los cuatro hijos de Nuchi eran unos críos necios. Y tío George, el marido de Ginny, era de un género más suave, embutido en su preciado sillón, tan tranquilo como le permitían estar los Eagles o los Phillies. Pero todo lo concerniente a Sedo era un choque cultural.

En su campaña perenne para cultivarme, subía el volumen de la Fania y me pisaba los dedos de los pies, haciéndome girar cual muñeca de trapo demasiado cerca de las paredes y los muebles. Nunca era demasiado temprano en la mañana ni demasiado tarde en la noche para despotricar de la política local a todo volumen. Cada vez que había elecciones, los demócratas escupían promesas como cáscaras de girasol: arreglaremos las escuelas, los baches, la plaga. Y en cada elección los puertorriqueños les regalaban su voto, gritaba Sánchez, y luego los demócratas los olvidaban como billetes de lotería de ayer. "El Partido Demócrata nunca ha hecho una mierda por nuestra gente", decía. De hecho, él mismo se había postulado a un cargo local; algunos de sus carteles de campaña acumulaban polvo en el sótano.

Según mamá, sus padres le pusieron Mercedes por el auto de lujo, para asegurarle un futuro próspero. Mamá frunció los labios, delatando su condescendencia; le encantaba criticar a los puertorriqueños altaneros que se creían la gran cosa, como si la mierda de ellos no apestara. Sánchez no recordaba cuándo había empezado a llamarse Sedo, pero se había quedado. Dos sílabas tan afiladas como un cuchillo de mantequilla. Mamá y yo le decíamos Sedo, lo que me parecía ligeramente irrespetuoso. Pero no encontré ninguna opción mejor.

Sus hijos biológicos eran puntuales, hay que reconocer. Todas las noches durante *Los Simpson* sonaba nuestro teléfono. "Tu madre es una puta", susurraban antes de colgar. A veces solo decían "puta" y, clic. Él los había dejado a ellos, y mi padre me había dejado a mí. Estábamos empatados en el departamento de padres, pero ellos no lo sabían ni les importaba. Tampoco es que yo quisiera a su macho con olor a colonia y cabello impecable en mi cocina cada mañana. Nadie me había consultado sobre el gran intercambio de papás que ahora era mi vida.

Una noche en que llamaron un montón de veces una tras otra, mamá subió de prisa por las escaleras, con las manos pegajosas de picar sofrito.

—¡Dile a tus amigos que nuestra línea telefónica no es un maldito juguete! —me dijo.

El teléfono volvió a sonar. Mamá agarró el auricular con las palmas, para no ensuciarlo de ajo.

—¿Hola?

La palabra retumbó en el teléfono.

—*Whore* —dijeron, en inglés.

Clic. Mamá me miró con sorpresa.

—Espera… ¿Era… eso?

—Sí.

—¿Por eso esta cosa ha estado sonando sin parar?

Yo había tratado de protegerla de las llamadas. Algunas veces mamá estaba cocinando y escuchando a Celia Cruz a un volumen más alto que el del teléfono; otras, estaba trabajando hasta tarde. Ahora volvió a sonar.

—No contestes —dijo mamá, corriendo a enjuagarse las manos del ajo.

Volvió con las manos limpias y cogió el auricular con firmeza.

—¿Hola?

—*Whore* — más que pronunciar, sisearon la palabra.

—Qué triste. ¿Te das cuenta de lo que estás diciendo? —dijo mamá con un suspiro.

La llamada se cortó. El timbre sonó de nuevo.

—*Whore* —repitieron el insulto.

—¿Sabes qué…? Puede que tengas razón. Dímelo otra vez.

La complacieron.

—*Whooooore.*

—A que no imaginaste que ibas a ser mi profesor esta noche. ¿Qué soy?

—¡*WHOOOORE*!

Cuando la línea se cortó, mamá estiró el cuello hacia Dios.

—¡He captado tu transmisión! ¡Maferefún! —dijo, y se rio. Entonces volvió a sonar el timbre. Cuando respondió, solo dijo—: Dímelo.

—¡*WHOOOOOOOORE*!

Mamá perdió la cabeza. Estaba descoyuntada de la risa. Las carcajadas volaban como aleluyas en misa, alcanzando notas de soprano que no sabía que ella tenía.

—Para, mamá. No es gracioso.

—¡No tienen ni idea de cómo me están llamando! ¿Cómo se dice *whore* en el barrio? —me preguntó mamá.

—¿Puta?

—¿Y cómo más?

—¿*Ho*?

—Exacto, ¡*ho*! Ahora dime, Quiara, en inglés, ¿qué cosa es una *ho*?

—¿Una mujer a quien la sociedad critica por su sexualidad?

—Son las deshonras que los hombres nos han hecho desde el principio. ¡La vergüenza es que están escritas en *La Biblia*! Pero, piensa, Quiara, ¿qué otra cosa es una *ho*? Quiero que tú misma hagas esta conexión.

Me devané los sesos, pero no supe qué decirle.

—¡*Ho*! —gritó mamá, como si el mayor volumen pudiera ayudarme a descifrarlo—. *Hoe* también es azada en inglés. ¡AZADA! ¡AZADA! ¡AZADA! ¿Qué es una azada, Quiara?

—Una herramienta de jardinería.

—¿Y qué hace una azada? —me preguntó.

—Excava.

—La azada es una herramienta antigua que tiene una cuchilla afilada que sirve para desbrozar y voltear la tierra. Cuando la tierra se cansa, uno la rompe, la hiere, cavando canales estrechos y zanjas, ¿para poder hacer qué?

—Plantar semillas.

—¡Plantar semillas! —Mamá se regocijó—. Creen que me están avergonzando, pero no tienen ni idea de que me están alabando. No somos putas, somos azadas. ¡Aramos la tierra, aramos nuestra realidad! ¡Sembramos semillas de potencial! Estoy sembrando el potencial de Sedo. Estoy arando el potencial de mi comunidad. He estado sembrando tu potencial desde el primer día, hija.

Resplandeciente y vivaz, mamá contestó cada llamada. Cada vez que le decían *whore*, lo recibía con la alegría de un oso satisfecho por la miel. La risa de mamá me enganchó, y nuestros pies golpearon el suelo y nuestros puños el sofá, y nuestras caras se contorsionaron y torcieron de dolor. Pero aun así nos reímos.

* * *

Tenía ocho años cuando Sánchez apareció en mi vida. En cuanto mamá lo trajo a casa, me puse en alerta. Ese hombre había traído consigo un terremoto. Cuando llegaban las tres de la madrugada, estaba perdidamente borracho. Mamá le quitaba los pantalones, tirando de los bajos, y lo limpiaba todo con un trapo mientras él gritaba y maldecía. Yo espiaba esos forcejeos desde el rellano de la escalera. Apretaba la mandíbula con instinto animal y aborrecía su voz. Traté por todos los medios de transmitirle instrucciones a mamá por vía telepática: "¡Olvídate de él, mamá!". "¡Que limpie su propia mierda!". Pero no importaba cuánto me esforzaba, mamá parecía no oírme.

Una noche lluviosa encontré unas bolsas de basura en la puerta, llenas de su linda ropa.

—¿Dónde está Sedo, mamá?

—O se endereza o se larga.

A la mañana siguiente, las bolsas ya no estaban. La casa se quedó en silencio esa semana, como buscando pistas. Mamá estuvo tensa durante días, en los cuales me daba respuestas imprecisas. Se agarraba a mi brazo cada vez que me acercaba, como para no caerse, y me ofrecía garantías que no le había pedido: "Estaremos bien pase lo que pase". "Tienes que creer en tu mami, ¿me entiendes?". Sufría de desamor, vacía, tambaleante. Ya había perdido uno una vez, y casi la aniquiló. ¿La vería desplomarse de nuevo?

Por fin, un día reaccionó. Mamá iba a entrar a la autopista de Schuylkill, cuya rampa de acceso desde el oeste de Filadelfia era muy caótica, con autos pasando a toda velocidad por la izquierda y una fila impaciente acumulándose detrás. Si algún carro trataba de colarse, abalanzaban los bocinazos como lobos furiosos.

—¿Qué quieren, que vuele? —gritó por el retrovisor.

Cuando al fin logró meterse en la autopista, me dijo su decisión.

—Lo que tengo que hacer es decidir si estoy preparada para dedicarle tiempo. No soy joven, Quiara, y este proyecto requiere compromiso, que invierta en él mis mejores años. No se endereza a un hombre en un dos por tres. Pero, con todos sus defectos... —la voz de mamá se quebró— cuando todo lo que tenía a mi alrededor era muerte...

Mamá se detuvo, dejándome deducir a qué muerte se refería. Yo sabía que se refería a la mortaja que había caído sobre ella en aquellos días de delgadez. Había visto a mi madre erosionarse. La había visto, una mujer morena, luchar contra un hombre blanco en el tribunal de familia. La había visto enfrentar las amenazas de papá de secuestrarme y llevarme a California. La había visto enfrentar la destrucción de la Casa Comadre justo cuando, y debido al hecho de que, estaba floreciendo.

—Cuando todo lo que tenía a mi alrededor era la muerte —continuó mamá con voz apacible—, Sedo me dijo que me pusiera de rodillas y le entregara todo eso al universo. Te lo digo, ese fue un momento poderoso en mi vida. Me acordaré de él cuando me muera. Me devolvió la fe.

Cuando Sedo reapareció al día siguiente, su silencio era prueba de que había escarmentado. Lo que mamá había previsto como un proceso de años: enderezarlo, convertirlo en un hombre de bien, había tenido lugar, al parecer, en esos pocos días de ausencia. A medida que pasaba el tiempo, el cambio se hizo definitivo. No es que Sedo se hubiera encogido, sino que había vuelto a casa con consentimiento y humildad. Me pregunté si, al trazar una línea firme, mamá había saldado la deuda espiritual que la atormentaba. Si, en la hora más oscura de él, ella lo había devuelto a sí mismo.

* * *

Sedo era un puertorriqueño de piel clara, similar a la de mi papá, pero en todo lo demás eran una raza diferente. Sedo era, sobre todo, un hombre que se vestía muy bien, y las mañanas en nuestra casa se convirtieron en una sinfonía de acicalamiento masculino: el silbido del spray Niágara cuando mamá le doblaba los pantalones, el zumbido de la máquina cuando le recortaba el pelo. La radio en español golpeaba mis oídos demasiado temprano, con la charla de mamá y Sedo estallando por encima. Descubrí que ella se sabía todas las letras de Héctor Lavoe, cosa que solo supe cuando la oí cantarlas mientras rociaba el cuello de Sedo con colonia. Él nunca había oído hablar de los Beatles, ni yo de Johnny Pacheco, y nos mirábamos como seres extraterrestres. Ahora todo era Eddie Palmieri y Ray Barretto mientras mamá quitaba las pelusas de los suéteres de Sedo, que solo se podían lavar en seco. Planeaban su día en español. Discutían en español. Presupuestaban el dinero en español. Ridiculizaban el coeficiente intelectual de Dan Quayle en español. Por primera vez en mi vida se hablaba español en mi casa, no en la de abuela o la de titi Ginny, o en la bodega de la calle American. El español ya no era una estación de paso, estaba en mi cocina mientras me servía los Cheerios para irme de prisa.

Mamá no había hecho ninguna de esas cosas con papá: planchar, trazar la raya en el pelo. El español, ya fuera en la radio

o en su boca, era un visitante poco frecuente en mis primeros años. Mamá nunca le cocinó arroz con gandules a papá. En
la granja de caballos se había vuelto una consumada panadera. Todavía puedo oler la levadura, sentir la palma de la mano
enharinando la encimera, escuchar la mezcla y crecimiento de
la masa. Nuestro amasado táctil. Mamá era delgada en su época de panadera. Su piel cobriza estaba enmarcada por rizos de
Ángel de Charlie, y usaba blusas de cuello bajo que mostraban
su pecho. Una belleza con masa de pan en las manos. Pero desde que nos mudamos de la granja de caballos mamá no volvió a
hornear una barra de pan. Cuando se separó de papá se convirtió en una cocinera de estufa, una señora de arroz y habichuelas.

Sin embargo, había un cambio aún mayor: mamá nunca
había sido religiosa en presencia de papá.

Me preguntaba cuál era mi verdadera mamá. ¿La Virginia
que hablaba inglés y nunca rezaba? ¿O esta nueva criatura, que
pasaba por el departamento de perfumes de Macy's de camino al
babalao para que su hombre pudiera pasear por el norte de Filadelfia oliendo bien?

Los sacrificios de animales comenzaron cuando yo estaba en
la escuela intermedia. Todavía lo llamaba Sedo en ese entonces.
Pero la noche que vi a mamá poseída, también presencié a un
compañero a su lado. El hombre había sabido reconocer la complejidad de mamá. Poco después probé llamarlo "Pa". Nunca me
dijo cómo debía llamarle, y "Pa" me pareció bien. No era ni muy
raro ni muy vehemente. Era tan solo el título apropiado para el
hombre que había sostenido a mi madre, probablemente la única persona en la tierra que estaba a la altura de esa confianza
de nivel ancestral. No solo había sostenido su cuerpo. Se había
entregado a ella, aceptando la verdad plena y cruda de su mujer.

* * *

Un domingo (cuando todavía era Sedo), sentí su voz en el balcón.

—¡Quiara, aguanta la puerta!

Sus trabajadores estaban al frente de la casa, alrededor de un viejo piano vertical. Los vi agacharse, respirando con dificultad.

—¿Entonces? ¿La recta final? —dijo Sedo.

Sedo no era de los que gritaban órdenes desde afuera. Estaba detrás, en la posición que más peso cargaba, subiendo el piano por los cinco escalones delanteros. El sudor goteaba por su nariz y le salían lágrimas a causa del esfuerzo. Sus músculos temblaban bajo el terrible peso. Si esa cosa se volcaba, estaban perdidos. Una vez vencidos los escalones, descubrieron que las viejas ruedas del piano estaban oxidadas, por lo que, incluso sobre la superficie plana, había que seguir levantándolo.

Colocaron el piano junto a la mesa del comedor. Alguien le había dado una capa de pintura marrón, pero los desconchones aquí y allá revelaban otros colores por debajo. Las dos teclas que faltaban parecían los huecos de las sonrisas de escuela primaria.

—Estaban a punto de demoler una iglesia en Downingtown —dijo Sedo, y sonrió, limpiando el sudor de sus manos en sus pantalones—. Pero antes subastaron las cosas, ¡y yo compré casi todo! ¿Qué te parece, Quiara? ¿Valió los veintidós dólares?

Sedo vivía para encontrar joyas en la basura y ofrecerle unas cuantas horas de trabajo a quienes estuvieran dispuestos. Así fue como nuestro hogar del oeste de Filadelfia pasó de estar en ruinas a lucir bien: Sedo y mamá rastreaban las subastas y, como sabían construir, remendaron las heridas de nuestra casa habitación por habitación.

Me senté y toqué el Minueto en Sol Mayor de Bach, la única pieza clásica que conocía. La había aprendido de oído en el piano de la escuela durante el recreo. Las notas sonaban como las de una caja de música. Las teclas requerían apenas una suave pulsación para sonar. Los trabajadores se agruparon alrededor. Ellos también se conmovieron. Ese piano viejo era más dulce que una paleta. Cantaba como un periquito. Mis dedos se levantaron del acorde final y me volteé a mirar a mi público. Sus mejillas seguían rojas por el esfuerzo, pero sus ojos brillaban.

—¿Quién la escribió? ¿Tú? —me preguntó uno.

—Bach.

—Bach —repitió.

Los otros se rieron al escuchar el nombre.

—Johann Sebastian Bach —dije, imitando la pronunciación alemana.

—¿Sabes otra?

Como no me sabía otra, repetí el minué. La apertura de la vida se ampliaba con cada nota. De hecho, esa misma noche, cuando los trabajadores ya se habían ido y mamá y Sedo habían salido a trabajar, bajé el reproductor de mi cuarto, puse una cinta de Phil Collins y la rebobiné una y otra vez, buscando notas que encajaran con la canción, "Against All Odds", una poderosa balada de despecho ochentera.

Aunque no conocía la palabra "tríada", mis dedos intuían su estructura. Cada acorde era un caballete apoyado en tres puntos: una quinta mayor, sostenida por una tercera mayor o menor en el centro. Primero "La menor". Luego "Si menor". Fui creando una progresión que desplegó el hilo sonoro. En cuestión de minutos toqué la primera estrofa, como un cervatillo que por primera vez camina sobre sus patas. Pronto pude cantar el melodramático estribillo entre lágrimas. Milagro: sentirme saturada de sentimiento. La realidad de mi tristeza, pero ya sin estar triste. Las notas lo lograron. Se elevaron donde el inglés y el español fracasaron. Eran puro testimonio y evocación, sin errores de traducción.

Pronto mi tía Linda, de Nueva York, me enseñaría a leer música. Cada vez que podía tomaba una Greyhound hacia el norte, deseosa de seguir aprendiendo. Ella patrocinaría semanalmente mis clases de piano, y Chopin tejería un capullo opalescente en torno a mi melancolía. Fotocopiaría la partitura de "Maple Leaf Rag" en la biblioteca de mi escuela, y compraría los "Tres Preludios" de Gershwin en la tienda de pianos de Chestnut. Y, dado que en busca de mi música melancólica aprendí a enfrentarme sola a la Autoridad Portuaria de Nueva York y a la noche del oeste de Filadelfia de camino a casa después de las clases, pronto viajar sola a la biblioteca y a Borders se convirtió en algo natural. Así fue como los libros de bolsillo de Langston Hughes y Allen Ginsberg se convirtieron en mis mentores. Todo gracias a ese piano vertical.

Por ahora, mis dedos descansaban mientras resonaba el último acorde de Sol de Bach. Los trabajadores asintieron con la cabeza, sonriendo, convertidos en admiradores de la música ordenada de Bach, delicada como la vida rara vez puede serlo, como un *koan* budista efímero.

Sedo sacó un grueso rollo de dinero en efectivo y les entregó billetes de veinte y de cincuenta a cada hombre.

—¡Mi hija tiene talento natural! —les dijo después.

Así fue como obtuve mi primer piano. Y unas cuantas notas de un nuevo idioma.

14

PETROGLIFOS TAÍNOS

Para escapar, y entender, las cosas que pasaban en la sala de mi casa. Para meter mis identidades en pugna dentro de un espacio elegante. Para acallar las quejas de mis entrañas y, al mismo tiempo, vivir a profundidad mi luto. Para comprender mi sangre, la de mis primos, la de la Danza del Sol, la de la jicotea. Tal vez permanecer sentada en silencio durante una hora iluminaría mi camino. Nadie en la reunión de los cuáqueros me empujó a una pista de baile. Todo ahí era como la escalera de la casa de abuela. La niña que llevaba dentro, que había huido al bosque, volvió a confundir refugio con seguridad.

Cuando asistí por primera vez, en otoño de segundo año de la escuela superior, me senté sola en la sala vacía antes de que comenzara el servicio. Al cabo de unos meses de prueba, seguí haciéndolo. Otros fieles se agrupaban junto a las sencillas puertas de madera, charlando. "¿Cómo están tus tomates este año?". "¿Trajiste tu ensalada de bulgur para el almuerzo?". Llevaban el pelo sin engominar, faldas sin planchar y alfileres Mondale/ Ferraro viejos y oxidados. No había mahones pegados ni pelo decolorado ni abdómenes expuestos, ni latinos, por lo que podía ver. Los pocos negros del grupo parecían estar a gusto con el desaliño general. Me sentía como una turista avergonzada: no me hagan caso, solo estoy mirando. No me exigían nada: ni mi nombre, ni mi afiliación, ni el motivo de mi presencia. Me ofrecían apenas el contacto visual mínimo para comunicarme que podía ir o venir a mi gusto. Pero mi timidez se mantenía intacta sin importar el número de reuniones a las que asistiera. Entraba y salía de prisa, evitando el compromiso que podría implicar un saludo. Aun así, asistir a la reunión de los cuáqueros se convirtió en un hábito. Para una niña que tocaba Joplin y escribía poesía en medio de un bullicio constante, el silencio podía significar rebeldía. Sin embargo, había aprendido el arte de la contemplación silenciosa a los cinco años, cuando mamá me llevaba al jardín de atrás de la granja y susurraba el nombre de Dios en español, lejos de los oídos de papá. En mi caso, el silencio me hacía revivir. Cerrar los labios implicaba tragarme mis contradicciones y confusiones, guardando el sabor solo para mí.

El edificio de ladrillo era una estructura antigua en una ciudad de cosas viejas. Sus contraventanas de madera y su sencilla distribución reflejaban modestia. Pequeñas olas de luz mojaban las paredes. Los marcos de las ventanas sostenían vidrios abollados de un siglo atrás, de modo que hasta el sol se sentía viejo en esa habitación. Era un lugar tranquilo, decorado con sencillez, con bancos sin adornos dispuestos en semicírculo. La caoba opaca brillaba solo en los reposabrazos, abrillantados por tantos roces al levantarse o sentarse la concurrencia. El ruido de la calle no había sido un factor importante en la construcción de la estructura, así que nuestro silencio iba acompañado por la música sorda de las calles 15 y Cherry, un autobús que silba, una paloma que arrulla.

Durante una hora permanecía sentada entre desconocidos. No había líder ni moderador ni biblia ni himno, solo los bancos y el silencio, un espacio abierto al que el espíritu podía entrar. De vez en cuando, alguien se ponía de pie para denunciar la Guerra del Golfo o cantar "Amazing Grace" u ofrecer un análisis ecuménico de *Thelma y Louise*. En algunas reuniones se hablaba, en otras se procedía sin testimonios. Algunas personas tenían menos ánimo que la maestra sin rostro de Charlie Brown. Algunos lloraban en silencio, o gritaban. Otros permanecían de pie, extasiados.

Cuando se trataba de rezar, yo era una novata. ¿Debía pedirle a Dios un baile, como los adolescentes en las películas de John Hughes? El silencio de la habitación parecía profundo desde afuera, pero en el trajín de mi cerebro se sentía mundano. "No pienses en nada durante diez minutos", me dije, y pronto el avance de mi reloj me enfureció. El segundero parecía moverse en cámara lenta. Recordé algunas frases sueltas de Ginsberg: *I saw the best minds of my generation / America I'm putting my queer shoulder to the wheel.* Sonaron en bucle, como un mantra de citas erróneas. Lo próximo que supe fue que el diseño de diamantes de la alfombra me llamó la atención. "Concéntrate, Quiara". Necesitaba indicaciones, una brújula, un mapa. Intenté recordar las oraciones en español de mamá en la granja de caballos. Aparecieron palabras: tierra, pecho, creador, gran espíritu, pero no oraciones completas. Los orichas y los guías ancestrales de mamá, su casa llena de espíritus, se me escapaban en aquel viejo banco de madera. Cada vez que fallaba en aprovechar esa fresca corriente divina, mi frustración se enroscaba y fulguraba. Cuanto más reflexionaba sobre la vida, más desconcertada me sentía, como una extraña ante todo lo que había visto, un fraude que quería comprar a Dios en el centro de la ciudad, si bien lo divino se encontraba en mi terraza y junto a mi puerta. ¿Por qué mi madre me había apartado desde que nos fuimos de la granja? ¿Por qué me había abandonado, sin darme una tradición, en pos de su don? ¿No había espacio para dos en su camino? ¿Era mi español demasiado inestable para cualquier conversación práctica con los babalaos? ¿Era yo demasiado blanca para que el río afrocaribeño rugiera en mí? ¿Era yo un recuerdo demasiado constante de mi padre, que había renegado de los espíritus y despreciado la religión? "Dios es el opio de las masas". Su antigua declaración retumbó en mis órganos. "¡No, no, no!", rugió mi respuesta original. Y recordé aquella vez en la cima de la colina, con vistas a las vacas, cuando mamá me preguntó si los espíritus me habían visitado alguna vez. Con qué ternura había disimulado su decepción cuando le dije que no. ¿Era yo una decepción? Quiero decir, no porque hiciera malas acciones; mamá me recitaba a diario su orgullo: mis calificaciones, mi Chopin, mi texto en la revista de literatura, todo eso me ganaba besos y cantos de admiración. Pero ¿había algo en mí que había decepcionado a mamá? ¿Había algo arraigado en mí que había ganado su descontento eterno?

Por fin le di curso al pensamiento que odiaba, por cansado y obvio que resultara, aún sabiendo que seguiría irresuelto: ¿No era yo suficientemente puertorriqueña? A este le siguió un nuevo pensamiento, este sí del todo nuevo: ¿No era mamá lo suficientemente puertorriqueña? ¿Acaso los años en Filadelfia habían hecho que su identidad se desvaneciera, convirtiendo mi identidad incompleta en algo que mantenía abierta su herida de migrante?

Puerto Rico. Sus paisajes se extendían ante mí. Por fin podía recrearlos porque los había visto por fin, gracias a Pa. Me había zambullido de cabeza en las olas turquesas de playa Luquillo. Había probado el helado de calabaza de los chinos, visitado la casa de cemento que construyó el papá de mamá, y la finca al otro lado de la carretera, que ahora era un convento.

Las imágenes me calmaron y me hicieron sumergirme en un silencio concentrado. Entonces, desde ese lugar suave, mis rodillas comenzaron a temblar. Apenas las calmé, el temblor se trasladó a los hombros, con más fuerza. Entonces mis rodillas y mis hombros temblaron juntos, y también mi mandíbula, y escuché el torrente de sangre atravesando mi corazón. Me puse de pie.

—Mi madre y mi padrastro me llevaron a Puerto Rico.

Ahora era a la vez oradora y oyente.

—Mi madre y mi padrastro me llevaron a Puerto Rico, y estábamos conduciendo por las montañas…

* * *

Fuimos a Puerto Rico por una semana: mamá, Pa y yo. Nos estacionamos en doble fila junto a la carretera para comprar bacalaítos. Desafiamos el tráfico de fin de semana en el Viejo San Juan para que mamá y Pa pudieran jugar *blackjack*. Fuimos a Piñones y comimos ensalada de pulpo mientras las moscas de la arena nos picaban los tobillos. Y pasamos un día en el sur, en el calor seco de Ponce. Las carreteras que atraviesan las montañas eran una aventura en sí mismas. En sus curvas ciegas podías toparte de frente con autobuses escolares o caballos salvajes montados a pelo. Había que cambiar de dirección en el último momento y tocar la bocina si querías sobrevivir. Los autos, los camiones, los perros callejeros y los gallos creaban un tráfico de doble sentido en curvas de un solo carril. No había barrera que marcara el borde de la carretera. "¡Suave, Papi! ¡Suave!", gritaba mamá, y a él le hacía mucha gracia. "¡Negra, ya! ¿Esta es la salida?". Cuando miraba por la ventanilla, yo no veía ningún desvío, sino una caída en picado sobre un acantilado. No era todavía de noche y ya habían visitado dos bares al aire libre. Pa estaba embriagado y se acercaba demasiado a los precipicios. Después del tercer bar, mamá tomó el volante. Para mitigar su propia borrachera (mamá se tomaba una cerveza por cada tres de Pa), puso un pie en el freno y otro en el acelerador. Me mareé aún más entre el hipo y los frenazos súbitos. Mi cabeza estaba a punto de soltarse y salir rebotando; mis ojos giraban como las esferas de la lotería.

—¿A dónde vamos? —murmuré, semiconsciente y miserable.

—¡Aquí! —respondió Pa echándose a reír y estirando los brazos de par en par—. ¡Tienes que estar aquí ahora!

Abrir la ventana me alivió un poco. Tragué el aire de montaña, saboreé su crujiente rocío cítrico. Todo ese verdor, un manto verde que hacía a la isla lucir como un rey que vestía las montañas con su túnica.

—¡Mira, Sedo, hay cocos frescos! —gritó mamá y yo casi me muero.

Otra parada; mamá se detuvo en la cuneta. En la mesa plegable apenas había unos cuantos cocos verdes y botellas sin etiquetar de salsa picante y de miel. Mamá lo compró todo. Un machete surcó el aire y, *voilà*, la enorme semilla llegó a mis palmas con una pajita. Abuela me había hablado de su viejo machete, de cómo lo usaba para ahuyentar a los ladrones y a los malos, pero nunca había visto uno en uso. Tenía la certeza de que me esperaba una revelación, pero solo saboreé un líquido empalagoso y tibio que me llenó la boca. Odié ese sabor. De vuelta en el auto bajé la ventanilla, temerosa de que en cualquier momento el agua de coco regara todo el asiento trasero.

* * *

Cuando llegamos a un tramo llano y ancho de la carretera, mamá comenzó a conducir más lento. Se detuvo, observó la carretera e hizo un giro. Por fin nos estacionamos. No había nada alrededor, solo una alcantarilla sin tapa en la carretera poco cuidada y un charco de fango que amenazaba con cubrir el desagüe. La hierba salvaje, crecida hasta las rodillas, se extendía en el horizonte. Ante un edificio de cemento blanco, un quiosco o una casa modesta, estaba sentado un anciano en una silla de playa desteñida por el sol. Soplaba un fuerte viento cuando mamá y Pa lo interrogaron.

—No hay boletos, no hay que pagar. —El viento amortiguaba su voz, naturalmente suave—. Camina por allá —dijo.

Mamá miró a Pa, recelosa. Recordaba que la última vez había sido diferente, pero eso había sido cuando era niña. El hombre insistió. Cuando mamá le puso un billete de diez dólares en la palma de la mano, a él se le aguaron los ojos y le apretó las manos a mamá, diciendo que solo lo aceptaba por pura necesidad.

La hierba salvaje arañaba mis tobillos. El denso verdor de la montaña había cedido ante un terreno pedregoso y despejado. La brisa azotaba, golpeando nuestras caras con su lisa y fuerte palma. A medida que la hierba silvestre se volvía más rugosa, el suelo rocoso se tornaba tan áspero y afilado que atravesaba mis suelas de goma. Mamá se puso nerviosa.

—¡Los vamos a ver pronto! ¡Sedo, agarra la mano de Quiara! ¡Cuidao! —Mamá se detuvo, haciendo que nos detuviéramos también—. ¡Da la vuelta, Papi! ¡Nos vamos! ¡Es demasiado fuerte! ¡El viento es demasiado fuerte!

Pa no le hizo caso.

—¡Ya, Negra, quieta!

Entonces apareció el océano, muy abajo. Estábamos en lo alto de un acantilado junto al mar. Pa me agarró por el codo; casi me caigo. Un agujero en la roca, ancho como el hueco de un ascensor, se extendía hacia abajo sin final a la vista. La oscuridad se tragó el haz de luz de la linterna de Pa.

—¿Ya lo ves? —me preguntó.

Mis ojos escudriñaron las algas y los líquenes que cubrían las paredes de la cueva. Poco a poco, una forma se hizo visible. Era tan alta como yo, tallada en gruesos contornos: un sol. Sus rayos redondos zumbaban con energía. Un segundo petroglifo susurró a la vista y nos reveló un tapiz de grabados. Eran grandes glifos, y sus múltiples formas rebosaban de testimonios, testigos del mundo natural. Había animales y bebés. Las formas en espiral evocaban huracanes y olas. Los grabados se apiñaban con proximidad intencionada. Eso era un libro, o un altar. Tal vez ambas cosas.

Muchos textos antiguos habían pasado por mis manos: *Hamlet, Romeo y Julieta, La muerte de un viajante, Rebelión en la granja*. Todos eran reimpresiones. En cambio, estaba ante una primera edición, un libro del tamaño de un acantilado, inmortalizado en piedra. Una afirmación taína de que el sol debe ser registrado. Dador de vida, abridor de caminos, el sol engañoso que también puede quemar. Esos glifos eran supervivencia y resistencia, paradoja y reverencia, conocimiento y explicación. Esa era Boriken antes de la colonización, el crucifijo, la pólvora y la viruela, incluso antes del inglés y el español. Así era como los taínos pasaban su tiempo: esculpiendo su numinoso mundo en piedra. Eran escritores.

Entonces Pa me llevó a otra. Había cuevas y grabados por todas partes.

—¡Aléjense del borde! ¡Los puede jalar como una aspiradora! ¡Sedo, agarra su mano! —gritó mamá desde la distancia.

Mamá me veía tambalear. Cada caverna era un esófago geológico. "Trágame", pensé, con los párpados entrecerrados, el viento aullando sobre mis hombros.

* * *

Les conté a los desconocidos en los otros bancos. Gracias por compartir, dijeron, estrechando mi mano. La reunión había terminado, pero yo seguía estremecida por el temblor. Entonces la vergüenza se apoderó de mí. Mientras hablaba, me había callado de vez en cuando, incapaz de calmar mi mandíbula o de enunciar claramente lo que me hacía un nudo en la garganta. Cuando la gente abandonaba la sala para ir a comer, escapé hacia el sol de domingo por la mañana. El patio de ladrillos, el cielo otoñal y las hojas amarillas de los castaños me trajeron de vuelta al mundo material.

Había experimentado, quizás, demasiado Dios. Me había dominado el espíritu y mi pulso había cedido las riendas. La sensación todavía ondulaba en mí con algunas réplicas y temblores. Mientras caminaba hacia el sur por la calle 15, con pasos vacilantes, impulsada todavía por la adrenalina, recordé a la mamá-que-no-era-mi-mamá en la mesa, hablando en lenguas, transformada por la posesión. Casi me reí en voz alta. ¿Había sido como ella durante un momento de inexplicable desvarío? Los colores y sonidos de la ciudad palpitaban a mi alrededor y me sentía sorprendentemente presente.

Ahora se me antojaba algo ateo, incluso vulgar. Eran las 11:35 de la mañana. Si me daba prisa, llegaría al museo a tiempo. Pasé delante de las fuentes de Logan Circle, cuyo rocío me refrescó la piel. El amplio paseo de la autopista Benjamin Franklin cortaba en diagonal bajo un corredor de banderas. La escalinata de Rocky Balboa me dio la bienvenida y el guardia me hizo señas para que pasara. Gratis. Desde que comencé a asistir a la reunión de los cuáqueros me convertí también en visitante semanal del Museo de Arte de Filadelfia. La entrada era gratuita antes del mediodía.

Recorrí a toda velocidad las galerías de arte de la América colonial, con sus austeros tonos rojos y grises. Marcos enchapados en oro, sillas Chippendales torneadas a mano, viejos y pastosos patriarcas inmortalizados al óleo. Un poco más allá, casi al final del edificio, el ala contemporánea tenía paredes blancas. Los techos eran abovedados como los de las iglesias católicas, pero sin decoración, en estilo minimalista contemporáneo. La luz del sol se reflejaba en los suelos de hormigón. Las obras famosas se alineaban una al lado de la otra. Los Warhols, irónicos y picarescos. Asomé la cabeza a la gruta de la serie *Iliam*, de Cy Twombly, para ver si ya me gustaba, pero no. Los ágiles Brancusis se curvaban, saludándome. El Frank Stella azul era una salpicadura geométrica. En dos o tres respiraciones llegaría a las impresiones de los pulgares de Chuck Close, que miraría de cerca y, luego, entrecerrando los ojos desde la distancia. Entonces atravesaría un momento de ensoñación antes de acercarme al *Limestone Circle*, de Richard Long.

Me dirigía hacia los Duchamps. Me llamaban como un hombro desnudo al final de un sueño. Allí estaba el taburete de madera con la rueda de la bicicleta, rebelde. El desnudo cubista que desciende por una escalera, cinético. La *Boîte-en-valise* era una siniestra caja de curiosidades con su chatarra reutilizada:

un botellero, un infame urinario. La *Hoja de higo hembra* era una insinuación en forma de bronce cuadrado. Duchamp también hizo arte figurativo: un molinillo de triturar chocolate con tres tambores rotativos, un retrato de Adán y Eva como manchas humanoides con enormes cráneos. Duchamp era una navaja suiza, un desván de ideas, un mercadillo de bromas artísticas y despiadado como un chiste de baño público. Con el abandono de un maestro que se había ganado todas sus rebeliones. Aunque no me gustaba su sarcasmo, percibía la libertad con que trataba el virtuosismo como un escalón hacia algo menos rígido.

Escondida entre los Duchamps, la sala 182 estaba en la parte de atrás, en la galería más alejada de la entrada principal del museo. La última parada. No quedaba nada que ver ahí. En ella quedaban solo las huellas de un armario de abrigos y, sin ventanas ni bombillas, no tenía luz. Estaba vacía como una caja de zapatos, sin carteles ni arte en las paredes. Podías pasarla de largo sin darte cuenta. Pero, si entrabas y tus ojos se acomodaban a la oscuridad, podías advertir una puerta de madera al final: rústica, tallada en madera dura y ancha. Quizás la puerta de un granero. O la entrada a un cuarto de tortura. Era difícil saberlo.

Desde ella brillaban dos rendijas que llamaban al visitante. Apreté la nariz contra la madera. Un diorama de tamaño natural apareció a la vista: era una escena pastoral, realista, de una mujer blanca desnuda y tumbada en el suelo con las piernas abiertas. Sus labios vaginales eran lampiños y asimétricos, posiblemente deformados. Uno de sus senos colgaba como una pequeña bolsa de arroz. El otro, al igual que su cara, estaba fuera de la vista. Me incliné y me contorsioné, poniéndome de puntillas, presionando un ojo y luego el otro, tratando de vislumbrar su rostro. No tuve suerte. Esa mujer desnuda parecía descansar después del sexo o tal vez pálida como la muerte, tras ser asesinada, yacía sobre un lecho de ramas secas como un Jesús en un pesebre para adultos. La lámpara de aceite a la que se aferraba tenía la llama aún encendida, así que lo que hubiera ocurrido había sido reciente. Si estaba muerta, ¿cómo es que aún sostenía la lámpara? Si estaba viva, ¿por qué estaba en esa posición, tan desparramada?

Étant donnés era un retablo nostálgico, la escena de un crimen, la fantasía de una violación, *kitsch* de todo por un dólar y un cigarrillo postcoital, todo a la vez. Esconder el rostro de la mujer era la tesis grotesca de la obra. Su vagina deformada, lo más visible de la escena, era la única identidad que el artista le otorgaba. Furiosa, me quedé mirando y fantaseando. Miré detrás de mí para ver si había alguien esperando. Luego miré un poco más. No era solo la vagina lo que me atraía. Las mujeres Pérez se la pasaban desnudas todo el tiempo mostrando sus celulitis, sus senos caídos, sus vellos púbicos. Para mí eso era normal. Lo que realmente me chocaba de *Étant donnés* era que lo único que la mujer tenía era su chocho. Ni cara, ni nombre, ni historia. La omisión de su identidad era una violencia completa y efectiva. Sabía que Duchamp jugaba, con precisión, con el impulso del espectador de ver o de apartar la mirada. Era el mismo juego que yo jugaba con mi vida: mirar más allá en busca de alguna señal y emocionarme ante algunas respuestas o acobardarme ante otras. Entonces, miré un poco más.

15

TRONOS LUKUMÍ

Tras muchas visitas, aprendí a descifrar el lenguaje de Duchamp: su paleta de colores otoñales otorgaba serenidad al paisaje, los motivos pastorales normalizaban la mirada depredadora. Su control sobre la experiencia del espectador era total, incluyendo la ilusión de descubrir un cuarto escondido. También entendí que Duchamp utilizaba la insinuación para inyectar la perversión en el cerebro del espectador, logrando que uno viera los pensamientos vulgares como culpa de uno y no de él. Mi floreciente multilingüismo era bastante satisfactorio: hablaba inglés, español entrecortado y Duchamp conversacional avanzado. Y más. En el dulce piano vertical que Pa me había regalado tocaba con facilidad las piezas de Bach, los nocturnos de Chopin y las sonatas de Mozart. Al principio me equivocaba en las notas, mi digitación no era buena y hacía mal los ejercicios de rigor, pero fui mejorando con la práctica hasta que los errores fueron infrecuentes. Con la repetición aprendí a no tocar notas sueltas, sino frases, luego movimientos y finalmente formas. En la escuela Central, me aprendí de memoria dieciséis líneas de *Los cuentos de Canterbury* cinco minutos antes del examen oral, y lo pasé. Mi emergente súper poder, una fluidez cada vez mayor en el canon occidental, me traía alegría y comodidad, porque si dominas un idioma perteneces a un lugar.

Pero ansiaba descifrar mi propia casa, convertirla en mi lugar de pertenencia, comprender las múltiples lenguas de mamá y acortar la distancia que me separaba de las personas que amaba y que estaba perdiendo, sobre todo mi madre. Quería protegerme del lenguaje fácil del arte occidental y dominar un idioma más complejo, que describiera mejor mi mundo. En la sala de mi casa se hacían instalaciones artísticas, pero el canon occidental no tenía un vocabulario para describirlas. Y si bien mamá tenía muchos dones, el de explicar cosas no era uno de ellos. De hecho, tenía la impresión de que mamá sospechaba de las explicaciones, como si intuir la mierda de la vida por tu propia cuenta fuera el único camino hacia la comprensión. Por la forma silente en que ella hacía las cosas insinuaba que, para ella, las explicaciones eran superficiales, mientras que la observación conducía a la revelación.

Algunas tardes, si ya había terminado los deberes y practicado mi Mozart, y mamá y Pa habían salido a reunirse con los líderes latinos de Filadelfia, yo me paraba frente a los altares de mamá. Los estudiaba. Memorizaba los elementos. Notaba la presión del aire en la habitación. Incluso tocaba las cosas. Una vez me comí un trozo de caramelo de los Ibeyi (estaba rancio). Una vez levanté la tapa del tarro azul de Olokun (dentro había algo oscuro y húmedo). Una vez metí la mano en el pequeño caldero de Ogun y toqué un hueso. Una vez arrastré una silla hasta el gabinete y alcancé el cáliz de plata de Ósun, donde toqué el péndulo de una campana. Los altares cambiaban con frecuencia. En varias épocas del año se alimentaban a distintos orichas, y en el cumpleaños de Ocha de mamá, el aniversario de su consagración, mamá los sacaba a todos a la vez. Cuando repetía las visitas, siempre me aguardaban nuevos descubrimientos.

Algunos altares eran pequeños, apenas unas cuantas cositas en un rincón, como el de Eleguá en el vestíbulo de la entrada. Nuestra puerta de entrada nunca se abría del todo porque Eleguá vivía al lado de las bisagras. Su altar era diminuto y primitivo: una concha marina rellena de cemento en forma de cabeza. Sus ojos de caracoles, entrecerrados; sus labios fruncidos, también de caracoles. Eleguá estaba sentado en un plato de arcilla, como los de los tiestos, y tenía algunos centavos y caramelos de menta, un trago de café negro, tal vez una vela. Eleguá cuidaba los caminos, vigilaba las encrucijadas, daba permiso para que comenzara la ceremonia. Pequeño, pero poderoso, Eleguá era el pícaro, el tramposo. Estaba segura de que sus ojos de caracoles penetraban mi alma, y lo miraba de reojo o desde atrás para evitar su mirada. Unos pasos más allá, junto al aparador del salón, vivían los Egun, los ancestros. Mamá Francisca era una muñeca cosida a mano con piel negra como el azabache. Era la guía espiritual de mamá, y su jarrón estaba lleno de flores frescas.

Más allá, fuera de la vista desde el salón principal, el altar de la terraza se extendía desde el suelo hasta el techo. Era como un portal a otro universo. Había franjas de tela que creaban telones de fondo, y doseles de toldos que caían desde el techo. Su gran escala era maravillosamente imponente a la vista. Las vasijas transparentes, llenas de agua, refractaban la luz, y el piso estaba lleno de velas. Había cascabeles, campanas y tizas de cascarilla.

En las esteras de paja se apilaban numerosas frutas: granadas, plátanos, melones. Había cocos cubiertos de cascarilla y naranjas que rezumaban miel y canela. Trono era un nombre adecuado y preciso para el lugar donde se sentaban los orichas. Cada deidad tenía impresionantes mazos de cuentas y paños bordados en su color específico. El rayo guerrero de Changó era de un rojo asertivo. El océano de Yemayá era azul maternal. El sensual río de Ochun irradiaba oro y ámbar. Cada uno tenía una vasija donde se guardaban sus secretos, y eran alimentados y nutridos en ceremonias secretas. Juntos, los orichas lucían totémicos y diversos.

Encima de una mesita había retratos de familiares fallecidos. Ahí supe de las gruesas cejas de Juan Pérez y su nariz como una flecha que apuntaba hacia abajo, gracias al pequeño retrato en acuarela de mi abuelo. Era la única imagen que se conservaba de mi antepasado. Había también muchas estatuas sobre pedestales: bustos de indios en yeso, estatuillas católicas con rostros blancos y negros, y tallas africanas, cada una irradiando una vibra distinta. Babalú Ayé era un aria de desgracias. Era la estatua más grande, pero no la más elegante, mucho menos prominente que Changó y Obatalá. Sus harapos mostraban una pradera de llagas abiertas. Los perros se reunían en torno a él para lamer sus heridas. Se podían contar sus costillas. Me recordaba a Big Vic después de que se pusiera esquelético y en su cara asomaran lo que parecían rodillas raspadas. ¿Cómo pudo haber anticipado Babalú Ayé, siglos atrás, que el SIDA acabaría con mi primo mayor?

Durante meses que se volvieron años, los altares me enseñaron a prestarles atención y mirarlos. Había llegado a dominar tan bien el Nocturno en si bemol menor de Chopin que podía tocarlo con los ojos cerrados, sin preocuparme de la digitación ni de las teclas. Eso me permitía sumergirme en la inquietante melancolía de la canción, lo que me dejaba en carne viva, echando tanto de menos a papá que me dolía. En una ocasión, con los pelos de los brazos erizados y en lágrimas, corrí a la terraza. La estera de paja donde mamá se postraba estaba enrollada en un rincón. Hice como la había visto hacer a ella: la desenrollé, me tumbé boca abajo ante el oricha y agité la maraca y grité en voz fuerte, como una flecha que se lanza hacia el cielo.

—¡Eleguá! ¡Olodumare! ¡Babalú Ayé! ¡Changó! ¡Ochun! ¡Obatalá! ¡Ogun! ¡Oyá! Gracias.

Volví a colocar la estera de paja en su sitio y seguí practicando Chopin. Los orichas ahora perduraban en mis dedos, bailando con el nocturno, y percibí el amanecer de un verdadero bilingüismo, adaptado específicamente para mí.

* * *

Mamá era una costurera guerrera de lujo. Conocía todas las tiendas de telas del sur de la calle 4 (de dueños italianos) y de Main Line (donde los dueños eran WASPs). Los propietarios veían en ella un alma gemela. Atraídos por su perspicacia textil, le guardaban nuevas telas para cuando ella volviera. Juntas, mamá y yo revisamos cientos de cajas transparentes para encontrar el fleco plateado que mejor le iba a Yemayá, o el mejor botón de guinga para Obatalá. Buscamos en cubos de recortes y cajas de pompones. Desenrollamos cintas para hacer brillar a Ochun. El día que mamá encontró el satén rojo de Changó, la cajera midió cuatro relucientes yardas y los cortó con tijeras profesionales, un corte limpio y delicioso. Luego dobló la tela, sin apretarla, para que no se arrugara, y la metió con cuidado en una bolsa de papel.

Mamá podía perderse en esas tiendas de telas, lo mismo que yo en la Biblioteca Libre. Las estanterías cargadas hasta el techo atraían a los creyentes apasionados. En lo que buscabas lo que querías, cualquier otro tesoro podía salir al paso y decirle a tu alma: "Llévame a casa". Así fue como mamá encontró las lentejuelas de ópalo para Obatalá. Así fue como yo encontré a Allen Ginsberg. Había sido archivado por accidente junto a Eugene O'Neill, y se unió al altar de mi mochila.

Mamá cosía sus paños a altas horas de la noche. Los carretes de hilo chasqueaban mientras ella cargaba nuevos colores y el pedal de su Singer me despertaba. "Mamá está en casa, ha vuelto del trabajo", decía la máquina de coser. Arrullada por el bullicio, regresaba a mi sueño. Horas más tarde mamá seguiría cosiendo, tal era su devoción. El don que se había despertado cuando mamá tenía cinco años se había desarrollado gracias al rigor, la disciplina y el estudio. Mamá había visitado a otros babalaos y santeros, y había visto sus altares, sencillos y lujosos. Pero el de mamá era el más espléndido de todos. Ella había elegido cada detalle con reverencia y entrega. El sacrificio de animales era traumático, la posesión de espíritus era perturbadora, pero el esplendor del cuarto merecía ser contemplado. Solo un tonto se burlaría ante eso, y yo sabía que un sistema que acreditaba la agudeza visual de Duchamp por encima de la de mamá no era un aliado. Mamá había dominado un lenguaje simbólico. Yo todavía no lo había logrado con Chopin, pero lo estaba intentando.

16

SILENCIO = MUERTE

ntes, Vivi era como Cuca, Nuchi y Flor: una prima mayor
en la cosmología familiar, casi una mujer ante mis ojos
infantiles. Acurrucadas en la escalera de abuela, Vivi y
compañía eran para mí un Monte Rushmore de lo *cool*. Me man-
daban a comprarles chicle en la bodega y me daban una moneda de diez centavos para pagar por hoy y por después. Cuando
mis pies de niña crecieron hasta la talla siete, Vivi me puso sus
patines y me sostuvo en la acera, dándome gritos para avisar-
me de cada grieta. Cada una ataba sus patines, siempre de marcas desconocidas, de una manera diferente: trenzas en espiral y
macramé que elevaban los patines baratos al nivel del arte callejero. Vivi nunca me reveló su método, y el misterio aumentaba
mi admiración.

Con el paso del tiempo se fueron separando. Cuca se fue a
la universidad. Nuchi parió joven. Flor se dedicó a la búsqueda constante de yerba o la próxima raya de polvo. No recuerdo

por qué Vivi se alejó, pero las reuniones en la escalera eran ya un pasado lejano cuando le dispararon. Entonces Vivi desapareció gracias al programa de protección de testigos y mamá no dijo una palabra más sobre el tema: ni cómo ocurrió ni quién apretó el gatillo. "Lugar equivocado, momento equivocado. Caso cerrado". La bala había entrado en el cráneo de Vivi y nunca había salido, y su supervivencia, dijo mamá, se había debido a la gracia de un centímetro crucial.

A pesar de la incomodidad producto de haber estado unos cuantos años sin vernos, cuando Vivi reapareció en el portal de abuela sentí un gran alivio.

—Adivina quién está afuera —me dijo mamá.

A través de la puerta maltratada vi a una mujer adulta que se parecía a aquella niña del balcón.

—¡Vivi!

Cuando corrí hacia ella pensé en cómo debíamos saludarnos. ¿Tenía sentido todavía chocar las manos varias veces como antes? ¿Era mejor optar por un beso en la mejilla?

—¿Esta es Qui Qui?

Su voz sonaba alta, sobreproyectada, y me pregunté si el disparo había afectado su audición. Tenía la cara más llena; su mandíbula era más ancha, más cuadrada. Había suficiente gel en sus rizos cortos para reparar un plato roto, y sus párpados estaban pintados del azul eléctrico más grueso. Antes, había sido una niña al natural. Vivi se quitó las gafas de sol, invitándome a mirar. Su mirada revoloteaba. Las lentes de contacto azules cubrían como podían unos iris blancos como la leche. Antes, Vivi tenía los mismos ojos marrones que el resto de nosotras.

Nuestra conversación sucedió en el umbral de la casa de abuela. No estábamos ni afuera ni adentro; yo sostenía la puerta con el pie. Era como si no pudiéramos elegir quiénes éramos ahora o a dónde pertenecíamos. Nuestra pequeña charla fue entrecortada; el volumen de su voz me hacía temblar. Intentamos llenar los silencios incómodos sin parecer demasiado ansiosas. ¿Qué casetes escuchaba, cuál era mi clase favorita en la escuela? ¿Todavía tocaba el piano? Le devolví la cortesía. ¿Dónde vivía ahora? ¿Cómo era Florida? Había oído que se había graduado de la universidad.

—¡Sí, la mejor de mi clase! Hacen todos los libros de texto en braille, o te ponen un asistente que te los lea en voz alta. Muchacha, estoy preparándome para entrar a un programa de doctorado.

Por fin me preguntó si quería hablar del incidente.

—¿Qué tan rápido fue?

—La bala me cegó al instante.

—¿Había alguien contigo?

—No. Lo habían planeado y esperaron a que estuviera sola. Estuve tumbada por mucho tiempo en un charco de mi propia sangre.

Todo había sido accidental, me explicó Vivi. Los traficantes habían mandado a matar a una fulana que tenía su mismo nombre.

—¿Tú crees en los milagros, Qui Qui?

La pregunta sonaba demasiado alegre, con el tono ensayado de un vendedor. Como no respondí, la repitió.

—¿Crees en los milagros, Qui Qui? Porque se supone que no deberíamos estar teniendo esta conversación. Sentí la pistola en mi piel, así de cerca la tuve. Luego me dejaron por muerta, rodeada de mi propia sangre. Los cirujanos no pudieron sacar la bala, así que está enterrada en mi cabeza para siempre. ¿Quieres sentirla?

Vivi guio mi dedo hacia una pequeña calva redonda sobre su oreja, suave como el borde de un centavo. Abracé a Vivi. Cuando enterré mi cara en su pelo crujiente, casi pude sentir el olor metálico de la bala. Todo eso me parecía cualquier cosa menos milagrosa, pero Vivi flotaba a unos centímetros del suelo.

—¿Tú crees en *La Biblia*, Qui Qui? —volvió de nuevo.

No sabía si ella estaba al tanto de la trayectoria lukumí de mamá. Los puertorriqueños podían ser increíblemente críticos. Los católicos y los conversos de tez blanca solían odiar a Ifá con especial delicadeza. *"¡Oh, no, nosotros no somos ese tipo de puertorriqueños!"*. Y aunque yo había empezado a asistir a las reuniones de los cuáqueros, decirlo podía sonar como una afiliación, y todavía no había llegado a ese punto.

Vivi sonreía, esperando una respuesta. Mi silencio fue suficiente.

—¡¿Qué?! ¿Me estás diciendo que no crees en el libro más antiguo que se ha escrito? ¡Muchacha...!

Descendiendo a un sensual tono barítono, Vivi me aseguró que las páginas de *La Biblia* eran un derroche de drama e intriga. Había incesto, asesinatos, venganza... ¿Y no era yo una fanática de la literatura y el drama?

—¡Tienes que leerla, Qui Qui! Te juro que es una maravilla.

De regreso en su nueva encarnación tras las heridas recientes, mi prima no había perdido su ingenio.

Un nombre más para la lista: Vivi, la más reciente cuenta del rosario de desapariciones y decadencia. Cada vez éramos menos en las reuniones familiares. Quizá lo mejor era ignorar las ausencias en cada celebración y el motivo de estas, y pensar en cambio que tal vez les habría dado flojera de salir, o estuvieran deprimidos, o que una goma vieja del auto hubiera estallado en la carretera. Por sí solo, el dolor mudo de cada caso podía prestarse a alguna broma, como Vivi tratando de venderme *La Biblia*. Pero, visto en conjunto, el sombrío panorama comenzaba a revolverme el estómago. Durante las asambleas de los miércoles en la escuela empecé a simular que decía "Prometo lealtad a la bandera estadounidense". No me atrevía a dejar de hacer el juramento con la mano en el corazón, pero estaba molesta, demasiado abatida para pronunciarlo de verdad.

¿Habíamos hecho algo para merecer tantos estragos? ¿O un vampiro había cruzado nuestro umbral sin invitación? Había visitado a suficientes amigos en el centro de la ciudad y había pasado suficiente tiempo con mi padre en los suburbios para saber que esa tormenta de mierda, esa tragedia sin fin no afectaba a todo Estados Unidos. Ver a mis primos sufrir era suficiente angustia. Ver la desproporción del sufrimiento me mataba.

"¿Tenemos una maldición sobre nosotros?". La pregunta había rondado en mi mente desde que las muertes de los Pérez comenzaron a multiplicarse, pero nunca la había expresado verbalmente. Mamá y yo regresábamos de casa de abuela, y el milagroso retorno de Vivi nos pesaba tanto que los baches hacían saltar el carro con el doble de fuerza. Mamá me miró como diciendo: "¿Por qué preguntar una mierda que tu instinto ya sabe? ¿Por qué conjurar vastas complejidades cuando estoy entrando en la 676?". Me contó vagamente sobre cómo algunas de sus hermanas habían jodido sus karmas, y cómo los hijos habían heredado las maldiciones de sus padres. Lo que dijo era borroso, con el propósito de distraerme, pero era todo lo que podía decir.

Tal vez mamá también tenía problemas con el lenguaje, tal vez también sentía que ninguna palabra podía expurgar el torbellino, por muy elocuente que fuera el orador o por muy bien armado de datos que estuviera. Mamá había hablado sobre la crisis de salud que afectaba a las latinas en el capitolio de Harrisburg, y había formado parte de juntas de salud nombradas por el alcalde, por lo que conocía la desproporción en cuanto a las tasas de ingreso en los hospitales, las cuadras más afectadas y las muertes per cápita. Pero no dijo nada de eso.

—Es peor cuando eres la titi. Yo le cambié los pañales a Vivi, Quiara. Tú nunca le cambiaste los pañales. Ni los de Mary Lou. Ni los de Big Vic. Ni… —fue lo único que dijo.

La activista aguerrida, la del megáfono que no callaba ante nada, se quedó en silencio, porque cuando el destino toca a tu puerta, ¿de qué sirven las palabras?

***

En octubre de 1992, la Colcha del SIDA llegó a Washington. Llevé mi cena a la habitación de mamá, donde estaba el único televisor, y comí en el suelo mientras el Canal 10 cubría la noticia. Rectángulos de tela del tamaño de una tumba se extendían desde el Monumento a Washington hasta el National Mall. Lo que para mi familia era un secreto se había convertido en espectáculo nacional. Qué alivio, qué terrible consuelo: no éramos solo nosotros. No estaba sola. Por primera vez me aficioné a escuchar las noticias nocturnas. Empecé a leer el *Inquirer* de Pa, a escuchar la KYW, a utilizar microfichas para explorar archivos de publicaciones periódicas que estaban fuera de circulación. Cada vez había más datos de desfavorecidos, pruebas de que las tragedias de mis primos tenían su raíz más allá del norte de Filadelfia.

Giovanni's Room, una librería *queer* en la calle Pine, era mi parada habitual después de la escuela, y aunque no podía permitirme el lujo de comprar, tenían sillas cómodas y te dejaban revisar los libros con tranquilidad. Allí leí por primera vez a Audre Lorde y la revista *Bitch*. Me salté el almuerzo y me compré un pin que decía *No Glove, No Love* (Sin condón no hay amor), y un collar de *Silence=Death* (Silencio = Muerte). En la Central, me convertí en la presidenta de Peer Education Against Contracting HIV (PEACH), un programa extraescolar de prevención del VIH integrado por activistas y personas en luto. La Cruz Roja nos dio un entrenamiento sobre prevención de las ETS, e íbamos a las clases de Salud a demostrar cómo se usaban los condones utilizando plátanos para las demostraciones. En el caso de los preservativos dentales y las esponjas vaginales, las demostraciones servían para expresar en el aula parte de nuestra rebeldía. Mis amigos de PEACH me contaron sobre los miembros de sus familias que habían muerto. Recaudamos tres mil dólares para la Caminata contra el SIDA, y marchamos junto a todo el espectro de gente *queer* de Filadelfia y sus aliados. Cantamos al unísono, sin vergüenza ni explicaciones, con alegría y abandono. Después de completar los doce kilómetros, nos dirigimos a los dispensadores de agua en Eakins Oval. El pequeño parque circular daba a las escaleras del museo de arte, donde años antes mamá había insinuado que quizás Guillo hubiera muerto de SIDA. Mis amigos de PEACH y yo nos quitamos los tenis y las medias de nuestros pies cansados. Algunos, hippies, tenían peste en los pies, otros eran niños ricos y tenían medias nuevas y tenis Puma, y otros eran atletas y tenían tenis gastados. Dejamos que el aire otoñal acariciara nuestros pies cansados. En torno a nuestras pérdidas formamos una comunidad descalza.

Tuve la gran idea de organizar una colcha contra el SIDA. La Central, la cual tenía dos mil cuatrocientos alumnos, era enorme. Estadísticamente, era imposible que solo yo y los jóvenes de PEACH hubiéramos sido afectados por el virus. Después de organizar unas cuantas ventas de bizcochos, compré una bolsa de basura llena de retazos de paños de fieltro en una de las tiendas de telas donde compraba mamá. Todos los miembros de PEACH tenían que traer marcadores de tinta, pegamento, tijeras, agujas, lentejuelas, botones e hilo.

—Busquen en las gavetas de sus padres —les dije—. ¿Limpiadores de pipas? Genial. ¿Plumas de pájaros? Adelante.

A la hora del almuerzo, amontonamos las cosas en el suelo. La gente se detenía y preguntaba qué pasaba. "Si has perdido a un ser querido a causa del SIDA, hónralo haciendo un cuadrado", les decíamos. Durante una semana, la gente vino y trabajó en sus parches todos los días. Hicieron unos veinte cuadrados. Cada uno con un nombre. De todos los colores. Dispuestas en cuadrícula, las vibrantes telas se parecían a los altares de mamá. Recortes, retazos y adornos que había robado de su armario encontraron una nueva vida. Había un poco de Ogun en esa colcha, y un chilín de Babalú Ayé.

El problema era que ninguno de nosotros sabía coser. Entonces, ¿cómo íbamos a combinar los cuadrados para hacer una colcha? Hasta que no encontráramos una costurera, solo tendríamos parches. Mamá era para una aguja lo que Ben Franklin era para una llave, pero trabajaba sin parar y siempre estaba agotada. Además, el *ethos* familiar era que yo me ocupara de mí misma: los deberes, el viaje a y desde la escuela, el piano, las actividades extracurriculares, todo. La idea de que los padres ayudaran con un proyecto escolar era extraña, única de las comedias televisivas. Durante mi adolescencia tuve muy poca supervisión, y algunos días apenas veía a mamá. Pero, sobre todo, me daba

miedo enseñarle los paños de fieltro con los nombres de Guillo, Big Vic y Tico. Nuestro silencio familiar en torno al VIH se
me hacía sagrado, una cuestión de honor, la única parte de nuestra narrativa que controlábamos. Ser el megáfono era arriesga-
do. Me preocupaba que, a los ojos de mamá, esos cuadrados de
tela me señalaran como traidora. En el barrio, la vergüenza y el
silencio que rodeaba al SIDA eran asombrosos, absolutos. Había
conocido a un tipo, vecino de abuela, que pensaba que podías
contagiarte con tan solo entrar en la habitación de alguien con
SIDA. No había siquiera ido al funeral de su hermano, y eso que
habían sido muy unidos. Y, sin embargo, ¿esa falta de información no era la causa del arrepentimiento que llevaba consigo
y del que habló durante años? Al contar la historia de nuestra
familia vislumbré por primera vez la posibilidad de sanar, de for-
jar amor a partir de la aflicción.

La colcha contra el SIDA de la escuela superior nunca llegó a vías de hecho. Todo lo que hicimos fueron cuadrados de
fieltro separados. El director nos dio un espacio y los colgamos
con tachuelas como una cuadrícula, y ahí estuvieron durante unos meses. El último día de clase, guardamos los cuadrados en un armario junto con los manuales de la Cruz Roja y los
preservativos sobrantes. Cuando volví a Central años más tarde para un evento de alumnos egresados, me enteré de que el
otoño siguiente a mi graduación el club de PEACH había sido
disuelto por el Consejo de Educación de la ciudad. Por orden
del jefe del Departamento de Educación, debido a la presión de
los padres, nuestros archivos y materiales del club fueron bota-
dos al instante.

* * *

La de Tico fue la pérdida de la que menos hablamos mamá y yo porque, como vivía con nosotros, se convirtió en uno más de la familia y nunca existió la distancia emocional que se crea cuando se vive en casas separadas. Tico era mi familiar distante que venía de Puerto Rico para trabajar de niñero en mi casa. Yo era una adolescente y no necesitaba que me cuidaran, pero mamá quería ayudar a algunos miembros de la familia que necesitaban dinero y un cambio de aire. Esa parte de la familia era conservadora, me había explicado mamá, y Tico se merecía un lugar donde desplegar sus alas, "¿tú me entiendes?".

Media generación mayor que yo, Tico era una fiesta andante. A pesar de tener poco más de veinte años, era un niño de corazón y tenía una risa fácil. Los muchachos de West Coast Video se tuteaban con Tico y, gracias a ellos, pudo mejorar cada día su mal inglés. Buscábamos en todos los potes de monedas y los bolsillos de los pantalones de la casa para completar los 2,99 dólares que costaba el alquiler. El género preferido de Tico era la comedia en vivo o *stand-up*, el mejor si quieres dominar la jerga americana. *Eddie Murphy: Raw* y *Whoopi Goldberg: Direct from Broadway* fueron su curso de inglés básico. Me sentaba junto al aparato de VHS y pulsaba el botón de pausa cuando él me indicaba. Entonces Tico repetía alguna frase de Eddie o Whoopi y me preguntaba: "¿Sí? ¿Lo dije bien?". Los ejercicios de Tempestt Bledsoe se volvieron una obsesión. Como yo tenía esa cinta, si no podíamos juntar 2,99 dólares veíamos los aeróbicos como plan B. Con su afro castaño y su físico esbelto, Tico se parecía a Richard Simmons. Excepto que su bronceado no era artificial. A veces asaltábamos el armario y las gavetas de mamá para improvisar conjuntos *trendy* de ropa deportiva, como un traje de baño sobre unos mahones ajustados. Y a veces convertíamos mi cama en un trampolín, y saltábamos durante horas, intentando no golpearnos la cabeza con la luz del techo.

—¿Sabes dar una vuelta de carnero hacia atrás? —me preguntó una vez.

—¡No! —grité.

Entonces impulsó los pies por encima de la cabeza y aterrizó con un perfecto diez de puntuación.

Tico, como yo, comía mucho. "¿Quién necesita platos?" era su lema. Metíamos dos cucharas directo en el pote de puré de manzana, o dos tenedores en la lata de SpaghettiOs. Vaciamos una caja de Kix tras otra en nuestras bocas. Y cuando la despensa estaba floja, Tico se ponía creativo. Estudiamos los distintos tiempos en el microondas para lograr que el Cheez Whiz se derritiera, burbujeara, se carbonizara y explotara. Una vez comimos ramen directo del suelo con los dedos de los pies, riéndonos hasta que el caldo se nos salía por la nariz. Mamá no tenía ni idea de nuestras travesuras porque Tico limpiaba a la perfección: la ropa siempre regresaba a su cajón, el suelo de la cocina quedaba reluciente, el Cheez Whiz quemado se raspaba del techo del microondas.

No había salido del clóset, pero Tico se sentía a gusto con quien era, pese a que ser "gay" era una difamación en el barrio y apuntaba tu cabeza como blanco. No moderaba ni modulaba sus manierismos, y su falta de voluntad para fingir ser algo que no era, el hecho de no esconderse a sí mismo, lo hacía más fuerte que cualquier macho.

Un día, cuando llegué de la escuela, Tico no estaba en casa. Al día siguiente tampoco. Ni una palabra, ni una nota, ni una explicación. Al cabo de unas semanas, nuestro pánico fue disminuyendo. Después de todo, Tico no era un niño, podía cuidarse solo.

—Es joven, probablemente querría divertirse —dijo mamá—. De todos modos, era demasiado dinámico para quedarse trabajando de niñero.

Meses después, el forense de Nueva York nos llamó. Tico se había unido a la peregrinación de hombres enfermos de SIDA que iban a morir a Nueva York sin avergonzarse y libres del estigma. Cuando los resultados de las pruebas dieron positivo, Tico se marchó. Más tarde supimos que había muerto solo, en un colchón en el suelo. Peor que un funeral, descubrí entonces, es no tener un funeral. Mamá nunca tuvo la oportunidad de aceptarlo ni de llorarlo, pues nunca salió del clóset ni nos dijo su diagnóstico. El silencio de nuestra familia y de nuestra comunidad en torno a su homosexualidad era toda la información que Tico necesitaba. Literalmente equivalía a su muerte.

* * *

Mamá sostenía un paraguas sobre mí. Yo estaba en un podio frente al Ayuntamiento. Era una mañana lluviosa de octubre, el Día Mundial del SIDA, y yo había ganado el concurso de ensayos estudiantiles de *The Philadelphia Inquirer*. A principios de la semana, mi discurso había sido publicado en forma de ensayo corto. Ahí estaba mi nombre, en la página de opinión del *Inquirer*, lo cual me convertía en una autora de verdad a los quince años. Mamá estaba colando café en la estufa cuando le entregué el periódico. Leyó en silencio. Luego levantó la vista del periódico, llorando.

—Usaste tu segundo nombre —dijo.

El día del discurso, el presentador me preguntó cómo se pronunciaba.

—Quiara Alegría Hudes —dijo correctamente, y subí al podio.

Mi intervención precedería a la del alcalde, cosa que Pa declaró como importante, dándome un par de billetes de cincuenta para que me comprara ropa nueva y me cortara el pelo. Al final, mi nuevo *look* se perdió debajo de un poncho desechable. Las gruesas gotas de lluvia caían como láminas. Mis páginas se humedecieron y la tinta empezó a borrarse, de modo que mamá tuvo que mover el paraguas para cubrir el papel. Miré a la multitud. No había cientos de personas como había pensado, sino unas cincuenta, de pie alrededor de la plaza, protegiéndose el pelo con periódicos y maletines. La gente no asistía al Día Mundial del SIDA por curiosidad; iban porque el VIH también era su fantasma de muerte. Con respetuoso silencio, esperaron a que empezara a leer.

—Buenos días —dije, y las palabras entraron en el vacío para luego rebotar en mí con eones de retraso.

Dios mío, pensé, solo permite que me escuchen. Lentamente y en voz alta, comencé. Nombré a Tico. Nombré a Big Vic. Describí un breve recuerdo de cada uno, elogiándolos con cariño. Había sido más difícil escribir sobre Guillo. Los rumores sobre su temperamento me hicieron evadirle en la primera infancia, y nunca pasé mucho tiempo con él. Pero al menos podía nombrarlo.

Como la gente estaba sosteniendo sus paraguas, nadie podía aplaudir, así que cuando terminó mi discurso me limité a esperar en silencio, y luego acompañé a mamá hasta un banco mojado sobre el escenario. Cuando el alcalde subió al podio, mamá se inclinó hacia mí. Su susurro caliente se destacó por sobre el frío de octubre.

—Me encanta tu segundo nombre —me dijo—. Ya es hora de que lo recuperes. Porque, ¿cómo vas a nombrar a todos esos miembros de la familia, Quiara, si ni siquiera te nombras a ti misma?

Entonces mamá deslizó su mano por debajo de mi poncho. Con su pulgar acarició mi puño, cerrado, una y otra vez, como si mis nudillos fueran cuentas de un rosario.

17

RECETAS NUNCA ESCRITAS

Cuando le pedí a abuela que me enseñara a cocinar, fue como excusa para pasar un rato a solas con ella y escuchar sus historias. Sus dotes de historiadora oral cobraban vida ante la llama azul de los fogones. ¿No es así como lo hacían los cavernícolas? ¿No se contaban todo alrededor de la hoguera? En cualquier caso, las recetas eran lo que menos me importaba. Y aunque abuela le daba clases de cocina de manera informal a mis primas, yo sentía la necesidad de pedir una cita, de preguntar formalmente, de subrayar mi curiosidad.

Podía aprender a cocinar platos como la serenata y los sorullos en años posteriores, pero el arroz blanco era el ABC, el nivel 1. Si le echabas pique sobre los granos, el arroz blanco de abuela era una comida en sí mismo. Su arroz brillaba, y se partía suavemente al morderlo.

Habíamos quedado en que yo iría el sábado, pero no acordamos una hora, de modo que cuando llegué abuela acababa de salir del baño. No le importaba mucho estar desnuda, pero se lanzó por sus dientes en cuanto subí: su dentadura superior e inferior sonreían en un vaso de agua junto a la cama. Después de ponérselos, cogió el peine de carey, un objeto pesado de dientes anchos y con incrustaciones de nácar en el mango. A diferencia de la mayoría de sus cosas, ese peine no lo había comprado en la tienda de todo por un dólar. Abuela se sentó desnuda en el borde de la cama, y se peinó con largas y pacientes cepilladas. Aunque no tenía mucho pelo, sus mechones eran gruesos y lisos, y caía, en cascada por sus hombros, cubriendo sus pechos y su vientre como el suave salto de un arroyo, para terminar en un charco plateado sobre su regazo. Al final, abuela recogía todos sus largos mechones en un moño no más grande que un vaso Dixie. Era raro verla con el pelo suelto porque, como cocinaba todos los días, tenía que protegerlo de las llamas.

Cuando terminó, fuimos directo hasta la lata de Bustelo que había en la cocina, y una vez que el café estuvo listo, comenzó la lección.

Primer paso: Después de medir el número deseado de puña-
    dos, enjuagar el arroz en un colador, quitando las piedras.

Ansiaba la precisión de las tazas de medir, pero abuela no tenía ninguna. A las tazas les faltaba la intención que hace que una comida cale hondo. Una buena cena comienza con un puñado de arroz seco.

—Como así —me dijo—. Siente cómo ahueco la palma de mi mano.

Cuando toqué la mano de abuela, toqué diez mil ayeres. Su piel se sentía como un pergamino: fina, suave y agrietada. Mi mano era más pequeña, le dije; la suya era más grande. ¿Cuál era la cantidad exacta de arroz que había que poner?, le pregunté. Ella se limitó a reírse.

—Pobre Qui Qui.

Abuela me dijo que curar la olla era importante, y me vino a la mente el viejo adagio de mamá. Mamá me había dicho que los obreros de la construcción podían contemplar con orgullo una cuadra de la ciudad y decir: "Yo pavimenté esas calles, yo puse esos ladrillos". Y que, de igual manera, una buena cocinera podía servir a sus vecinos y decir: "Yo hice esta olla. Está curada por mis horas en la cocina". Mamá presumía sin cesar de la pátina de sus utensilios. Aunque podía comprar ollas nuevas, prefería las viejas. Abuela no podía darse esos lujos, y si estaba orgullosa de sus ollas manchadas de aceite, nunca lo dejó ver. Estas pasaron de la primera a la segunda generación: los utensilios de trabajo de abuela se convirtieron en tema de presunción para sus hijas.

Abuela dudaba de mi español. No más empezaba a contarme una historia, hacía una pausa en medio del relato y me decía: "Repite lo que acabo de decir". Como no quería estropear un buen clímax con una comprensión a medias, prestaba mucha atención para ganarme lo que había ido a buscar. Memorizaba sus frases a medida que abuela las decía, lista para repetirlas cuando me lo pidiera, siempre traduciendo mentalmente, filtrando su historia a través de la aspereza del inglés.

* * *

Obdulia Pérez, un nombre del viejo mundo, muy de alcurnia. Abuela era hija de un español que odiaba a España y de una taína que se sentía igual. Sus padres detestaban el colonialismo, cada uno desde una cara de la moneda. Vivían en Lares, entre Jayuya y Utuado, un hervidero regional del movimiento independentista clandestino. Tanto su padre, músico, como su madre, comadrona, viajaban a menudo por trabajo, quizás parte de la red de resistencia de la isla. En cualquier caso, durante una manifestación hirieron a la comadrona en los senos; tal vez se lo abrieron o tal vez solo la lastimaron. Obdulia nunca vio la herida. ¿Habría sido durante El Grito de Lares, aquel histórico día en que los puertorriqueños se alzaron contra España? Cronológicamente era posible, pero la revolución se había extendido unos cincuenta años más. Después de El Grito, toda la región estalló en llamas. Se conocen los detalles de la sangrienta persecución, debido a la cual la familia de Obdulia huyó a Arecibo. Sus padres llegaron a tener miedo incluso de decir: "Venimos de Lares", y les inculcaron ese miedo a sus hijas hasta llegar al punto de que el instinto de esconderse se arraigó en ellas por completo.

En Arecibo, a Obdulia y a Ramona, hermanas notoriamente hermosas, las apodaron Las Españolas por sus ojos claros y sus raíces canarias. Como descriptor estaba bien, pero como "piropo" tenía un trasfondo colonial, racista: puertorriqueñas de piel clara cuyo estatus dependía de sus lejanos orígenes europeos. Pero abuela no era ninguna boricua de salón y el apodo de La Española la eligió a ella, no al revés.

En Arecibo, abuela se casó con el hijo de puta más taíno del lugar: Juan Bautista Pérez, a quien le decían El Indio. Era de pelo lacio y abundante en la cabeza, pero lampiño en el resto del cuerpo, y dientes cuadrados bien alineados: dientes de pala les decían. De su rica piel caoba mamá y titi Ginny heredaron el tono trigueño, mientras que las hermanas mayores, Toña y Margie, eran de piel clara.

Con treinta y dos años, Juan Pérez doblaba en edad a Obdulia. Era un respetado jornalero, orgulloso hasta el extremo, y se rumoreaba que tenía una amante en cada pueblo vecino. El amanecer lo sorprendía en la tala, cosechando la tierra, y allí permanecía hasta el atardecer; en temporada baja tenía un segundo trabajo en la compañía eléctrica. Durante años Juan Pérez colgó cables eléctricos en las calles que hicieron a Arecibo avanzar hacia la modernidad. Cuando perdió dos dedos en el trabajo y obtuvo el retiro por discapacidad, pidió que le pagaran con tierra. Entonces amplió su pequeña finca. Aun así, los fines de semana se instalaba en el borde de la carretera y vendía carbón natural hecho a mano, vestido de lino blanco de pies a cabeza. A principios de los años sesenta, Obdulia dejó a Juan Pérez, con quien tuvo cinco hijos, y se marchó de Puerto Rico, la única isla que había conocido. Con dos hijas y dos nietas adoptadas, tomó un avión rumbo a Los Bronx. Hay muchas versiones de por qué se fue. La más sencilla, la que me contó mientras sacábamos piedritas del arroz crudo, es que abuela había descubierto a Juan Pérez tirándose a su prima en el sofá.

* * *

—¡No! —protesta mi madre veintitrés años después, mientras cocina arroz en su nueva y elegante cocina.

Solo le estoy transmitiendo la historia que me contó su propia madre.

—Eso no fue lo que pasó, Quiara.

—¡Pero eso es lo que me dijo!

Para entonces, hacía mucho que Obdulia había abandonado la tierra, y el viejo y barato caldero de mamá reposaba sobre una cocina de chef de ocho hornillas.

—Bueno, no sé por qué te dijo eso —dijo mamá.

Su negativa a hablar de eso correspondía con su usual cautela, aunque resultaba inusualmente mojigata. ¿Sexo en el sofá? ¡Eso merecía una conversación al menos! Arecibo era un sofocante pueblo de llanura. Nadie tenía electricidad para ventiladores, mucho menos aire acondicionado. Imaginé cuerpos empapados de sudor que brillaban como el arroz. Imaginé a Juan Pérez inclinándose sobre su amante, sentada en el sofá con las rodillas abiertas. ¿Tenían cojines cubiertos de plástico en PR, o eso era cosa de Filadelfia? ¿Habían empapado la tela con su sudor? Con seguridad se tiraron al suelo cuando abuela los descubrió, apurándose a subir su zíper y cerrar el cinturón. Pero mamá le dio un giro de 180 grados a la historia, desviándola hacia su teoría antes de que pudiera decir otra palabra sobre el tema.

La versión de mamá empezaba con que Toña, su hermana mayor, había desarrollado un raro cáncer.

—Toña era una empresaria de primera. Manejaba un taxi sin licencia a cualquier hora de la noche. Tuvo mucho éxito, para ser mujer, en aquellos tiempos, así que podía pagar lo mejor de lo mejor. Pero incluso los mejores médicos de Arecibo no pudieron diagnosticar su cáncer. Los expertos estaban en Nueva York, de modo que se trasladó a Los Bronx. Mami estaba devastada. Nunca se había separado de sus hijas, y no pudo cuidar a Toña durante el tratamiento porque tuvo que quedarse en Puerto Rico con nosotras, las más pequeñas. Entonces seleccionaron a Toña para participar de un ensayo clínico innovador. Su salud mejoró de la noche a la mañana. Pero meses después de que su tratamiento terminara, Toña no regresaba. Mami le rogó que volviera, pero como el tratamiento de Toña no requería hospitalización esta se había pasado todo el tiempo libre buscando cómo ganarse la vida, ¿me oyes? Se enamoró de la ciudad. Quería quedarse y ganar más dinero del que podía ganar en Puerto Rico. Y como abuela no iba a dejar que sus hijas se separaran, nos trajo a todas a Nueva York. ¿Verdad, Cuca?

Mi prima mayor estaba inclinada sobre el caldero "probando" el arroz de mamá. Cuca era una de las nietas adoptadas que abuela había traído consigo en aquel viaje en avión. No sabía cocinar ni un grano de arroz blanco, mucho menos habichuelas, pero era una gran compañía en la cocina y lavaba los platos.

—Sí, eso pasó con Toña —dijo Cuca—, pero no fue por eso por lo que abuela se fue.

La de Cuca era mi versión favorita de la historia de cómo las Pérez terminaron en Filadelfia. Pero dije que no conocía la historia porque ella la contaría mejor si pensaba que era primera vez que yo la escuchaba. Mientras Cuca hablaba, mamá cogió la cuchara de servir para "catar".

—Bueno, sabes que titi Ginny era una atleta, ¿verdad? Y no cualquier atleta, era la mejor de las mejores. Jabalina y disco eran sus especialidades. ¿Verdad?

Mamá asintió con la boca llena de arroz.

—Cuando estaba en el último año de la escuela, Ginny había batido todos los récords de jóvenes en Arecibo. Entonces se enteró de que había un concurso para ir a entrenar para los Juegos Olímpicos. Los cupos eran limitados, así que era una posibilidad remota, pero Luis la llevó a San Juan para la competencia.

—Espera, ¿Luis, el hermano mayor de mamá? —le pregunté.

Yo no conocí a Luis. Había muerto cuando mamá estaba embarazada de mí. Ella estaba tan cerca de la fecha de parto que las comadronas le prohibieron viajar en avión, por lo que mamá no asistió al funeral de su hermano mayor.

—Sí —continuó Cuca—. Así que Luis llevó a Ginny al concurso de San Juan. Fue todo muy discreto. Como su papá era estricto, nunca habría permitido que Ginny fuera. Ginny faltó a la escuela y sabía que tenían que estar de vuelta antes de que oscureciera y su papá volviera de la finca. Pues como Ginny ganaba cada ronda, pasaba al siguiente nivel. Se estaba haciendo tarde, y Ginny y Luis pensaban, "mierda, ¿qué vamos a hacer?". No habían calculado bien cuánto podían demorarse. Al anochecer, Ginny era una de las pocas muchachas que quedaban en la competencia. —Entonces Cuca me apretó el brazo para enfatizar—. ¡La escogieron entre cientos para venir a Estados Unidos a entrenar de forma gratuita durante el verano, con la posibilidad de entrar en el equipo olímpico juvenil de campo y pista! Y eso no es todo —agregó.

Mamá sirvió una copa del *moscato* dulce favorito de Cuca. Cuca bebió un sorbo y continuó.

—Se pone mejor. La Universidad de San Juan en Río Piedras había enviado entrenadores al entrenamiento para, cómo se dice, reclutar estudiantes. ¡Y le ofrecieron a Ginny una beca completa a partir del otoño!

Nunca había escuchado esa parte de la historia. Pudo haber sido un momento de transformación en la familia: el primer graduado universitario. Obdulia había dejado la escuela después de segundo grado. Las habilidades agrícolas de Juan Pérez se basaban en la tradición taína, no en la educación escolar. Pero, según Cuca, Juan Pérez había dicho que no. El lugar de una niña era la finca: cocinando, limpiando, cuidando de los niños. Ginny tenía que trabajar como los demás. La terquedad de Juan Pérez ya le había costado que sus dos hijas mayores se fugaran con hombres que él consideraba inadecuados, y no estaba dispuesto a renunciar también a Ginny. El día que Ginny debió tomar el avión rumbo al entrenamiento en Estados Unidos llegó y se fue, al igual que el de la fecha límite para aceptar la beca universitaria.

Si bien Ginny estaba desolada, abuela estaba decidida. Una combinación de tragedias familiares, desastres naturales y realidades agrarias la habían obligado a abandonar la escuela, pero ningún hombre le negaría a Ginny lo que abuela solo había podido soñar. Escondida, Obdulia le había comprado a Ginny una maleta: un regalo que anticipaba los viajes que le esperaban. La maleta había quedado sin hacer y sin usar, por lo que abuela se decidió a comprar otras maletas y a llenarlas de ropa de verano y de determinación.

—¡Nunca te vas a ir! —le dijo Juan Pérez, el orgulloso taíno, en tono de sarcasmo.

Cuando la abuela salió al portal con las niñas a cuestas, agobiadas por el pesado equipaje, él fue tras ellas.

—¡Vas a volver! —le gritó.

En cierto modo, había tenido razón. Tía Toña, la preferida de su papá, regresó esa Navidad con un reloj de bolsillo de oro rosa de regalo para su papi. Una prueba de veinticuatro quilates de su éxito en Nuevayol. Titi Margie, para no quedar mal, lo visitó por Reyes, llevándole una cadena de oro rosa a juego. Los regalos al padre se convirtieron en el centro de una guerra civil entre las dos hermanas, que visitaban al testarudo taíno cargadas de maletas de chancletas, sandalias de cuero, ropa de verano, aparatos electrónicos. Pero mientras Juan Pérez viviera y respirara, Obdulia, La Española, no regresaría.

Segundo paso: Cubrir el fondo de la olla con aceite y encender la llama.

—¿Qué tan alto debe estar el fuego, abuela?

—Lo suficientemente alto para cocer el arroz —me respondió, sonriendo.

Tercer paso: Echar el arroz en la olla y revolver, cubriendo cada granito con aceite.

Al aterrizar en el Bronx, abuela vio que el cemento cubría todo el horizonte. Muy diferente del lago donde sus hijas habían aprendido a nadar, y donde la fuerte corriente había fortalecido el cuerpo atlético de Ginny. Se mudaron a un ruidoso apartamento en la Avenida Jerome. De siete pisos, era el edificio más alto que abuela había visto. En el frente tenía cuatro escalones, y, en lugar de gallos, las palomas se agitaban a sus pies. Las pequeñas ventanas daban a un muro de ladrillo, por lo que la única forma de ver el cielo era sacando la cabeza y mirando hacia arriba.

Al cabo de unas semanas, Virginia, la más joven de sus hijas, de once años, comenzó a regresar tarde de la escuela. Había desarrollado el hábito de esconderse en los pasillos cuando sonaba el timbre final, y se quedaba escondida hasta que el conserje la echaba, siempre con la esperanza de que la pandilla se hubiera cansado de esperarla. Pero muchas noches la estaban esperando, con piedras en la mano. A mediados de los años sesenta, las guerras de pandillas entre las puertorriqueñas y las negras no latinas incluían reglas territoriales que Virginia no podía descifrar. En Arecibo, las negras hablaban español y eran boricuas como mamá. Pero en Nuevayol mamá tuvo que aprender que había negros que no eran puertorriqueños; las pandillas se encargaron de enseñarle la separación. Por suerte, Virginia tenía algo de la velocidad de su hermana y la mayoría de los días llegaba a casa intacta, aunque sin aliento, pero más de una vez le partieron la cabeza. Hasta que un día la pandilla armada con piedras fue recibida en la entrada de la casa por Obdulia, machete en mano, con el cuerpo en la postura de una campesina que conoce bien la hoja. Después de eso, no volvieron a molestar a mamá.

Ir de compras también era un dolor de cabeza. Había que caminar media milla bajo el apestoso calor para comprar un aguacate duro por un dólar. Unos meses antes, los aguacates blandos llovían si agitabas una rama. Un pollo medio podrido era ahora un lujo, pese a tener la carne gris y un olor desagradable. Unos meses antes, la pequeña Virginia perseguía a las gallinas por el patio, intentando agarrarlas, mientras estas la eludían y picoteaban. Atrapar y desplumar esas aves era su tarea menos favorita, pero echaba de menos el sabor fresco de la sopita.

Entonces decidieron visitar a la hermana de Obdulia. Años atrás, Ramona, la otra española, se había mudado a Callowhill, un barrio puertorriqueño de Filadelfia. Allí los edificios solo tenían tres pisos, altura que permitía ver el cielo por la ventana. Los robles y los castaños de Callowhill no eran escuálidos como los del Bronx, y sus robustos y anchos troncos se alzaban hacia las nubes. Ramona presumía de que, frente a la ventana de su sala de estar, crecía un álamo centenario. Había pandillas, sin duda, pero estas se dedicaban a las guerras territoriales entre hombres, no a apedrear a las niñas. Hablar en español en la bodega, escuchar música jíbara saliendo de un Chevrolet recién encerado, ver a los boricuas saludando por las ventanas y jugando dominó en las aceras, a Obdulia le encantó su breve estancia en Filadelfia. Echaba de menos ese sentido de pertenencia que se siente cuando se realizan tareas y se conversa en público. Acostumbrada al aire libre de la Isla, aún no se había adaptado a la vida tras las rejas que protegían contra ladrones en el Bronx. Filadelfia se parecía más a Arecibo. Cuando Obdulia y sus hijas volvieron al Bronx unos días después, encontraron el apartamento vacío, los muebles habían desaparecido. Se habían robado del apartamento hasta las pantaletas que tenían adentro. Obdulia y sus cuatro hijas se dieron la vuelta, se amontonaron en el auto y se mudaron a Filadelfia ese mismo día.

Después de vivir algunos años en Callowhill, Obdulia y sus hijas se mudaron a la calle Mt. Vernon, otro enclave puertorriqueño, justo al norte de Spring Garden. También estaba flanqueada por olmos centenarios y hermosas casas de piedra rojiza. Eran en su mayoría amplios apartamentos en cuadras bien cuidadas donde los vecinos, los párrocos y los tenderos hablaban español. Al final de la manzana había un jardín comunitario, un parque infantil y un terreno de pelota, un santuario que permitía escapar del ajetreo urbano. Se podía conseguir trabajo a una distancia accesible, laminando telas, manejando máquinas de coser, en los almacenes. Las ligas de softbol reclutaban a las mamás más musculosas, y acogieron la radiante risa de Ginny en la posición de tercera base. Lassie, una estatua de un *collie* de tamaño natural que abuela tenía, les daba la bienvenida a los invitados desde la puerta, con su sonrisa de cerámica. Con una lengua astillada colgando de su boca abierta, incluso sonreía.

Poco después de que abuela y sus hijas se mudaran, apareció un nuevo mural en la esquina. Tenía dos pisos de altura y cubría la pared lateral de una casa adosada. En él, el rostro orgulloso de la Estatua de la Libertad miraba al espectador, con su corona enhebrada con la bandera de Puerto Rico.

Sin embargo, si bien los boricuas estaban tratando de integrarse a la economía de Filadelfia, la Orden Fraternal de la

Policía no había recibido el memorándum. En aquel tiempo, la orden era: si un hispano le hace algo a una persona blanca, acorrala a todos los trigueños que puedas encontrar. Un crimen con relación al cual solo había un sospechoso podía dar lugar a cincuenta o cien arrestos en una noche. La policía de Filadelfia era prolífica: hombres mayores, niños preadolescentes, cualquier hispano que estuviera a la vista. Podía decirse que se trataba de lo opuesto a una ola criminal.

Los vecinos desarrollaron redes para correr la voz: "¡Todos los hombres adentro!", "¡La policía está haciendo redadas!". Las viejas llamaban a las viejas, las muchachas corrían de cuadra en cuadra susurrando la alerta por las ventanas. Pero, aún así, agarraban a muchachos que volvían a casa de los entrenamientos de pelota: "¿Tienes un bate? Eso es un arma"; y a viejos que volvían a casa de sus trabajos en la fábrica: "¿Caminando con un bastón? ¡Un arma!". Las cosas llegaron al punto en que las redadas de la OFP galvanizaban a la comunidad: cada vez que había una, los boricuas armaban un escándalo en las escaleras de la comisaría, tocando cacerolas y sartenes en una ruidosa clave dos-tres. El jaleo sincopado continuaba hasta que llegaban las cámaras de los noticieros y los detenidos eran liberados. ¿Quién lideraba muchas de esas protestas? Tía Toña, la hija mayor de la familia Pérez. La primogénita de la abuela luchaba no solo para poder comprar relojes de bolsillo, sino también en contra de la brutalidad policial.

La estrategia de abuela era más suave; ella nunca se unió a las protestas. Los policías que hacían la ronda local, todos blancos, se aficionaron a la comida de abuela. Sus visitas a la hora del almuerzo comenzaron el día en que derribaron la puerta de entrada del edificio y luego golpearon la de su apartamento, amenazando con arrestarla. Abuela no tenía ni idea de por qué, hasta que reconoció la palabra "marihuana" y vio que apuntaban a las plantas de su ventana. Abuela no hablaba ni una pizca de inglés, pero se las arregló para dejarlo claro: los policías tenían que sentarse a comer antes de que pudieran realizar cualquier arresto. Con gestos, y también gracias a su habilidad con el cuchillo, abuela los convenció de que la hierba que había en los tiestos era recaíto en lugar de cannabis. Por eso es que sus habichuelas sabían tan bien, porque machacaba las hojas con ajo para hacer el sofrito. A la semana siguiente, su mesa parecía el comedor de los policías. Abuela siempre tenía arroz y habichuelas caliente a la hora del almuerzo. Mientras los policías comían ella les enseñaba palabras en español, rechazando sus intentos recíprocos de enseñarle inglés.

En el tocadiscos de la abuela, Héctor Lavoe alternaba vueltas de la aguja con The Doors. Pero para cuando Juan Luis Guerra llegó a las listas de éxitos y las cintas de casetes eran omnipresentes, jueces y abogados habían ocupado los edificios de la zona. Los nuevos residentes, con sus salarios de seis cifras, devolvieron las casas a su diseño unifamiliar original, y los puertorriqueños emigraron hacia el norte, a casas más baratas y estrechas. La pobreza parecía perseguir a abuela desde que abandonó la Isla, incluso cuando huyó del Bronx; solo cambió su sabor. La nueva cuadra, en la calle American, no tenía patio de diversiones ni murales, ni siquiera un solo árbol. No había una finca en la parte de atrás para cosechar la cena, ni gallos para matar cuando la despensa estaba vacía. En cambio, había más bocas que alimentar que nunca. Abuela adoptó a dos nietos más, cuyas madres necesitaban ayuda a causa de adicción y violencia doméstica. Ahora criaba a Cuca y a Flor, además de a Mary Lou y, más tarde, a Candi. Virginia se fue a vivir con un hippie blanco en el

oeste de Filadelfia, compartiendo la cuadra con familias vietnamitas, etíopes y afroamericanas. Ginny se mudó a la casa de
al lado. Las dos hermanas eran las únicas latinas del barrio. Las
clases de Ginny en la universidad comunitaria duraron poco. Al
igual que sus hermanas, tenía que ganarse la vida, organizar jardines comunitarios en la jungla de cemento y sentar las bases
para la siguiente generación: nosotros.

Cuarto paso: Añadir agua.

—¿Oyes ese chisporreo? Eso es lo que quieres. La proporción de
agua por arroz es de uno a uno, más un chilín, un chorrito extra.
   —Pero, abuela, la bolsa dice que se use el doble de agua que
de arroz.
   El rostro de abuela se volvió inquisitivo.
   —¿Hay instrucciones en la bolsa?

Quinto paso: Salar. Con medio puñado bastará.
Sexto paso: Remover y tapar.

—¡Hola, Qui Qui!
   La tapa reposaba en el caldero cuando Ginny abrió de golpe la puerta mosquitera y arrojó su bolso sobre el sofá, con una
vibra de "voy a quedarme por aquí unas horas". Me miró las nalgas, "¡sí, todavía están planas!", y las pellizcó y palmeó para confirmarlo. Entonces abuela le pasó el batón a su hija. A la espera
de que el arroz se cocinara, bebimos refrescos alrededor de la
mesa mientras Ginny me pintaba su propio cuadro de Filadelfia. Sus recuerdos, una generación más cercana a la mía, empezaron a mezclarse con los míos, hasta que no pude saber si había

vivido tal parte, oído tal otra o construido un recuerdo a partir de una vieja polaroid.

Fue en la calle American donde la enfermedad tocó a la puerta de las Pérez. Ginny, cuyas veloces piernas habían llevado a la familia a Filadelfia, comenzó a padecer problemas de salud en su cuerpo de atleta. Estos afloraron en forma de embarazo ectópico. Su útero estaba inflamado por una enfermedad inflamatoria pélvica, su primer esposo estaba en la Marina y, bueno, esas prostitutas de ultramar… El óvulo fecundado se implantó fuera de la trompa de Falopio y, cuando esta se rompió, Ginny perdió tanta sangre que los médicos necesitaron tres pintas para reponérsela. Le habían hecho una prueba de VIH a la transfusión, pero no mucho más. Así fue como los médicos la infectaron con hepatitis C a cambio de salvarle la vida. Ginny estaba agradecida.

—Si quieres que tu jardín crezca, tienes que alimentarlo, aunque una parte sea abono —me dijo.

"¡La estamos perdiendo! ¡La estamos perdiendo!" fue lo último que escuchó antes de hacer las paces con el mundo. Luego despertó. Se despertó.

Su útero y sus ovarios no volvieron a funcionar bien después de eso. Ya no podía quedar embarazada; entonces se convirtió en centinela. La mujer dormía con los zapatos puestos. Dios tenía otros planes, le dijo a la gente; ella iba a ser madre. Solo tenía que esperar.

Cuando la adicción destruyó a Flor, mostrando una cara de mi prima hasta entonces irreconocible; cuando el cráneo de Danito sonó en la bañera como nuestra Campana de la Libertad… Ginny corrió a las oficinas administrativas de la ciudad a la mañana siguiente a hacer el papeleo de adopción temporal. A los pocos meses Ginny llevaba a JJ y a Danito, los sobrinos que había adoptado como hijos, a Hunting Park, donde les enseñaba a lanzar una pelota de softball. O a los jardines que había hecho en solares vacíos, donde les enseñaba a cosechar calabaza y orégano brujo (lo que calificaba como trabajo infantil ilegal, se quejaba JJ con una sonrisa). Era un trabajo riguroso basado en los métodos taínos que había aprendido de su padre, tanto que los huertos locales que creó con sus hijos siguen existiendo hoy en día como organizaciones sin ánimo de lucro.

Con las piernas cansadas de correr para robar bases, la voz ronca de llamar a sus hijos a comer, las palmas de las manos agrietadas a causa de la azada y de la siembra, Ginny llegaba a casa tarde y encendía la hornilla a fuego alto. Aprendió a hacer arroz con gandules para sus hijos adoptivos, JJ y Danito, al igual que mamá había aprendido a hacer arroz blanco para papá, y abuela había aprendido a hacer comida casera para sus hijas. De hecho, si pasaba por casa de Ginny después de la hora de la cena, ella ponía la olla "vacía" a fuego alto y JJ, Danito y yo nos encorvábamos sobre la estufa para comernos las raspas del caldero. El pegao de Ginny era como papas fritas boricuas: crujientes, saladas, grasientas e irresistibles. Si después quedaba algo, se ponía en la parte de atrás de la casa para los gatos callejeros. No se desperdiciaba ni un grano.

Séptimo paso: Cuando el vapor haga bailar la tapa, bajar la llama.

Octavo paso: Ver una telenovela o leer un salmo. Tal vez llamar a Puerto Rico, para ver si ha mejorado la neumonía de tío Jelin.

Noveno paso: Revolver para esponjar antes de servir. El arroz debe brillar.

18

VOCABULARIO YORUBA

L a *Antología Norton* fue a parar a mi escritorio como un *pancake* de una espátula. Abrí el ladrillo de papel, hojeé sus finas páginas, escudriñé la minúscula letra de algunos poemas al azar. Luego escribí mi nombre con un lápiz número dos en el interior de la contraportada. Encima, en diferentes tonos de tinta y lápiz, estaban los nombres de los estudiantes que me habían precedido. Era el libro de la clase de Inglés Avanzado del último año de la escuela superior. Había pensado que la corbata de lazo y el chaleco del doctor Phillips eran su ropa elegante, una formalidad reservada para el primer día, pero pronto quedó claro que se trataba de su atuendo de profesor, siempre igual. El doctor Phillips era calvo, delgado y se arreglaba mucho más que cualquier otro profesor que hubiera tenido en Central.

Ese día nos dijo que buscáramos a Wallace Stevens y leyéramos "El emperador del helado". Se hizo silencio en el aula. Tras leer unas pocas líneas, me molesté. La segunda lectura confirmó mi reacción inicial: se trataba de una arrogante tontería. Wallace Stevens se burlaba de la elegancia de Dickinson y Frost, y evitaba a propósito la legibilidad. Mi mente iba a mil kilómetros por hora, discutiendo vorazmente con Stevens. Solo se detuvo cuando el doctor Phillips leyó el poema en voz alta. En su voz, las palabras sonaban a música. Los versos no tenían lógica, pero se elevaban con cadencia. La contradicción me desorientó. ¿Cómo podía un poema ser a la vez armonioso y grosero?

> *Llamen al que enrolla los cigarros gruesos,*
> *al musculoso, y pídanle que bata*
> *concupiscentes cuajos en un cuenco.*

No había escuchado un poema leído en voz alta desde que vivía en la granja de caballos, y el respeto del doctor Phillips por la palabra rivalizaba con el de mamá. Nunca se tomaba un respiro a mitad de línea. A mí me habían enseñado a frasear el piano de esa manera, levantando la mano de las teclas solo al final de la melodía. El doctor Phillips se quedaba sin aliento en las líneas más largas, pero seguía avanzando suavemente. Al llegar al salto de línea, inhalaba y comenzaba de nuevo. Leyó el poema como si lo amara, entonando las frases como si fueran hechizos. En su voz, el lenguaje era erótico y voluptuoso. Se detuvo por un momento en los pasajes más deliciosos. Quise pertenecer a algún lugar tanto como la voz de ese desconocido pertenecía a esas palabras.

En cuanto a la ficción, Flannery O'Connor fue la primera que estudiamos. Antes, me habían enseñado a leer teniendo en cuenta la trama y el tema, pero O'Connor era todo paisaje. Nunca había estado en el sur del país, y ahora lo tenía frente a mí, grotesco y monstruoso. En sus párrafos, el aire sabía a melaza, y los extraños sonrientes dejaban al descubierto colmillos invisibles. En O'Connor, el diablo acechaba en todos los rincones, sobre todo en los más piadosos y correctos. La autora escribía sin tapujos y con un infierno en su cabeza, elocuentemente malsano hasta los huesos.

El día de nuestro primer examen, los alumnos se agruparon fuera del aula antes de la clase, murmurando sobre la reputación del doctor Phillips. Algunos de los hermanos mayores de los estudiantes habían sacado C en su clase. De un plumazo, el doctor Phillips había arruinado el supuesto derecho de nacimiento de esos chicos de ir a Harvard, condenándolos a un destino peor que la muerte: U Penn, Penn State y Temple, ¡oh no! Así eran los chicos de las clases avanzadas: hablaban de paz, amor e igualdad, pero solo pensaban en la competitividad con relación a las admisiones universitarias.

Las hojas de los exámenes estaban boca abajo en nuestros escritorios. Yo le di la vuelta a la mía y me sorprendió encontrar solo dos frases en el otro lado. "Flannery O'Connor utiliza el tema del fuego en su obra. Elabore". Cincuenta y tres minutos. Adelante. Había hojas de papel adicionales en la parte delantera de la sala. Me quedé mirando la hoja del examen.

"Flannery O'Connor utiliza el tema del fuego en su obra. Elabore".

El fuego. Mamá usaba velas en sus altares. Las colocaba junto a vasos transparentes de agua y fotografías de nuestros difuntos. Yo había encendido velas para ella y observaba, durante una semana, cómo la cera disminuía y la llama descendía.

El fuego. Un minuto menos, quedaban cincuenta y dos.

Hay un momento en que la pluma se mueve por voluntad propia, en que una voz externa toma prestada la tinta en tu mano para escribir con agilidad su propio trabajo. Temblé como en la reunión de cuáqueros. Mi mano luchaba por estabilizarse contra el trueno. ¿Se trataba de un grito interior que nunca había dejado escapar, o de una tempestad externa que me azotaba? Era lo contrario de no-hablar del SIDA, de contener la lengua, de observar desde las escaleras. Se sentía igual a como sonaba tía Toña en los funerales y rosarios: un lamento, una zurra de palabras para derribar crucifijos de las paredes. En mi escritorio iluminado con luz fluorescente una erupción magmática se enhebró en la punta de mi bolígrafo. Pasaban los minutos y el ácido láctico golpeaba mis dedos. El vértigo y las náuseas se apoderaron de mi mente. Sin embargo, mi mano no frenaba su curso. Más tarde me enteraría de que me había levantado ocho veces, llenando ocho hojas sueltas en cincuenta y tres minutos. Más tarde me contarían que había temblado tan violentamente que el doctor Phillips se acercó para ver si estaba bien, y que yo había asentido con la cabeza.

* * *

Cuando sonó el timbre del quinto periodo, fui vagamente consciente de que era la única que quedaba en el aula. Dejé el bolígrafo a mitad de una oración. Sin saber lo que había escrito, entregué la redacción tal como estaba, incompleta. Después, un amigo se me acercó en el pasillo.

—¿Qué fue eso? ¿Qué te pasó ahí dentro? —me preguntó.

Todavía conmovida, calmé mi respiración lo suficiente como para responder.

—No sé.

El ambiente de la Central resonaba con eco, como bajo el agua. Mis compañeros se apiñaban y susurraban con rabia: "¿Qué fue de las preguntas de selección múltiple?", "¿Dónde estaban las preguntas cortas, de verdadero o falso, completar con vocabulario?". Habían estudiado los árboles genealógicos de los personajes y las ubicaciones de las ciudades en las novelas de O'Connor. ¿Cómo podían demostrar su dominio de esos temas en un formato tan libre? Lo escuché todo como a través de un túnel; estaban en la entrada, como a diez mil millas de distancia, mientras mis ojos se adaptaban a la oscuridad.

Me sentí subterránea y animal. Había movido mi pluma a pesar de la creciente resistencia. Mis palabras eran sucias, mis frases apestaban a tripa y tenían garras minerales. Las cosas que escribí no buscaban aprobación ni permiso; eran crudas y asquerosas, disturbios de afirmación. Por fin me había vuelto corpórea, como mis primas. Siempre había pensado que aprender a bailar, a moverme sin pensar, sería una cosa que me daría gozo, pero no: sentada en un pupitre para zurdos, escribiendo un ensayo para el doctor Phillips, aprender a bailar fue una espantosa iniciación. Por años había estado preocupada por la trayectoria afroboricua de mamá, por su agresiva negativa a asimilarse; por años había deseado que su religiosidad fuese un poco más blanca. Pero ahora había accedido a la bestia más pesada que yo, más gruesa que yo, la bestia dormida. Y no la había desbloqueado un tambor, ni un sacrificio de sangre, ni Juan Luis Guerra, sino una mujer blanca del sur que escribía novelas y un profesor de Inglés que usaba corbata de lazo y chaleco.

A medida que avanzaba el último año, el doctor Phillips nos hacía adentrarnos en nuevas páginas de la *Antología Norton*, descubriendo poemas en ese cofre de papel. Cada nuevo autor era una desfloración. Mi primer Ralph Ellison. Mi primer Dante. En cada examen de redacción, esperaba que la bestia volviera, pero resultó ser un visitante poco fiable. Solo vino una vez, esa primera vez. Durante el resto del curso de Inglés Avanzado me dediqué a la lectura diligente con curiosidad sostenida, desde la humilde comprensión de que otros, como Dostoyevsky y Coleridge, habían lidiado con el mundo de una manera mucho más profunda de lo que yo hasta entonces había estado dispuesta.

—Mamá ¿Tienes un libro sobre santería que me puedas prestar?

Aunque las explicaciones nunca se le dieron fácil, mamá era coleccionista por naturaleza: pilas de *Architectural Digest* y catálogos de subastas se acumulaban sobre nuestra mesa de café; libros de arte de segunda mano cuyas páginas olían a vainilla se apilaban en nuestras alfombras. Mamá pasó aquella tarde buscando en sus estanterías, armarios y pilas, desanimada al comprobar que sus libros sobre Ifá, los santos y los orichas estaban todos en español. Eran manuales para practicantes avanzados cuyo vocabulario superaba mi capacidad de conversación. Como la mayoría de los coleccionistas, mamá tenía apetito de compradora. Cualquier excusa de último minuto para ir a la librería Robin o a Garlands of Letters la hacía saltar. Además, mi inclinación por la lectura la llenaba de orgullo; antes de que yo entrara a preescolar, ya ella presumía de mi inevitable educación universitaria. Coleccionista adicta a las compras y madre fanfarrona. Cuando le pedí el libro, sabía que mamá lo tomaría como una invitación.

Un día después de clases descubrí un libro en el banco del piano. De lomo brillante y sin arrugas, estaba sin envolver y sin marcar. Apareció sin ninguna ceremonia ni anuncio, como un gato callejero en la puerta de mi casa al atardecer. A diferencia de la *Antología Norton*, yo era su primera propietaria: *Cuatro rituales yorubas del Nuevo Mundo*, de John Mason. Me lo llevé a mi habitación con un bolígrafo y empecé a subrayar, resaltar y marcar cada frase. Las primeras páginas ofrecían una explicación de los Egun, los antepasados: "En constante vigilancia de sus supervivientes en la Tierra… Protegen en conjunto a la comunidad contra los malos espíritus, las epidemias, el hambre… Aseguran el bienestar, la prosperidad y la productividad de la comunidad en general".* El libro me aseguraba que un ejército de ancestros benévolos estaba a mi lado. Y la idea de que Mary Lou y Tico estaban a mi lado, que me cubrían las espaldas desde algún reino superior, era una garantía bienvenida.

Quería saborear cada párrafo, leer lentamente y dejar que los conceptos se asentaran en mí, así que hice una pausa después de la introducción para tocar el piano. Aprecié el mundo táctil de las yemas de los dedos sobre las teclas negras, y el familiar latido y deslizamiento de los nocturnos de Chopin. Luego volví a abrir el libro, sumergida en el espeso y espinoso cosmos de mi historia profunda. Precisamente en ese giro brusco, entre Chopin y los ancestros había un lugar que se sentía como propio. Yo me sentía en casa.

Al detallar cuatro ceremonias religiosas, el libro incluía invocaciones en yoruba original, además de traducciones al español y al inglés. Pura poesía contundente; cadencias que cortan con fuerza lingüística. "¡La muerte cede! ¡El mal se mueve!".† "¡Sí! ¡Saluda y toca el suelo para trasplantar su espíritu!".‡ "Creamos la corona de la ventaja".§ Palabras como un tambor, pensamientos como una cuchilla. Frases que gotean intención, destinadas a promulgar un cambio en el hablante y, por tanto, en el mundo.

* Mason citando a S.O. Babayemi, pp. 28–29.
† p. 68.
‡ p. 50.
§ p. 70.

Semanas después, mamá me preguntó si había leído el libro. Asentí con la cabeza y le dije que sí. Fue nuestra única conversación sobre el tema.

Un día, después de practicar piano, subí la escalera y encontré un libro nuevo en el rellano, colocado como una nota de amor en la puerta de mi habitación. Su cubierta mate era suave al tacto. Lo abrí como un abanico y olfateé las páginas terrosas. *El camino oricha*, de Philip John Neimark. El prólogo describía el genio táctico de quienes sobrevivieron a la ruta esclavista. Después de que la población taína de Boriken fuera esclavizada, asesinada en masa y reducida considerablemente, aunque no del todo exterminada, los colonizadores españoles necesitaron una nueva fuente de trabajo. Los cautivos yorubas introdujeron en el Nuevo Mundo un sistema de culto y sabiduría bajo las narices de sus captores. Descubrí que el silencio y el secreto no siempre eran indicadores de vergüenza, sino también estrategias probadas de resiliencia y resistencia. Vi los altares de mamá y el silencio que los rodeaba bajo una nueva y poderosa luz. Ella, al igual que sus antepasados, había asumido grandes riesgos en su exploración espiritual. Los códigos sincréticos protegían esa asunción de riesgos.

Rara vez comíamos juntos. Mamá siempre venía, Pa siempre se iba, mi hermanita Gabi, recién llegada, se quedaba en casa de abuela hasta tarde, y yo era la niña que se valía por sí misma. Una noche estaba cenando sola, encorvada sobre los deberes, con las tarjetas de estudiar en una mano y la cuchara en la otra, cuando mamá entró, demasiado cansada para algo más que un "Hola, mija". Dejó las llaves, colocó un libro junto a mi plato de sopa y subió con dificultad a su habitación. *Brevísima relación de la destrucción de las Indias*, de Bartolomé de Las Casas.

Lo había escrito en 1542, cincuenta años después de que Colón pisara Boriken y treinta años después de que Ponce de León se enfrentara a la insurrección de los taínos con un golpe de sangre y viruela. Fraile de Las Casas era un obispo que había sido enviado a las Indias Occidentales como embajador católico español. El libro era su carta al "altísimo y poderosísimo Príncipe de España", y en ella anatomizaba las masacres que había presenciado como testigo directo.

Al relatar las matanzas en detalle y describir la humanidad de los taínos con quienes había convivido por años, Las Casas instó al trono español a suspender de inmediato su campaña violenta. Preveía la desaparición de todo un pueblo y la consecuente caída de España a manos de un Dios justo y poderoso. Las Casas abogaba por un proyecto colonial más amable y gentil, centrado en la conversión cristiana.

Dejé la sopa sin terminar en la mesa, aunque era mi trabajo limpiar la cocina después de la cena. Pasaba las páginas mientras subía las escaleras. Aunque no era lukumí, el libro pintaba el panorama que recibió a los orichas en las costas del Nuevo Mundo: la sangre taína ya tragada por la tierra, y un imperio perfeccionando su saqueo adquisitivo. La frase "perros salvajes" se me metió en las tripas, tan prolíficas eran las menciones a esa arma eficaz y barata: perros entrenados y desatados contra niños, mujeres y caciques. No se mencionaban los petroglifos de la costa que habían despertado mi anhelo aquel día ventoso en Puerto Rico. No, en este libro los taínos eran lo caducado, no lo perdurable. Pero yo había visto los rayos del sol grabados en la piedra. El hecho de que yo hubiera visitado aquellas cuevas junto al mar demostraba que los taínos seguían vivos. En tanto yo, la portadora de la sangre de mi abuelo, encarnaba una superviven-

cia que Las Casas no creía posible. Hacia las dos de la madrugada mamá entró en mi habitación, me quitó el libro de la mano y
apagó la luz.

Mientras estudiaba los libros, volviendo a los pasajes resal-
tados, comparándolos entre sí, adquirí una comprensión más
rica de muchos elementos de mi hogar. Por ejemplo, el coco se
utiliza para consultar a Eleguá. Por eso siempre se tiraba junto a la puerta principal, donde vivía Eleguá, a diferencia de la
mayoría de las demás adivinaciones y ceremonias, que se reali-
zaban en la parte de atrás de la casa, por supuesto. Ahora sabía
por qué. Una vez, había cantado acompañando la música que
mamá había puesto en el tocadisco, uniéndome al jubiloso coro
de "¡Cabiosile pa' Changó!". La energía exaltante había sido clara, pero ahora sabía el significado preciso. Era un saludo a Changó, fuente de energía, equivalente más o menos a "¡Viva el rey!".
La religión requería, y recompensaba, el estudio. Las cosas que
antes había intuido a medias ahora tenían vocabulario, y las palabras me ofrecían una confirmación material. Existíamos. Estaba
aprendiendo a describir mi mundo.

Ofrenda a los orichas llegó junto a un diccionario español–
inglés, encuadernado en cuero azul. Mamá había agotado los
libros en inglés que pudo encontrar sobre el tema. Después, los
regalos solían ser en español. Cada nuevo libro parecía un mensaje secreto, cuya recepción solo reconocía cuando desaparecía
en mi habitación. El silencio de sus regalos se sentía intencio-
nado, como si cualquier cosa que yo pudiera decir importara
menos que la profundidad con que me sumergiera en ellos. Así,
mamá y yo desarrollamos un intercambio clandestino, siempre
respetuoso con relación al mundo privado de la otra.

19

UN INSULTO RACIAL

En mi último año de la escuela se publicó *The Bell Curve*. Cuando el timbre sonó y los casilleros empezaron a cerrarse de golpe, el revuelo fue palpable. Un subgrupo de jóvenes aplaudió la publicación, aliviados de que alguien hubiera hablado en su favor, diciendo por fin lo que todos, en apariencia, sabían: los blancos eran más inteligentes que los negros (otras categorías raciales parecían estar excluidas de la discusión). El argumento del libro que relacionaba raza e inteligencia animó a ciertos estudiantes de Central a afirmar que los pobres estaban irremediablemente condenados, que la acción afirmativa contradecía el destino escrito en nuestro ADN. La desigualdad no era culpa de los privilegiados ni de los sistemas que estos habían creado, sino un imperativo biológico. En las pausas del almuerzo, los chicos leían pasajes en voz alta. Se habían convertido en intelectuales de la noche a la mañana. El éxito de ventas les daba permiso para afirmar su superioridad, sin necesidad de disculparse.

Central era la escuela para jóvenes con excelentes resultados académicos, atrayendo a los mejores estudiantes de todos los barrios. Era un microcosmos de la demografía blanca y negra de la ciudad. Distribuidos a partes iguales, blancos y negros constituían el noventa por ciento del alumnado.[*] En Central, los jóvenes de Grays Ferry y Chestnut Hill tomaban juntos los exámenes de matemáticas. Los estudiantes del noreste y de Germantown dormían la siesta en los pupitres de los salones o vendían *pretzels* blandos entre clases. Algunos iban a pie a la escuela, otros viajaban dos horas desde los rincones más alejados de la ciudad. Quienquiera que se asomara a nuestros pasillos no podría saber que Filadelfia era una de las ciudades más segregadas del país.[†] Éramos como Legos: durante el día nos sacaban y mezclaban en el suelo de la sala de juegos, y por la noche nos devolvían a nuestros distintos agujeros.

Los latinos estaban infrarrepresentados, así que la mayoría nos reuníamos cuando la ocasión lo permitía. Miguel era bueno para chistes en el pasillo. Ana, Rubí y yo compartíamos mesa en Física. Willie y yo nos revisábamos mutuamente las tareas de Español; él era quien mejor hablaba el idioma, pero el profesor le echaba la bronca porque no pronunciaba las eses y cambiaba las erres por eles. Además, Willie no sabía deletrear, confundía las vocales. Así que, a pesar de su fluidez, yo obtuve una A y él una D. Pero la mayoría de los latinos de Central hicieron ami-

---

* Datos del censo de Filadelfia obtenidos en www.pewtrusts.org/~/media/legacy/uploadedfiles/wwwpewtrustsorg/reports/philadelphia_research_initiative/philadelphiapopulation ethnicchangespdf.pdf. Los datos de la escuela Central se basan en mi recuento de las fotos de los alumnos de último año publicadas en el anuario; es un método imperfecto, pero es lo que tenía a mano.
† fivethirtyeight.com/features/the-most-diverse-cities-are-often-the-most-segregated/.

gos de otras etnias o se aislaron socialmente. De una clase de quinientos graduados, cuatro adolescentes latinos subieron a la tarima. Nuestra cohorte había sido grande cuando llegué en el segundo año, pero muchos se habían ido. Uno no se da cuenta de la erosión cuando esta está ocurriendo.

Un año después, en Yale, mis compañeros latinos se sorprendieron al conocer a una puertorriqueña de Filadelfia. "¡Genial, nunca había oído hablar de eso!". Eran boricuas de Los Bronx, Hartford o Chicago. Me emocioné al informarles, sin base alguna, que Filadelfia tenía una de las mayores comunidades puertorriqueñas del país. No fue hasta que escribí este capítulo que encontré en el censo de 1990 las cifras reales. Durante mi adolescencia, los latinos representaban el 5% de la población de Filadelfia: una pequeña rodaja del pastel. La segregación residencial me había dado una visión deformada de la realidad. Por supuesto, existían otras comunidades: el oeste de Filadelfia, donde yo vivía; el sur de Filadelfia; el barrio chino; Rittenhouse Square. Pero si bien estos eran barrios, el norte de Filadelfia era, a mis ojos, todo un universo.

* * *

Cada clase en Central tenía un microclima distinto en función de los jóvenes que había en el salón. Como el profesor fomentaba el debate, en la clase de Gobierno y Política podías llegar a conocer bien a tus compañeros. Avi era un hindú de piel oscura que imitaba a Alex P. Keaton. Usaba los mismos pulóveres a rayas, abotonados hasta arriba. Y por la forma en que se pasaba los dedos por el pelo era obvio que había practicado el gesto en el espejo. Entre sus compañeras liberales, Avi jugaba a ser un conservador incomprendido, y eso le funcionaba como estrategia de conquista. Aunque nunca me habló de religión, la cita que escogió para el anuario era de Juan 8:12: "Yo soy la luz del mundo". No se refería a Dios.

Robin era un muchacho blanco, volátil, que se había educado en la escuela de los golpes, de esos que por cualquier cosa te pueden partir la cara. Al menos, esa era su máscara. Llevaba el pelo rubio encima de su grueso cuello recortado al máximo, y siempre podías ver su barba porque era más alto que los italianos del sur de Filadelfia con quienes andaba. Por las tardes, de pie en el autobús de la SEPTA, las obscenidades salían de su boca como murciélagos de una cueva. Cada maldición era una provocación para que alguien se quejara. Se divertía con que la gente lo ignorara.

—Siéntate en mis piernas, zorra —le espetó una vez a su novia, una criatura vaporosa que se desplomó sobre sus piernas, riéndose para evadir la humillación.

Los viejos se encorvaron más en sus asientos de plástico azul.

—¡Lo hizo! ¡Me hace caso! —anunció Robin.

Entonces se acercó a su cuello y la mordió con fuerza, como si la constelación de chupetones que ya tenía necesitara una estrella más.

Una vez, la conductora se detuvo en el pesado tráfico de la avenida Olney, apagó el bus y anunció por interfono que no nos moveríamos hasta que el delincuente de atrás se bajara.

—¡No puedes hacer bajar a un pasajero a menos que sea una parada designada! ¡Te voy a demandar! —gritó Robin.

—Este es mi autobús, niño —respondió el interfono—, y este es mi dedo en el botón de la policía.

Robin y sus amigos salieron de uno en uno, murmurando que, de todas formas, ya estaban cerca de sus casas. Su cita en el anuario era de *La naranja mecánica*: "De veras que estaba curado".

Pete, a diferencia de Robin, era realmente un blanco de la clase trabajadora (resulta que la madre de Robin era profesora en la Universidad de Pensilvania). El padre de Pete, un bombero, también se llamaba Pete. Apuesto diez dólares a que había más Petes en el árbol genealógico. Era del noreste profundo: prácticamente se podía oler el incienso de su crianza católica. El muchacho adoraba a su padre, con un tipo de adoración hacia un héroe que los estudiantes de secundaria se supone que han superado hace tiempo.

Pete se movía como un gigante gentil, y siempre se inclinaba a la altura de tus ojos para que pudieras ver su mirada amable y melancólica. Era de mandíbula ancha y modales suaves, pulóveres de rugby y pantalones caquis planchados con cuidado. Sus modales eran de libro. Era un tipo devoto, honorable, que se confesaba. Cuando visité su clase de Salud como parte de la campaña para promover el sexo seguro, y enrollé el condón en el plátano, pensé que Pete caería en coma de lo rojo que se puso. Después de la clase me preguntó, entristecido, cómo yo podía hacer cosas así en público. Un día lo vi especialmente pensativo. Su padre había estado aspirando a un ascenso en el departamento de bomberos. Pete padre era uno de los favoritos, y su ascenso era casi inevitable, pero sin que mediara explicación no obtuvo el puesto. Acción afirmativa, me dijo Pete, sacudiendo la cabeza, más herido que enfadado. Su héroe había estado listo para triunfar y disfrutar de lo que le correspondía por nacimiento: el puesto de jefe de bomberos. Aunque no estaba de acuerdo con Pete, sentí pena por él.

—¿Cómo sabes que fue por acción afirmativa? —le pregunté.

—El nuevo jefe de bomberos está en pañales. No ha apagado ni una décima parte de los incendios que ha apagado mi papá.

Pete no mencionó la raza del nuevo jefe, no era necesario.

Esos muchachos hacían un trío poco común. En una película de John Hughes, se sentarían en diferentes mesas de la cafetería. En Gobierno y Política, sus pupitres estaban en distintos rincones de la sala: Robin, en el fondo, ocupando dos pupitres (uno para su culo, otro para sus pies); Avi, junto a las muchachas; Pete, solo, en el centro. Pero cuando el tema que se debatía era la asistencia social y alguien sacaba a relucir "las reinas de la asistencia pública", el interés de los tres atravesaba la sala como un láser. Se sentaban más rectos y formaban una alianza instantánea y tácita.

Las reinas de la asistencia pública. Nunca había escuchado esa frase, pero era evidente que se usaba para hacer daño. Como ocurre con muchos insultos raciales, la rodeaba una inocencia fingida y una falsa neutralidad sociológica; sin embargo, tenía el mismo efecto que un niño que juega al escondite con la mitad del cuerpo al descubierto, ansioso por ser pillado. No decía literalmente "monstruosa mujer boricua", pero tenía una obvia conexión con el norte de Filadelfia.

—¿Qué es una reina de la asistencia pública? —pregunté, escéptica.

Los tres corrieron a explicarme: Cuando estás desempleada, recibes una cantidad fija por hijo. Las reinas de la asistencia pública quedan embarazadas como estrategia monetaria, para conseguir un cheque más grande. Eran artífices de la mejor estafa que se perpetraba en Estados Unidos de América, y tenían manicuras de tres pulgadas como muestra.

—Nadie hace eso —dije—. Eso son cosas del noticiero nocturno, racismo como el de *The Bell Curve*. ¿Conoces a alguien así?

—Lee el periódico —dijo Robin.

—Salen nuevas historias todos los días —dijo Pete—. No solo en el *Daily News*. También en el *Inquirer*.

—Dame un ejemplo —demandé—. Nombra a una reina de la asistencia pública, Avi.

—O sea, no se me ocurre una ahora, realmente no salgo con esas reinas en mi tiempo libre, pero existen.

Los tres asintieron, como si la afirmación de Avi fuera tan irrebatible como la gravedad, como si no necesitaran pruebas adicionales.

—Ninguna mujer tiene un bebé por tal razón. Esa es una caracterización completamente errónea de los motivos por los cuales la gente tiene hijos —dije.

Pensar en mi prima Nuchi como reina de cualquier cosa que no fuera una casa en ruinas era pervertido. Nuchi era muy leal, bailaba muy bien, bromeaba con gracia sobre los problemas de la vida y preparaba una excelente ensalada de papas. Pero cargaba su trauma como un rompevientos en una tempestad. Su pobreza atraía miradas. La depresión y el constante ajetreo la habían hecho envejecer treinta años. La gente la veía y daba gracias a Dios por sus bendiciones. Nuchi necesitaba arreglarse los dientes. Su desastre dental en realidad requería una máquina del tiempo. Nuchi necesitaba atención prenatal; necesitaba terapia y antidepresivos; necesitaba una lavandería cerca de casa; necesitaba un exterminador y un hogar que no quedara junto a un nido de *crack*. Necesitaba un taxi o, sueño ambicioso, un auto propio. Televisión por cable habría estado muy bien. Su hijo mayor necesitaba un ortodoncista para su sobremordida. Sus hijos altos cambiaban dos tallas al año y ella necesitaba comprar ropa para vestir sus piernas telescópicas. Le habían cortado la luz. El agujero en la fachada de la casa necesitaba una reparación antes de que llegara la nieve. La filtración de la bañera estaba empeorando, y necesitaba arreglarla antes de que se hundiera el techo, o al menos necesitaba un cubo más grande para recoger el agua que caía al lado del sofá. Nuchi necesitaba un spray para cucarachas y un especialista en moho. Y necesitaba cinta adhesiva para que la ventana del piso de arriba no se cayera. Nuchi necesitaba amor. Una sola de esas necesidades estaba dentro de sus posibilidades: sus hijos eran la luz de siete faros en medio de un huracán.

¿Podía alguien afirmar que su deseo humano de amar era una injusticia contra los demás? ¿Podía alguien decir que su deseo de tener una familia era un engaño, o peor, un delito, o peor aún, algo improbable por el simple hecho de que ella vivía en la pobreza? Yo no estaba diciendo que los demás tenían la obligación de arreglar sus problemas o tapar las goteras de su corazón. Pero no eran víctimas de una estafa. Si Nuchi era el enemigo público número uno, si el progreso de nuestra nación dependía de que ella fuera desenmascarada, ella, que apenas tenía unos trapos a su nombre, entonces éramos un pueblo sin alma, una nación cruel que bailaba sobre las tumbas de sus víctimas.

Estaba de pie al lado de mi pupitre. ¿En qué momento me había levantado? Y comencé a decir esas cosas en voz alta. No tenía ni los buenos modales de Pete, ni la rabia de Robin, ni la racionalidad engreída de Avi; era una simple defensora de una causa impopular. Había expuesto a mi pariente, había aireado su ropa sucia comprada en la tienda de todo por un dólar. Y, para embarcarme más, lloré también.

Los tres me dejaron terminar sin interrumpirme. No fueron agresivos cuando se adjudicaron la victoria. Robin murmuró algo sobre el valor de las pruebas anecdóticas frente a las científicas. Avi parecía como si se estuviera disculpando. Quizá Nuchi era una excepción, concedieron. Por otra parte, dijo Pete, tal vez la lealtad estaba nublando mi juicio. En cualquier caso, el problema era real, afirmaron. Las mujeres estaban teniendo hijos por dinero.

—¿Quieres un descanso, Quiara? ¿Tal vez dar un paseo? —me ofreció el señor Lafferty.

* * *

La bañera se estaba llenando tanto de agua que empañaba el espejo, así que Nuchi y yo teníamos que hablar alto por encima del ruido. Ese asalto químico no me era familiar, nunca me había teñido el pelo. Mis ojos lagrimeaban, mi nariz goteaba. Y, sin embargo, ese proceso tóxico era, de alguna manera, un espacio para la intimidad. Eché un chorro de producto en el cuero cabelludo de Nuchi y lo distribuí con las yemas de los dedos.

—No te olvides de untarlo en la raíz del pelo en la parte de atrás —me indicó.

Su nuca era suave. Presioné el gel con ternura. Esa pequeña hendidura sin hueso entre el cráneo y la nuca era un punto vulnerable para masajear a una mujer. Mis dedos se distrajeron allí durante un largo momento. Nuchi lo aceptó y luego me animó a que siguiera.

—No te olvides de la frente y las sienes.

De vez en cuando, Nuchi limpiaba un círculo de vapor del espejo, pero este se empañaba demasiado rápido para poder ver. Así que me instruía a ciegas, y confiaba en mi progreso. A través de los finos guantes de goma sentí la piel de mi prima, y su cálida y elástica ternura. Conocía bien ese tipo de tacto: los dedos trazando círculos firmes, los pulgares ejerciendo presión. El verano antes de entrar a preescolar había contraído una grave neumonía y mi madre me había dado un masaje *shiatsu* en la caja torácica para eliminar la flema. Su izquierda y su derecha giraban como engranajes, hasta que sentí que la neumonía se soltaba un poco y mis pulmones se desahogaban.

—Ya terminé —dije después de comprobar que había distribuido tinte en todas las raíces de Nuchi—. ¿Cuál es el tercer paso?

—El gorro de ducha.

Se lo puse.

—Ahora esperamos a que me convierta en rubia.

—¿Por cuánto tiempo? —pregunté.

Nuchi me dijo que mirara las instrucciones. Pero las había dejado junto al lavamanos, fuera de mi alcance. Como tenía las manos empapadas de tinte y no quería manchar la alfombra de baño, le pedí que chequeara las instrucciones mientras me lavaba en la bañera. Nuchi se mostró reticente, lo que me desconcertó. No le estaba pidiendo que corriera una maratón. Por fin cogió las instrucciones y las sostuvo ante mis ojos.

—¿Cuánto tiempo dice? —me preguntó.

Yo me estaba lavando las manos bajo la llave de la bañera, observando cómo el gel se arremolinaba hacia el desagüe, y estiraba el cuello hacia la diminuta letra de las instrucciones.

—Dímelo tú —contesté.

Por fin cerré la llave y la habitación quedó en silencio. El único sonido era el de mis manos al secarlas con la toalla. Parecía que Nuchi quería que interviniera, pero no tenía ni idea de cómo o por qué.

—Creía que sabías, Qui Qui, que yo no sé leer. —Lo dijo sin avergonzarse ni con malicia. Su tono era de pragmática resignación. La había arrinconado hasta que no tuvo más remedio que explicarse.

El peso de su declaración se asentó. Repasé todos mis recuerdos de Nuchi, bailando, hablando, pasando el rato con sus hijos. Sí, supongo que nunca habíamos leído juntas.

—Pero… ¿no te graduaste de la escuela superior?

Desde que salió de mis labios, la pregunta me pareció poco amable. ¿Qué derecho tenía yo de exigir sus credenciales? Sin embargo, necesitaba saber. Eso era muy jodido. No me parecía posible.

—Solo te pasan —dijo Nuchi—. Me quedaba en la parte de atrás.

Éramos dos primas conectadas por el ritual de belleza en ese día, por el sofá de la abuela y por innumerables reuniones familiares. Pero en mi escuela de estudiantes académicamente avanzados se debatía sobre las comas en los poemas de E. E. Cummings, mientras que en su escuela del barrio el pasar desapercibido resultaba ser un talento para la vida. Mi prima extrovertida se había encogido hasta convertirse en migaja, y la escuela había premiado su docilidad con un diploma de graduación.

Puse el reloj en marcha. Cuarenta y cinco minutos. Nos desquitamos jugando a las cartas. Pero yo quería dejar mi sala de estar y el juego de cartas, y correr y gritar por las calles de Filadelfia, pasando por el monumental museo de arte, por las relucientes casas de piedra rojiza, por los porteros de guante blanco de Rittenhouse Square, hasta llegar a la Biblioteca Pública de Filadelfia, subir las escaleras de dos en dos y entrar en las estanterías y preguntarle a James Baldwin o a Pablo Neruda: "Mi prima no sabe leer y yo sí. ¿Qué hago?". Solo que ahora ir a rezar en el templo de mis santos literarios se me revelaba como un privilegio enfermizo. Aun así, necesitaba a Baldwin y a Neruda más que nunca, para dar sentido a una nación y a una familia donde dos primas podían recorrer caminos tan distintos.

La alarma del reloj sonó. Nuchi se arrodilló junto a la bañera y se inclinó sobre el borde, con el pelo mojado como tentáculos deslizándose por el suelo. Le quité el gorro de ducha, llené un vaso de agua y lo vertí sobre su cabeza.

—¿Me manchó la piel? —preguntó—. El tinte barato hace eso a veces.

—No —dije, enjuagando el tinte—. No hay manchas.

* * *

Acepté la oferta del señor Lafferty y salí antes de clase. Faltaban pocos minutos para que la clase terminara y saboreé la privacidad temporal de que disfrutaba. De todas las cosas que hice o dije, lo que más me hacía odiarme era haber llorado durante el debate. Nunca me tomarían en serio: era la muchacha que lloraba cuando los jóvenes razonables no más hablaban. No habían tenido en cuenta la posibilidad de que Nuchi amara a sus hijos, pero si yo gritaba y lloraba ellos creían que ganaban el debate.

Me pregunté si Nuchi se habría enfadado conmigo por hablar de su pobreza con tanto detalle. Nuchi era fuerte, una superviviente. No necesitaba que una colegiala llorona la protegiera de un mundo cuya crueldad conocía bien. Ser públicamente pobre era una vergüenza, y yo andaba por ahí difundiendo la noticia.

¿Había visto bailar a Nuchi después de aquel 4 de julio? Cuatro años habían pasado desde que la había visto mover las caderas. Cuatro años de dolor se habían abatido sobre ella: primero su padre, luego un hermano pequeño, después una hermana menor. No podía leer los obituarios, pero era el panegírico en carne y hueso de sus parientes. Cuatro años tras los cuales Nuchi evitaría las reuniones familiares o se sentaría en un rincón. A pesar de su fragilidad, todavía tenía la capacidad física para bailar. Su quietud era, en cambio, evidencia de que había abandonado la protesta. La quietud de Nuchi era la precariedad máxima y definitiva.

Sonó el timbre y los alumnos salieron de los salones. Las puertas de los casilleros se abrían y cerraban, se abrían y cerraban, se abrían y cerraban.

20

UN LIBRO ES SU PRESENCIA Y SU AUSENCIA

C ada libro, un horizonte. Un mundo al que no había podido acceder antes. Una apertura de ojos.

Libros de la clase del doctor Phillips.

Libros de Giovanni's Room, Borders y la Biblioteca Pública de Filadelfia.

Libros de la botánica favorita de mamá.

Libros comprados con dinero que reunía saltándome las comidas y volviendo a casa a pie.

Qui Qui se convirtió en dos lectoras, como si un hacha la hubiera dividido a la mitad. Estaba la Quiara real que leía el libro, la de siempre. Y estaba la Quiara imaginaria, la que nunca desenterraría las revelaciones de las páginas. Cada libro se convertía así en su propia presencia y ausencia, en su voz y su silencio.

¿Quién hubiera sido sin Ralph Ellison? ¿Sin la brutalidad eléctrica de la batalla en el primer capítulo? ¿Sin las cinco palabras de la frase "Yo soy un hombre invisible"?

¿Quién hubiera sido si no hubiera leído *Beloved* en el tren Elevado cuando atravesaba el norte de Filadelfia? ¿Si no hubiera sabido de las cicatrices de la espalda de Sethe? "Él no toleraría la paz hasta haber tocado cada cresta y cada pliegue con su boca".

¿Quién hubiera sido sin *La casa en Mango Street*? "En inglés mi nombre significa *hope*, esperanza. En español significa demasiadas letras. Significa tristeza, significa espera".

Hubiera sido más reticente, menos atrevida, más solitaria. Mi música interior retumbaría con menos fuerza. Esos libros fueron experiencias definitivas. Su impacto en mí era incalculable, pero seguro como la palma de la mano de abuela sosteniendo el arroz seco. Esos libros fueron recetas para el festín de mi vida interior. Me envolvieron, exigieron mucho de mi conciencia y me empujaron a una conversación americana.

Los martes de piano, leía libros en el autobús 5 en dirección sur y luego en el 42 en dirección este. Leía libros en la línea de la calle Broad en dirección norte camino a la escuela Central. Leía libros en la 49 y Baltimore cuando el tranvía tardaba, o en un banco del Independence Hall, en el silencio del sábado por la mañana. Cada uno de ellos fue un eslabón de piedra en mi camino, guiándome paso por paso más allá de la realidad de Nuchi. Sin embargo, mientras leía con esa doble visión que me hacía pensar en ella a menudo, cada libro tenía el extraño efecto de ligarme a Nuchi. Cuanto más sabía de nuestra divergencia, más atención le prestaba.

21

EL ACENTO DE MAMÁ

Mis amigos no latinos siempre tenían algo que decirme cuando mamá contestaba. Cuando ella me pasaba el teléfono, ellos me decían: "¡Su acento es decente!". "No lo escucho", solía decir yo. Entonces me respondían: "Deja de bromear, claro que sí". Los amigos más viejos disfrutaban su "¿Hola?", rico en vocales. Los nuevos, se confundían. Si mamá respondía, me decían cosas como: "Oye, ¿tú mamá es de color? Creía que eras blanca, pero tu madre suena a puro Harlem latino".

El acento de mamá era invisible para mí, con algunas excepciones. Cuando mamá decía *"obnoxious"*, rimaba con *"precocious"*. *Precocious, obnoxious.*

Cuando decía "Home Depot", rimaba con *"teapot"*. *Teapot,* Home Depot.

Cuando decía *"realm"*, rimaba con *"stay calm"*. *Stay calm, re-alm.*

La corregía en el carro. La corregía en la sala. Ninguna caja registradora o parque infantil era demasiado público como para no corregir sus errores. A veces lo hacía porque me avergonzaba, por ser joven y engreída, la sabelotodo. Y otras veces, para burlarme de la mística gigantesca. Su culo etéreo necesitaba que le recordara que yo estaba ahí abajo, en el mundo plebeyo. Ni una sola vez me dijo: "Vete al carajo, niña, deja de colonizarme". Pero tampoco cambió su pronunciación. Íbamos mucho a Home Depot, así que hizo valer su derecho a pronunciar mal.

Me pregunto cómo será haber crecido en Arecibo, Puerto Rico; haber aprendido inglés en primer grado con canciones como "Pollito, *Chicken*"; haberle llevado café a tu papá a su tala, quien no habla una pizca de inglés, café hecho por tu mamá, que habla todavía menos inglés; haber emigrado de Arecibo a los once años para llegar al Bronx con la brisa de otoño y encontrarte con pandillas de chicas que se burlan de tu acento hispano y te tiran piedras; haber tenido que esperar hasta que el conserje terminara de limpiar y los pisos estuvieran secos y él apagara las luces y dijera "Fuera, muchacha, voy a cerrar", y todavía la pandilla estuviera afuera con las piedras; haber tenido la experiencia de que la persona encargada de la orientación profesional en la escuela no hubiera querido hablarte sobre la universidad porque, "o sea, seamos realistas…" y que de todos modos no hubiera dinero para la universidad y, en cualquier caso, tus padres no habían pasado de segundo grado, por lo que ¿para qué ibas a ser tan ambiciosa? Luego, haber abogado por las madres inmigrantes que no podían comprar cereales o acceder a cuidados prenatales, y haber sido honrada por la Organización Nacional de Mujeres por haberles conseguido a esas madres inmigrantes cereales y cuidados prenatales; haber sido contratada por el senador estatal Hardy Williams y, mientras trabajabas en su legislación, haber presionado de otras maneras para que a tus hermanos boricuas no les tocara solo migajas; haber hecho todo eso con una educación de secundaria y un hambre de libros, y que luego la hija que tuviste con un hippie blanco venga a corregir tu pronunciación con solo seis años, y luego con nueve, y luego con diecisiete, cuando ya debería haber entendido que no está bien, ¡coño!

Como si las palabras que escribo fueran mi idioma y no el de ella. El de la mujer que me enseñó inglés. La mujer que me regaló ese idioma, y ahora bebo *prosecco* de diez dólares y pago la hipoteca de una casa con vistas al río y me tomo vacaciones del idioma inglés que ella me cantó al oído cuando yo era bebé, antes de que tuviera palabras.

Me trago mis palabras. Me trago mis correcciones como una comemierda. Mamá, si alguna vez lees este libro y llegas hasta aquí sin repudiarme, te pido, por favor, que sigas hablando el inglés con acento hoy y mañana y pasado mañana, dándole nueva vida con cada fractura. Que le des tu plenitud a esta estropeada lengua colonial. Tú, genia del idioma. Este es tu inglés. Te lo has ganado. Yo solo soy una invitada.

PARTE III

¿Cómo es Qui Qui?

22

PAPÁ ME COMPRA UNA MÁQUINA DE ESCRIBIR

Poco después de la boda en la granja de caballos, papá y Sharon se mudaron a Carroll Lane. A un código postal de distancia, las vías del tren cortaban en dos el bosque del patio trasero. Solo pasaban uno o dos trenes cada hora, y los resbaladizos rieles plateados resultaban buenas vigas de equilibrio. Los árboles que bordeaban las vías eran amables y, aunque nunca hablé con ellos directamente como lo había hecho en la granja, su compañía era preferible a la solitaria morada de mi dormitorio.

Las náuseas nocturnas se apoderaron de mí, y me familiaricé con el suelo frío del cuarto de baño y sus losetas de falsa terracota marrón. Me despertaba con los grillos y el manto azul de la luna, y salía corriendo de la cama mientras la comida del día amenazaba con salir por mi boca. Me estremecía y temblaba, con un codo en el inodoro como lastre, esperando la siguiente erupción. Unas horas más tarde, ya no tenía ni bilis.

La primera vez que me ocurrió, sin saber lo que me sobrevenía, lo ensucié todo: vomité la almohada y el suelo de losetas. Una voz interna me dijo que debía aprender a limpiar lo que ensuciaba, como hacían las visitas. Si no les pedía ayuda, no les daría oportunidad a papá o Sharon de negármela, así que me enseñé a lavar a mano las sábanas y desinfectar el suelo del baño. Esa pequeña independencia a las tres de la mañana me hizo sentirme en control de las cosas. Era la época justo después de la separación de mis padres, cuando se habían repartido mi custodia de forma quincenal y las semanas que pasaba en casa de mamá tenía que viajar cerca de una hora desde Filadelfia hasta la "buena escuela" que quedaba cerca de casa de papá. Era el mismo viaje diario que antes había dejado a mamá vacía y enfadada, solo que en sentido inverso. Así me convertí en una niña casi del todo independiente: como era demasiado joven para las dos horas diarias de viaje, mi imaginación fue la única compañía constante que tuve.

Las semanas en casa de papá eran más sencillas desde el punto de vista logístico. Solo tenía que tomar un autobús escolar por quince minutos en lugar de un trayecto de una hora en tren, pero el cariño de mamá era como un miembro fantasma. Nunca había pasado un día sin su contacto, así que nunca lo había visto como un salvavidas. Ahora no había ninguna mano que me diera una nalgada, ningunos dedos que me acariciaran el pelo, ningún arrullo ni ninguna expectativa de que bailara una canción de cuna. Era una isla, un náufrago.

Un buen día me libré del intercambio quincenal de casas, me mudé a Filadelfia de forma permanente y me transferí a una escuela de la ciudad.

Nacieron mis hermanos, y crecieron hasta convertirse en niños pequeños, y entonces papá se mudó a una casa de alquiler con techos abovedados, vigas de madera y muchas habitaciones. El alto techo inclinado era precioso, casi en combinación con el césped trasero, muy inclinado, a tono con la arquitectura. Allí no tenía mi propio cuarto, sino un colchón en el piso del cuarto de mi hermano. Más tarde compraron una casa en Tinker Hill Lane, la misma donde Sharon había crecido. Sus padres les habían dado un buen precio, lo que aparentemente afectó las esperanzas y sueños de papá. Sin embargo, habían ascendido en estatus hasta convertirse en una familia americana con todas las de la ley.

Ahora visitaba los suburbios mensualmente, como quien visita un zoológico, contemplando las especies a través de un cristal. La casa unifamiliar suburbana: ¡Oh, cómo brillaba la piscina de su YMCA! ¡Cómo no se les encrespaba el pelo en agosto! ¡Cómo sus muslos no se tocaban! ¡Cómo se ponían protector solar antes de meterse en el agua! ¡Cómo cocinaban cenas diferentes según las preferencias de cada miembro de la familia! ¡Cómo iban de las clases de gimnasia al ensayo de teatro! ¿Podemos reprogramar tu visita para dentro de tres fines de semana, Quiara? ¡Tenemos tantas fiestas de cumpleaños este otoño!

En comparación con mis primos del norte de Filadelfia, la familia de papá me parecía normal. Una y otra vez, la palabra daba vueltas en mi mente: Normal, normal. ¿La madre y el padre viviendo bajo el mismo techo? Normal. ¿Castigos de cinco minutos y asignación de dinero semanal? Normal. Sus cepillos de dientes tenían minuteros como los de los huevos. ¡Dos minutos, dos minutos! Incluso al vislumbrar la soledad en la insistente sonrisa de Sharon y la amargura en las gavetas de los trastos de papá, mi envidia de su blancura me abrasaba como un ácido. Incluso prefiriendo la paternidad corpórea y a veces criminal de los Pérez a las máscaras de buenos modales de la nueva sala de papá, el coro seguía sonando: normal, normal.

A los cineastas les encantaba reflejar ese tipo de infierno educado. Las estanterías de la Biblioteca Pública se hundían bajo un canon literario que siempre recreaba esa vida suburbana. De modo que hasta la disfunción de casa de papá era jodidamente estética. Era un género artístico. Nosotros, los Pérez, no merecíamos novelas, películas o dramas. Yo anhelaba lo que ellos tenían: la rutina, la constancia, la ubicuidad de las historias que ofrecían para explicarse. En el norte de Filadelfia, las rutinas mundanas eran efímeras: en todas partes acechaba la precariedad, la interrupción de la promesa de cada amanecer. Los Pérez estaban en un perenne estado de luto, o preparándose para el luto, porque el amor era sinónimo de tragedia. En el norte de Filadelfia, cuando protestábamos, hacíamos los deberes o aceptábamos trabajos extra, se nos olvidaba la hora de dormir y nos saltábamos comidas. En el norte de Filadelfia nadie invitaba a toda la clase a su cumpleaños, había que hacer espacio para acomodar a una familia de cincuenta personas. En el norte de Filadelfia, cuando bailábamos apretábamos nuestros hombros contra el dolor seguro del mañana.

* * *

Aun así, quería a papá y anhelaba su afecto. Quería que me colmara de miradas y atenciones, o que me llamara de vez en cuando para saludarme. Dondequiera que mirara, brillaba un holograma con forma de papá: Su susurro de rana; "no pierdas de vista la pelota"; "ve a leer un libro"; sus manos estabilizando mi agarre en el arco de tiro; el día que soltó el asiento de mi bicicleta y mantuve el equilibrio por primera vez; su aliento paciente, animando la llama terca de una hoguera; su forma de lamer con delicadeza el fino papel de fumar, y luego cerrar el cigarrillo con una palmadita; la ventanilla abierta de su camioneta, aspirando nuestras exhalaciones mientras la escarcha fría de enero me martilleaba. Recuerdos.

Por algún cumpleaños cuando todavía estaba en la escuela primaria, cuando todavía pasaba semanas en Carroll Lane, cuando todavía tenía una habitación y cuando todavía se acordaba de mi cumpleaños, papá me llevó a Circuit City. Juntos recorrimos los pasillos de televisores y equipos de sonido inmersivo hasta llegar al pasillo más extraordinario de todas las tiendas: el de las máquinas procesadores de texto.

—Explora —me dijo.

Escribí mi nombre en una máquina tras otra, a lo largo de todo el pasillo. Un modelo podía escribir en cursiva y negrita. Otro tenía memoria incorporada y podía imprimir copias. En otro podía poner el acento sobre Alegría. Otro podía borrar palabras o incluso frases. Pulsé "suprimir", y "Quiara" desapareció de la página. Cada una tenía un precio de tres dígitos, y yo sabía que el dinero era un problema entre él y Sharon, pero papá dijo que eligiera la que quisiera. Me compró papel, cintas de tinta, distintos tipos de fuentes.

La felicidad nos hacía cosquillas en la fila para pagar. Casi levitaba cuando el tipo de la caja registradora dijo *¡siguiente!* Yo era su primera hija, la única que conocía su pelo largo y su risa de veinteañero. Si después me había empujado al vacío, la máquina de escribir era un paracaídas hecho de nuestros sueños compuestos. La puse en marcha esa misma tarde, tecleando con frenesí. Poemas trepidantes, ensayos de fanática sobre rompecorazones adolescentes, relatos cortos. No había una estética conectiva ni un enfoque temático, simplemente el acto de la imaginación como forma de pasar los días solitarios. Cuando escribía, me elevaba. Si se me acababan las ideas, tecleaba letras de canciones del momento para mantener el jolgorio a tope. Papá se enorgullecía del traqueteo: prueba ruidosa de un triunfo paternal. Se asomaba a mi habitación, me decía "sigue así" y volvía a desaparecer.

En algún momento me llevé la máquina de escribir a casa de mamá, donde podía usarla con más frecuencia.

* * *

Ahora estaba en el último año de la escuela superior y había sido aceptada en Yale. Antes de mudarme, tomé el tren a los suburbios para hacer un último viaje a casa de papá. Iba poco, a propósito. Quedarme a dormir en su casa era darle montones de oportunidades a la palabra "huésped" para que apareciera. Dormía en una cama que no era la mía, y una soledad cavernosa me tragaba hasta el amanecer. Una almohada prestada, una sábana que tenía que pedir. No había ni una sola foto mía en la nevera repleta de capas de felicidad. Los certificados del círculo de honor, las fotos del equipo deportivo y los retratos escolares brillaban en mesas y aparadores, pero ninguno llevaba mi nombre. Cuando estaba en el último año me hice la promesa de solo ir por un día, la ida por la vuelta. Quería ver a mi hermana de seis años y a mi hermano de cuatro, y al mismo tiempo respetar las instrucciones implícitas de la casa que me decían que debía guardar distancia.

Papá echó el freno de mano y mis hermanos salieron corriendo, rogándome que les construyera una pista de obstáculos y jugara a los caballitos con ellos dentro de la casa. Mi hermanito se embutió en un aro, metiendo primero el trasero, y lanzó un balón contra el techo. Eran niños inteligentes, vivaces y bien portados, y su afecto hacia mí creaba un lazo que yo deseaba cortar. Lo que más anhelaba era deshacerme del deseo de que papá me quisiera, me eligiera.

La granja de caballos era un recuerdo lejano, pero la blancura de Malvern permanecía intacta, uniforme como la hierba recién desenrollada. La blancura dominaba el paisaje. No había aceras, una omisión que impedía cualquier encuentro. En la zona 215 recorría muchas cuadras con facilidad: entre la escuela Central, la reunión de los cuáqueros y las clases de piano, conocía bien los espacios blancos, pero la homogeneidad de Malvern era escalofriante, absoluta. No es de extrañar que mis compañeros del preescolar se sintieran atraídos por mamá el día que llevó el bizcocho. No es de extrañar que, años más tarde, los ojos de mi hermano de cuatro años brillaran al ver a unos trabajadores negros en el andén del tren.

—¿De dónde han salido? — dijo en voz alta, asombrado. Luego, con voz de película, agregó—: Son una ganga secreta que salen en la noche.

—Son empleados del hotel que salen ahora del trabajo —dije.

Mi hermano se desinfló cuando le estropeé la fantasía.

Después de atravesar carreras de obstáculos hechos con almohadas de sofá, y de darme una paliza en el juego de baloncesto, los niños se lavaron las manos para cenar. Lavarse las manos era la señal en esa casa de la corporeidad; los abrazos y los besos se mantenían al mínimo. Los niños empujaban fideos con mantequilla alrededor de sus platos mientras nosotros cenábamos como adultos. Sharon se esforzaba por ocultar su infeliz matrimonio, y papá se escapaba de su haiku de rabia de vez en cuando para reírse de alguno de los ingeniosos juegos de palabras o chistes de los niños. Papá y Sharon habían cultivado una relación lo suficientemente civilizada como para enmascarar su odio mutuo. Luego Sharon sirvió un bizcocho congelado de Pepperidge Farm, que ya venía cortado para mayor comodidad. La escena me recordaba a *Étant donnés*, de Duchamp… Realista y pastoral, rozando lo espeluznante.

Tenía pensado tomar el último R5 de vuelta a Filadelfia, pero mis hermanos me suplicaron que me quedara más tiempo y cedí, prometiéndoles que al día siguiente por la mañana jugaríamos a buscar el tesoro. Les leí un cuento antes de dormir y luego me reuní con papá y Sharon en el salón, para hablar de cosas de mayores. Papá se sirvió Coca-Cola en un vaso de vidrio tallado, y agitó los cubitos de hielo hasta que sonaron como suaves campanas. La conversación abarcó desde el presidente Clinton hasta el libertarianismo, una palabra nueva para mí. ¿Eran injustos los impuestos sobre la renta y la propiedad? No por la manera en que estos se cobraban, sino por la manera de enforcar los fondos comunales. Sharon dijo que había estado pensando en eso. Me incliné hacia ella, curiosa.

—Digamos que mi vecina tiene un hijo fuera del matrimonio a quien no puede alimentar. No hay padre a la vista —comenzó—. La veo recogiendo el correo, su barriga luce bastante redonda. Mis impuestos ya pagan los almuerzos escolares de su primer hijo. Ahora cubrirán los cuidados prenatales que ella no puede pagar. Mientras tanto, yo corro con los gastos de mis propios hijos, así que estoy siendo penalizada por sus malas decisiones. ¿Cómo la incentiva eso a mejorar en la vida? ¿Cómo es eso justo para mí, yo que sí he estado trabajando duro?

—¿En qué casa vive?

Nunca había visto a la mujer en cuestión, pero había pasado muy poco tiempo en esa casa.

—Es un caso hipotético.

—¿No crees que está bien ayudar a tu vecino?

—No creo que deba estar obligada a ayudarlo. Por supuesto, pudiera elegir hacerlo, pero esa debe ser mi prerrogativa personal.

Era mi oportunidad de bostezar, alegar que tenía sueño y marcharme a la cama. Pero, al parecer, papá y Sharon habían decidido que ya yo era un adulto y que estaba preparada para una conversación de adultos; escuché la frase antes de que pudiera escapar.

—Ese es el problema de los barrios pobres —dijo papá.

Hasta entonces él había puesto ojos de "Sharon no sabe una mierda", pero ahora parecía estar de acuerdo con ella.

—¿Qué quieres decir? —pregunté.

Lo que quería decir era a *quién* te refieres con eso, pero él no lo captó y yo no tuve el valor de aclarar lo que quería decir.

—Por ejemplo, la educación pública. Los profesores son los empleados peor pagados de este país, cuando deberían ganar más que los médicos. Y las escuelas necesitan libros de texto actualizados. Nadie cuestiona eso. Pero ningún presupuesto puede sustituir a la crianza real de los hijos. Los valores vienen del hogar.

—¿Valores como…?

Entonces él comenzó.

¿Valores? Por ejemplo, terminar la escuela superior sin quedar embarazada. Crear un hogar con ambos padres. Casarse.

Pero tú nunca te casaste con mamá, aunque ella lo quería, pensé.

Gastar cien dólares en libros en lugar de en tenis Nike.

¿Entonces los hijos de Nuchi no se merecen cosas buenas?

Hay Air Jordans que cuestan tres veces eso. Pero la gente deja que sus hijos pasen hambre para comprar zapatos.

¿Como Flor? ¿Está bien si su alacena de comida está vacía, pero que no gaste los chavos en un buen par de zapatos?

Comer menos McDonald's porque tu niño ya está obeso.

Vale. Ya paren, por favor.

Odio decirlo, porque los niños son los que sufren.

¿Te refieres a Danito, JJ y Candi? Apuesto a que no puedes ni dormir pensando en ellos.

Al final del día, yo me ocupo de mis cosas, así que ocúpate tú de las tuyas.

Ah, la palabra inglesa 'mi', 'mío'. Ahora recordé. "Mis cosas". Cierto.

Es una lástima… Porque hay niños involucrados… Pero que exista compasión no significa que ellos no deban ser responsables…

"Barrios pobres" era una especie de código. "Cultura de la Pobreza" sonaba elegante. No se referían a la familia Pérez, no, seguramente no. Podrían haber estado hablando de una plaga de ratones en una tienda por departamentos en un barrio de ricos. Ratones sorprendentemente *amables*, por cierto. Se esforzaban por no llamarlas criaturas desagradables, aunque si una rata hubiera rozado el tobillo de Sharon, habría saltado a la silla más cercana. Mira tú, papá se *compadecía* de las ratas. Pero el verdadero dilema, por supuesto, era cuál tienda les proporcionaría una mejor experiencia de compra la próxima vez.

Clink, clink sonaba su hielo.

Empecé a fantasear… "Una camioneta se estacionaba frente a la casa de papá y Sharon. Eso provoca cierta preocupación, porque en Tinker Hill Lane, donde no hay aceras, no se toca la propiedad de nadie a menos que se le invite o se tenga que dar una vuelta en U. La furgoneta entraba al garaje, se apagaba su motor y sus puertas se cerraban de golpe. Cuando sonaba el timbre de la casa, toda mi familia puertorriqueña estaba reunida en la puerta. 'Oye, supimos que están hablando de nosotros. ¿Podemos unirnos a la conversación?'".

¿Quiénes eran papá y Sharon? ¿El rey y la reina de la tierra donde la mierda no apesta? ¿Y dónde estaban mis cheques de manutención de niños? Nunca llegaron a nuestro buzón de Filadelfia. Alguien tenía que detenerlos, encender las luces de la casa y parar el espectáculo. Probablemente debería haberlo hecho yo. Pero me quedé callada como una confidente, una niña buena no conflictiva, la hija mayor obediente, cooperativa y diplomática. Cada réplica que no expresaba se acumulaba en mí y me quemaba. Antes había desinfectado el suelo del baño, ahora desinfectaba mi boca y me odiaba por ello. Cualquier espectador pensaría que yo era su aliada.

Clink, clink, los cubitos de hielo se derretían en la Coca-Cola.

¿Tenía yo, en verdad, más compasión que papá y Sharon? ¿Acaso no había visto una vez a mamá poseída por un espíritu ancestral y no la había visto otra vez cortando la yugular de un pollo? ¿Acaso no había mirado a mi propia madre con repulsión? Toña vino a mi mente, durante el funeral de Big Vic, en lamentos, tirada sobre el suelo de mármol de la iglesia. ¿Acaso no fui testigo e ignoré el valle de tinieblas en la vida de Toña pidiéndome, Dios mío, que yo nunca fuera así? ¿No había temblado ante la tía que yo decía amar, pensando: "bestia, ogro, monstruosidad"? Desde cualquier punto de vista, era yo la anfitriona del espectáculo de horror, y no papá o Sharon.

La condensación cubría el vaso tallado de papá.

Entonces me acordé... "Oh Dios, hazme olvidarlo", me dije. La condensación cubría el vaso tallado de papá y, pum: volvía a tener trece años y viajaba en la miniván de Sharon rumbo a casa de papá desde la estación de trenes. Sharon me preguntó cómo estaban las cosas, y mencioné los eventos relevantes de la semana con mamá y mi hermanita Gabi. Se hizo silencio en la miniván. Los ojos de Sharon abandonaron la carretera, clavándose en mí hasta que me crucé con su mirada.

—Por favor, no vuelvas a mencionar a Virginia o a Gabi delante de mí. No me gusta oír hablar de ellas. Me hace sentir incómoda.

Luego Sharon volvió a mirar la carretera. Desterrar el nombre de mamá ya era bastante pedir, pero Gabi era una bebé. Me dije a mí misma: "Esta es mi última visita a casa de papá". Me dije a mí misma: "¿Qué tal si menciono a mamá y a Gabi en cada maldita frase durante las próximas veinticuatro horas?". Se va a arrepentir, me juré. Sufrirá mi ira, me juré. "Nunca jamás te amaré", pensé, los ojos fijos en la ventanilla. "Di cualquier cosa", me rogué a mí misma. "Di que no, al menos". Pero me mordí el labio. "¿De verdad? ¿No vas a decir ni una palabra? Traidora". Desterré a mamá y a Gabi de mi boca en cada visita que hice a casa de papá durante años.

Clink, clink, sonaba el hielo en ese escenario de comedia. Clink, clink, la brújula marcaba rumbo norte en aquel paisaje americano. Todo de la manera más inocua y jovial, todo en bromas.

—¿Seguro que no quieres un refresco, niña?

Solo tuve dos opciones esa noche en la sala de estar: ser blanca o ser puertorriqueña. Esas eran sus reglas. Me forzaron a hacerlo. Bien. Mis talones se clavaron con más fuerza en el norte de Filadelfia. Mi alma se tornó donde aún pertenece hasta el día de hoy.

Si hubiera tenido el afro recortado de Ginny o el tono avellanado de Nuchi, ese diálogo no habría ocurrido en mi presencia.

Fue inquietante ver cómo mi piel clara les resultaba familiar y me daba acceso a una conversación que llenaba de ampollas mi corazón. Cerca de la Qui Qui de piel clara, Malvern hablaba con impunidad. Mi silencio era su terreno de juego. Fui cómplice de la calumnia y de mi duro despertar.

Una parte de mí, hasta el día de hoy, permanece en esa sala, oyendo el tintineo del hielo. Quiara es la centinela que nunca tomó el tren R5 a casa. Aquella charla de sobremesa, y la furia que encendió en mí, es lo más parecido a un nacimiento que he experimentado en mi vida. Una valla de civilidad brillaba a mi alrededor; todavía no tenía el idioma necesario para derribarla, pero juré que acabaría encontrando uno.

* * *

Me subí al R5 por la mañana, en cuanto terminé de jugar a buscar el tesoro con mis hermanos, jurándome que *solo volvería a hacer viajes de un día*. No pude dormir durante el viaje, aunque lo intenté. Me habría despertado con gusto en Delaware si eso significara olvidar la visita durante una hora. La disociación me envolvió en su niebla. Eso siempre me ocurría en el tren cuando volvía de casa de papá: el manto pesado del entumecimiento, la vida difuminada, a innumerables millas; un azul brumoso, reconfortante y frío al tacto, del que no es necesario que broten lágrimas. Saqué el catálogo de cursos de Yale de mi bolso. Los subrayados marcaban las clases que podría tomar, las esquinas dobladas marcaban las disciplinas de las que no había oído hablar. Estaba firmemente anclada en el camino de la asimilación, ¿no? Era el tipo de americana decidida que se supera y sale de abajo. Durante la visita a casa de papá, Yale flotaba, resplandeciente, sobre nuestra conversación. Mientras servía el bizcocho horneado en microondas, Sharon incluso me invitó a participar más plenamente en la vida de mi hermana.

—¿Qué tal si un día te visita en el campus y se queda a dormir en tu dormitorio?

Por la ventanilla del tren, los inmaculados céspedes de Main Line daban paso a la grava. Las canchas de pelota recién pintadas de la preparatoria de St. Joe's se transformaban, quince minutos después, en cajones de leche sobre postes de madera. Los cables de electricidad se movían en picada, las torres de agua se mantenían firmes y los grafitis pasaban como una mancha evanescente.

23

ELLA DIJO *NORF PHILLY* Y *ONE-TWO-FREE*

E se verano, Gabi salió corriendo desnuda. Tenía cuatro años y yo diecisiete. Su pelo y su cuerpo goteaban el agua del baño. La perseguí a toda velocidad para ponerle el pijama. Sus rizos, que solían rebotar como una nube, ahora se desliza-ban por su espalda como serpientes mojadas. Burlándose de mí, Gabi corría dando vueltas por la habitación. Cada vez que me acercaba con la toalla, ella chillaba y se alejaba. Jugábamos así todos los días, pero ese día se quedó inmóvil de repente, sor-prendida al ver su reflejo de cuerpo entero en el espejo. Se que-dó mirando su cuerpo desnudo y gordito. Experimentó con las poses: de frente, de perfil, con la mano en la cadera. Presionó su nalga para que la grasa se moviera. Aplastó su protuberan-te vientre formando un volcán que tenía por vórtice al ombligo, y luego metió la barriga haciendo desaparecer el monte Gabi y ensanchando su caja torácica.

—¡Mi vientre es redondo como la tierra! —proclamó al fin.

He ahí el significado de ser hermana mayor: poder ver cómo una niña se descubre a sí misma. A los cuatro años, Gabi no tenía motivos para dudar de su fuerza vital, que consideraba de escala planetaria. Sostenía el cosmos en su torso. Me apresuré a improvisar un coro para "Party Up", de DMX.

—*Y'all gon' watch my belly curve! Up in here! Up in here! Y'all gon' watch my jiggle butt! Up in here! Up in here!*

Desnuda, Gabi hizo algunos movimientos con una sola pierna, como un flamenco que saltaba al ritmo de mi serenata. Daba vueltas alrededor de la habitación, luego se detenía ante el espejo y se palmeaba el estómago. "¡Redondo como la tierra!", gritaba, antes de volver a orbitar.

* * *

Cuando tenía dos días de nacida, pensé que el llanto de Gabi marcaría lo peor, lo mejor y toda mi adolescencia en lo adelante. En el viaje de vuelta a casa desde el hospital, sus aullidos eran estremecedores e imparables. La pequeña vida contenida en el artilugio que estaba junto a mí alcanzó una nota tan alta que hubiera podido neutralizar a un perro rabioso. Pa me miró por el retrovisor y se rio.

—¡Acostúmbrate! —me dijo.

Luego, esa misma tarde, vendrían otros sonidos: un gorjeo de lactancia, un ronroneo de sueño. Pero su malestar, supe rápidamente, se convertiría en el mío. Cuando doblamos la esquina de nuestra cuadra y entré a casa con ella cargada, pasando por delante de Eleguá, me había bautizado: había vuelto a nacer como hermana mayor.

Mamá había estado dieciocho horas de parto hasta que la cabeza de Gabi, atrapada en el cuello uterino, finalmente salió rasgando a mamá como si fuera de papel. Los aullidos sonaron como tambores en la sala de partos cuando Gabi salió como un estallido hacia nosotros, y un torrente de color carmesí y oscuridad empapó las sábanas bajo las rodillas de mamá. La recién nacida que se retorcía era un desorden pegajoso, un extraño pariente húmedo. Luego la comadrona puso a la bebé sobre el pecho de mamá, que palpitaba por la anticipación. Yo no podía creer que la teta de mamá se estuviera agrandando visiblemente. Mamá lloró cuando le dio de mamar a la bebé por primera vez.

La bebé. Mucho después de que dejara los biberones y pañales, ese siguió siendo su nombre. "Mamá, ¿puedo dormir a la bebé?". "Mamá, ¿puedo llevar a la bebé al parque Clark?". "Mamá, ¿puedo hacerle un sándwich de Cheez Whiz a la bebé?".

Y como "Quiara" es muy difícil para una boca de bebé, mi nombre se convirtió en Ra Ra.

Ra Ra y La bebé. La bebé y Ra Ra.

Con Gabi me trasladé a una infancia más juguetona que la que había tenido en realidad. Gracias a ella volví a vivir mi juventud. Ni una sola vez me senté en los escalones a observarla desde la distancia. Nunca me pregunté qué tipo de baterías la echaban a andar ni la consideré una diosa, postrándome ante su magnificencia. Gabi era más accesible que mis primos y menos imponente que mamá. Me zambullí de cabeza en el fango del juego. Bailábamos juntas a diario. Nos quitábamos las inhibiciones como la ropa del colegio. Ahora tenía un cuerpo porque tenía una hermana.

Mi huesuda cadera se convirtió en el trono de la bebé. Antes de que pudiera caminar, así es como íbamos a la tienda de la esquina, a la pizzería, al mostrador donde vendían sándwiches de carne con queso. Solo la ponía en el cochecito cuando ya mi espalda no aguantaba más y, cuando me recuperaba, volvía a ponerla sobre mi cadera-trono.

Desde el principio fuimos una pareja extraña y extraordinaria. Gabi decía "Norf Philly" y "one-two-free". Y cuando conjugaba en pasado era una locomotora desbocada: *We played-ed-ed in the park then biked-ed-ed home!* Gabi estaba hecha de signos de exclamación. Cuando la vestía por la mañana, le daban ataques a la diva: "¡No, Ra Ra! ¡Las medias y la falda tienen que combinar! *I been told-ed-ed you that every day!*". Mi piel clara y mis pecas contrastaban con su bronceado mate. Mis feas rodillas huesudas eran un chiste junto a sus muslos anchos, con hoyuelos y ondulaciones. Sus nalgas eran tan rotundas que desde el baño me gritaba: "¡Ra Ra, ven a limpiarme!". Su culo era tan grande que ella no alcanzaba. Y si la palabra "hermana" confundía a la gente, su confusión se convertía en nuestro juego.

Como ella asumió el papel de escandalosa en nuestro dúo, yo me esforcé por sorprenderla con actos atrevidos. Como cuando fuimos a Purple Fox a buscar bocadillos de pescado y un hombre sacó la cabeza por la ventanilla del conductor.

—¡Oye, nena, sonríe! —me dijo.

—No soy tu nena —le grité.

La bebé se quedó boquiabierta.

—¡Eres una fresca! —me dijo cantando, el mayor de los elogios.

Y cuando, en el último año de la escuela superior, mi estómago estaba tan lleno de mariposas que casi me ahogaba con su aleteo, senté a la bebé en el balcón. Teníamos que hablar de hermana a hermana. Ni siquiera una mejor amiga, de mi misma edad, habría merecido tal formalidad.

—Necesito decirte algo.

—¿Es una broma? —me preguntó.

—No. ¿Por qué?

—Porque sonríes gracioso.

Intenté arreglar mi cara.

—¿Queeeeeé? Dime, ¡deja de ser rara!

—Me gusta un muchacho.

—¿Y tú le gustas a él?

—Creo que sí.

Asintió, como diciendo "más le vale", y me agarró la rodilla como si fuera una anciana deseándome "buena suerte, muchacha, porque el amor es un lío".

Cuando el muchacho en cuestión conoció a Gabi, ella se lanzó sobre nuestro tablero de Scrabble. Fue una rabieta para la historia. Sus extremidades se convirtieron en limpiaparabrisas, la Z terminó debajo de la estufa y la S rebotó hacia el techo. Cuando él volvió a casa por segunda vez, tuvimos cuidado de prestarle más atención a Gabi. Él la sentó en su regazo, ella le habló sobre la linda sonrisa de Ricky Martin, y luego se tiró un peo y le pidió a él que se fuera por el mal olor. En su tercera visita hicimos serpientes de arcilla a partir de un juego de herramientas y materiales. Cuando el muchacho terminó su serpiente, Gabi la levantó suavemente.

—Hiciste el zigzag a la perfección —le dijo.

Luego la aplastó de un apretón. Cuando él iba a pasar a buscarme para el baile de graduación, Gabi se vistió para el evento con un overol rosado, medias con ribetes del mismo color y se hizo un moño francés adornado también con piedras de color rosado. Nadie le había dicho que el gran evento no tendría lugar en la casa, y que las fotos en el balcón solo eran la despedida.

—¿Por qué no puedo ser yo también tu pareja? —dijo, llorando grandes lágrimas, mientras el muchacho me ponía un ramillete en la muñeca y mamá tomaba fotos.

Con una niña así a tu lado, no hay obstáculo que no puedas saltar. Tiene un efecto adictivo ser el universo entero de una niña y que haga berrinches en tu honor. Te hace olvidarte de lo que quieres: que tu papá te ame. La enfermedad que le dobló los talones a Tico se desvanece. Pierdes la noción de cuánto tiempo lleva Flor desaparecida, y visitas cada vez menos a Cuca porque la niñez ahora vive en tu casa. El enigma de la religión de mamá retrocede cuando Gabi cuenta estúpidos chistes de toc-toc en la hamaca del patio.

Una noche, después de la cena, cuando terminé de practicar a Czerny y a Chopin y de estudiar las notas de la clase de Español avanzado, quise oler una vez más a la niña. Cuando se dormía, ronroneaba como el primer día, aunque ya tenía casi los cinco años. Me acerqué a su cuello y aspiré el perfume de la juventud que me recordaba mañanas de Cheerios, tardes de columpios y noches de mosquitos en la hamaca del callejón. Entonces vi que un cordón salía de su boca, y pensé que corría el riesgo de asfixiarse. Cuando tiré de él, Gabi apretó la mandíbula. Enrollé el cordón en torno a mi dedo y tiré, y entonces algo rojo brilló entre sus labios dormidos. Me acerqué a Gabi. Un diminuto hilo de sangre manchaba sus labios, como el primer remolino amarillo que brota de una yema de huevo perforada. La Bebé estaba sangrando. Alarmada, metí un dedo en su boca húmeda, buscando en las encías y en la mejilla, y me di cuenta de que el cordón estaba anudado alrededor de un diente. Casi se lo había arrancado. Me eché atrás y me golpeé la cabeza contra la puerta del baño. ¿Cómo habían podido mamá y Pa no decirme nada sobre el primer diente flojo de Gabi? ¿Cómo se habían atrevido a sacarlo sin mí? Como si ella fuera de ellos y no mía. Gabi mordió el cordón con aire soñador, luego se dio la vuelta y siguió ronroneando.

Estuvo cerca. Casi arranco un trozo del cuerpo. Sabía que el mundo les hacía cosas así a las niñas, especialmente a las gorditas del norte de Filadelfia. Cosas como atar hilos alrededor de sus partes más blandas y luego comenzar a demolerlas. El día que cantó frente al espejo "¡redondo como la tierra!" mientras se acariciaba la barriga, me pregunté: "¿Cuánto tiempo durará esta utopía? ¿En qué momento su barriga le producirá horror?".

* * *

A medida que se acercaba el momento de irme a Yale, la partida parecía menos un nuevo horizonte que un abandono. Amaba de a lleno a dos almas en Filadelfia: una hermana y un muchacho. Si me dolía pensar en un día sin ellos, cuatro años se me hacían una tortura, un imposible. Él se marchó primero a la universidad, en Minnesota, y yo lloré en mi almohada, segura de que, frente a sus compañeras, que sin dudas serían rubias, yo, una boricua de la calle 50 Oeste, pronto sería olvidada. Lloré el mismo ruidoso llanto de almohada que había visto en un millón de películas de adolescentes, el llanto que nunca había llorado ante los conflictos y enigmas de mi infancia. No había llorado cuando presencié la posesión de mamá o los sacrificios de sangre, porque no podía dejar que me vieran. Tampoco lloré así a medida que papá se convertía en un extraño, porque, era tan omnipresente como el aire, y demasiado por lo que llorar. Mis mocos y aullidos de ahora eran afluentes que tributaban al pantano del desamor adolescente.

No lloré cuando mamá y Pa se alejaron del patio donde se congregaban los estudiantes de primer año y Gabi se volteó para decirme adiós por última vez. Pero el pesado velo de la traición cayó sobre mí cuando doblaron hacia la calle Elm y se perdieron de vista. Yo era una desertora de hermanas. Era incapaz de sentir nada en un mundo también indiferente. La universidad significaba abandonar a Gabi a mitad de camino, confiándole su florecimiento a manos siniestras. Mis temores resultaron ser acertados: unos profesores malvados se burlarían de la manera en que pronunciaba *Norf Philly* y la mandarían a tomar cursos remediales y clases de Inglés como segundo idioma. Cuatro años de bromas escolares sobre su gordura harían mella en su ser. Y yo no estaría ahí para ofrecerle un antídoto nocturno. Sabía que Gabi sería una buena carnada en el Cabaret de los Flacos de Piel Blanca que conocemos como Estados Unidos de América. Quería poder susurrarle al oído mientras dormía, vacunarla a diario contra la calumnia: "eres la madre tierra, hermana, no lo olvides". Pero se había ido.

Sobre el escritorio de mi dormitorio pegué una foto de Gabi, en pañales y sentada sobre mi cadera, un lío de rizos y unos ojos llenos de pura alegría eléctrica. Al mirarla, casi podía sentir su piel contra la mía, junto con todo lo que implicaba su calor. Los desamores de abuela, Toña y Nuchi me antecedían y, por tanto, yo no podía ofrecerles ningún bálsamo ni protección. Ellas eran mayores que yo. En cuanto a los misterios de los Pérez que se habían ido, los secretos de sus muertes y desapariciones, tal vez una hermana de cuatro años fuera un remedio, si no una explicación. Al imaginarla viajando por la autopista interestatal de la 95 Sur, cada milla recorrida aumentando nuestra distancia, vi con claridad la oportunidad única que la vida me había dado: de fomentar el amor propio en una niña Pérez, para que así no desapareciese. La posibilidad de construir un idioma más allá de mis propósitos internos: palabras que se convertirían en instrucciones para la siguiente generación. Gabi florecería. Tenía que hacerlo. Cada camiseta doblada que colocaba en el cajón de mi dormitorio de estudiante se convertía en un voto. Me ganaría la distancia física que me separaba de mi hermana. Como mismo ella me había enseñado a zambullirme en las profundidades de la alegría, me comprometí a vivir al máximo y volver a casa el día de Acción de Gracias llena de historias que contar.

24

ATONALIDAD

Mi ingenuidad con relación a la universidad fue una bendición. No encontraba ninguna razón que me impidiera hacer que Yale fuera la mejor experiencia, y sin tener a qué temer me volví audaz. La primera semana, cuando los estudiantes visitan varias clases antes de matricularse formalmente, me presenté en el Seminario para Compositores, un curso de nivel avanzado para matricularse en el cual había que cumplir varios requisitos. Yo no tenía ninguno.

—Espera, ¿eres la chica que envió las cintas con su solicitud? ¿Los Tres Preludios de Piano?

—Sí.

—Tienes un nombre memorable. Las grabaciones estaban geniales. Pero ¿has estudiado teoría musical?

—No. Pero aprendo de oído. Estudio rápido.

—Toca los preludios, ¿quieres? Espera a que los rezagados encuentren un asiento.

Los seminarios de Yale tenían un tope de doce personas, pero los profesores de ese seminario aceptaban solo seis. La forma en que se saludaban me hizo ver que estaba ante un grupo pequeño y exclusivo.

—¿Qué tal tu aprendizaje con la Sinfónica de Boston?

—¿Cómo va tu tesis?

Los estudiantes eran varones; los profesores, hombres. No vi ninguna mujer, y la blancura de la sala rivalizaba con la de Malvern. Pero el dinero que se respiraba insinuaba un nuevo ángulo que desconocía, un nuevo código que debía aprender. Las estanterías de equipos musicales digitales brillaban, las supercomputadoras se erigían como instalaciones artísticas, los suéteres y los pantalones a mi alrededor tenían un aire costoso, aunque informal. En el centro del aula, había un híbrido digital Yamaha de cola.

Me acomodé en el taburete del piano, respiré profundo desde las yemas de mis dedos temblorosos y comencé a tocar. El rango dinámico me sorprendió: las partes fuertes sonaban majestuosas, y las suaves, tiernas. Era el mejor instrumento que había tocado en mi vida. En él, mis preludios sonaban magníficos.

Había compuesto los dos primeros el año anterior mientras hacía, o más bien evitaba hacer, los deberes de piano. Mi profesor me había asignado a Scriabin y, mientras practicaba, me había equivocado en una nota y me desvié persiguiendo el sonido. El tercer preludio lo había compuesto un mes más tarde, cuando me enfrentaba a un tema de Gershwin de bajo registro. Debido a la variada métrica de mi composición no supe cómo anotarla en una partitura: algunos compases eran cuatro-cuatro, pero otros parecían no encajar en ningún tiempo. Sin embargo, cuando los tocaba fluían como frases.

Los acordes crujían y se arreglaban, viajando a través de la disonancia hacia paisajes sonoros más oníricos. El *legato* etéreo alternaba con el *staccato* ingenioso, y se podía escuchar a Scriabin y Gershwin por todas partes.

Nadie aplaudió cuando terminé. Vi cejas levantadas y piernas y brazos cruzados. Tuve la impresión de que quienes me rodeaban no eran el tipo de gente que celebra y da ánimo a los demás. Sin embargo, tuve la sensación de haber sobrevivido a un rito de iniciación. Ser la única muchacha y acaparar la atención de todos requería agallas. Mis manos apenas habían temblado después de que tocara las primeras notas. Era el doble de audaz, me dije, que cualquiera de esos muchachos.

—¿Preguntas para nuestra invitada? —preguntó el profesor de pelo largo.

Un chico alto y dorado vestido de cachemira se inclinó hacia delante.

—¿Influencias más importantes?

—Celina y Reutilio.

Hasta ese momento no me había dado cuenta de lo importante que había sido la cinta que mamá escuchaba todas las mañanas. La efervescente banda sonora lukumí que acompañaba a mamá cuando le cortaba el pelo a Pa se había estropeado de tantas repeticiones. Mamá cantaba por encima del sonido de la maquinilla: "¡Que viva Changó!". La voz de Celina era tan aguda como el tres, interrumpida por el güiro y el bongó. Era material folclórico, campesino hasta la médula, pero sus solos cromáticos habrían hecho girar las cabezas en el Blue Note. Eran canciones de alegría áspera y sucias alabanzas. Y eran mi influencia. Lo había dicho en voz alta por primera vez.

Cuando leímos el programa de estudios del semestre, el profesor introdujo los dos primeros compositores: Schoenberg y

Ruggles. Uno era un judío alemán; el otro, un estadounidense antisemita. Uno era un intelectual público y solicitado; el otro, un ermitaño cascarrabias. Pero ambos fueron pioneros de la atonalidad que ha llegado a definir la música actual. Eso era nuevo para mí. Anoté "atonal" y "dodecafónico", para averiguar más. Entonces llegó el momento de escuchar. De los altavoces de última generación salieron las combinaciones de notas más inarmónicas y nihilistas que jamás había escuchado. No había ritmo en absoluto, ni pulso que mantener o síncopa de la que tirar. Eran manchas de tinta sónica, no canciones. Si mis primos lo hubieran escuchado, se habrían reído hasta soltar champán de Cola por las narices. Pero miré a mi alrededor, a la sala circunspecta: la mayoría de las cejas estaban fruncidas en señal de seria consideración.

Ya había sentido la necesidad de un idioma más feo que expresara el torbellino y la resiliencia de los Pérez. La muerte temprana tan usual en el norte de Filadelfia, la niñez sin brillo y la danza elegante estaban ansiosas por salir de mi jaula. Había una poética que anhelaba compartir con mamá en casa y con el mundo en general, más desordenada que el delicado Mozart, más sincopada que Chopin, más gutural que el elegante Bach. Pero no la había encontrado.

Schoenberg y Ruggles eran demasiado crudos. Necesitaba una disonancia que también hablara de amor. Que hablara el idioma de una mujer turbulenta. Sentada en medio de todos esos equipos impolutos, me preocupó que ocho semestres de tan exaltado ruido espolvorearan las migas de pan equivocadas en mi camino, que ese laboratorio no me llevara hacia mi idioma. Que, de hecho, se tratara más bien de un desvío de cuatro años y que al final saliera descarriada, perdida. Pero como había ido a estudiar música, decidí seguir adelante y aprender todo lo que pudiera.

Entonces se acabó la música y los muchachos la analizaron con una jerga alucinante y una facilidad impresionante. Tomar notas era inútil. No era capaz de deletrear las malditas palabras que pronunciaban. Pero abandonar el curso no era una opción. No después de sobrevivir a la iniciación.

"Chica", me dije, "todo esto te supera".

* * *

Me habían ofrecido generosas becas y préstamos, pero aún así tenía que pagar varios miles de dólares al año. Los trabajos que les ofrecían a los estudiantes solo garantizaban un máximo de doce horas semanales, y yo necesitaba el doble para cubrir el costo de los libros, la matrícula y los Amtraks a casa. El primer día, me apiñé con otros estudiantes de primer año ante la pizarra del Centro de Carreras. Mis compañeros de piso no estaban por todo eso, y yo no entendía cómo pagaban la matrícula o compraban libros sin trabajar. Frente a nosotros había muchas hojas de papel, cada una con una noticia de un trabajo en el campus.

Biblioteca de la Facultad de Medicina. Estantería y recepción. $7.25 @ 5 hrs.
Comedor de la Escuela Morse. Servicio y limpieza. $8.50 @ 7 hrs.
Estudio de grabación de la Escuela de Música. $10.50 @ ___.

El último me llamó la atención. El salario era alto y no especificaba un número de horas. Arranqué el anuncio y corrí hacia el teléfono de mi dormitorio.

El estudio grababa todos los conciertos de la Escuela de Música del mismo modo que la biblioteca albergaba todas las tesis doctorales: recitales de graduación de estudiantes de postgrado, actuaciones de la Orquesta Sinfónica de Yale, conciertos de los profesores. También se ocupaban de grabar los conciertos de artistas invitados como Bang on a Can, que abarrotaban la apretada agenda interna. El horario era riguroso, decían mis entrevistadores. Cinco estudiantes de último curso me preguntaron hasta qué punto estaba comprometida.

—Extremadamente —respondí.

Claro, claro, pero ¿podría trabajar veinte horas a la semana?, me preguntaron. Estoy segura de que mis iris se transformaron en signos de dólar, y sé que mis entrevistadores los vieron, porque me contrataron en el acto. Pagaban unos buenos dos dólares por hora más que la mayoría de los trabajos en el campus porque trabajábamos con cosas muy caras. Cada micrófono costaba miles de dólares. Los novatos los dejaban caer; el personal capacitado, no. Me contrataron el lunes y empecé el martes.

Si no hubiera estado en el Centro de Carreras aquella mañana de septiembre de 1995, nunca hubiera sabido del estudio de grabación de la Escuela de Música. Se encontraba en la tercera planta de Sprague Hall, encima de una pequeña y polvorienta escalera, detrás de unas puertas negras sin marcar, siempre cerradas con llave. Si un espectador llegaba hasta ese pequeño rellano y se daba cuenta de que ahí no estaban los baños, probablemente pensaría que las puertas conducían a armarios de conserjería o a controles eléctricos. Pero, al abrir la de la izquierda, la enorme consola del Estudio de Grabación Fred Plaut eclipsaba el marco de la puerta. Una nave nodriza de botones, controles de volumen, deslizadores y mandos. Era como *Star Trek* para *geeks* de la música. El sistema analógico capturaba la calidez del lamento de un oboe y la amplitud del sonido de un Steinway de una manera con la cual la compresión digital no podía competir. Incluso, los botones parecían de otra época, de cuando el plástico rivalizaba con el hormigón en cuanto a resistencia. La consola se conservaba en un estado impecable. Gene, el jefe, tenía un almacén de aerosoles de aire. Siempre andaba de un lado a otro, levantando un control de volumen, quitándole el polvo y volviendo a colocar el botón. Botón a botón, pulverizador a pulverizador, el sonido de la consola se mantenía impecable. Una sola mota de polvo significaría grietas y estallidos en la alimentación. Pero eso no sucedía bajo el control de Gene.

La consola ocupaba más de la mitad del espacio del estudio. Alrededor había sillas, mezcladores de audio, un escritorio y un carro de herramientas, planetas que se apiñaban demasiado cerca del sol. Una cascada de cables corría entre los aparatos, como un tejido desproporcionado, el macramé de un gigante.

Sprague era una de las dos principales salas de conciertos de Yale, hermana austera de la ostentosa Woolsey. Su fachada de ladrillo, sus paredes blancas y sus asientos de madera me recordaban la reunión de los cuáqueros a la cual solía asistir. Si mirabas desde los asientos de la planta baja, una cúpula blanca envolvía el escenario. Pero desde el balcón del segundo piso el escenario de madera de cerezo parecía una cálida piscina brillante. No importaba dónde uno se sentara, el Steinway de ocho pies lucía como un gorila regio. Años de ensayo y error le habían permitido a Gene encontrar la mejor posición para el micrófono. No estaba pensando en los estándares de compresión de la industria. Él quería capturar la experiencia acústica en vivo, desde un *pianissimo* cristalino hasta un *fortissimo* que sacudiera las vigas. Un viaje musical no era una experiencia promedio.

La riqueza de Yale era de tal magnitud que apenas comenzaba a vislumbrarla. La mayoría de los estudiantes no trabajaban; otros dejaban el trabajo cuando este se volvía tedioso o cuando se unían a alguna fraternidad. Cobraban los cheques y usaban las tarjetas Visa de sus padres como si se tratara de céntimos. Una noche, por teléfono, mi novio de larga distancia me lo explicó.

—Son ricos —dijo.

—Claro, algunos lo son —respondí.

—Algunos no —me corrigió—. La mayoría.

Recordé el gráfico del folleto de reclutamiento de Yale. Me había fijado que el cuarenta por ciento de los estudiantes recibían ayuda financiera basada en sus necesidades económicas. Gracias a ese dato supe que Yale era una posibilidad económicamente viable y me decidí a solicitar admisión en la universidad. Pero no había tenido en cuenta la otra cara de la moneda, el sesenta por ciento poseedor de una pequeña fortuna que le permitía emitir cheques para pagar cuatro años de matrícula, alojamiento y comida. Viviendo entre ellos, eso me hacía alucinar.

El estudio de grabación era un escape bienvenido. Me permitía relajarme de modo instantáneo y aflojar los músculos. Y no solo los míos: todo el equipo del estudio dejaba su armadura en la puerta. Estábamos en el mismo barco, trabajando para pagar nuestro futuro. Nadie hablaba de pobreza, aunque fuera del estudio teníamos compañeros que esquiaban en Tahoe, pero insistían en la modestia de sus propiedades. Nosotros no. Ese era el tercero o el quinto trabajo que hacíamos luego de haber sido repartidor de periódico o niñera, por lo que sabíamos que se trataba de una oportunidad de oro. Tener un trabajo fijo nos convertía en los más afortunados de nuestro clan. Nos pagaban por escuchar la suite para violonchelo en Do mayor de Bach, en su tono modal crujiente. Una vez pedimos pizzas a medianoche gracias a Willie Ruff, el profesor de contrabajo.

—Gene, prepara tus micrófonos —le dijo cuando lo llamó.

Un nuevo arreglo de "Amazing Grace" se le había revelado en su sueño y tenía que grabarlo antes de que se le olvidara. Fue una sesión corta. Tres tomas en directo. Él tocó su contrabajo y cantó la melodía encima. Su voz tenía la textura del ensueño. Me pagaron por escuchar la serenata.

Cada micrófono tenía su maletín. Dentro de este, unas formas de poli espuma daban la impresión de una especie de pesebre. Los cables se envolvían con una metodología específica. Había que enrollarlos con soltura, colgados sobre el hombro, para que no se doblaran. No podíamos dejarlos caer al suelo nunca, ni ponerlos en el piso. Tampoco podíamos tirar de ellos o usar el enchufe como asa. Los cables azules eran de quince pies. Los rojos, de veinticinco. Los verdes, de cincuenta.

Arriba, ajustábamos los niveles en la prueba de sonido y comenzábamos a grabar antes de que empezara el concierto. Si lo habíamos configurado correctamente, no quedaría más que disfrutar del espectáculo. Tal vez un ligero ajuste hacia abajo si un *agitato* llegaba al rojo. Cuando tocaban a Beethoven había que prestar completa atención. Con Wagner, sin duda. Las Suites Italianas de Bach, en cambio, nos regalaban una velada relajada. Algunas tardes estudiaba. Otras, escuchaba el concierto. Otras, intercambiaba chistes con mis compañeros, o les enseñaba malas palabras en español a cambio de que me enseñaran similares en el alemán, italiano o *patois* de Trinidad y Tobago, de sus lenguas maternas.

Una vez hubo una sesión nocturna de una sola pieza: La sonata para piano en la mayor, D. 959, de Schubert. La tocaría

Elizabeth Parisot, profesora de piano. Como se trataba de una sesión de estudio y no de un concierto, empezamos tarde, después de que el Sprague Hall cerrara. La sala adyacente al estudio principal, del tamaño de un armario, tenía una consola analógica más pequeña y unos pocos estantes. Su sonido concentrado era mejor para conciertos en solitario. Coloqué el micrófono en la campana del piano. Gene lo comprobó y luego me vio ajustar los niveles.

—Cuando estés lista —dijo a través de la consola.

Su voz se escuchó por el altavoz, seguida de una inhalación y dos acordes que abrieron las puertas del cielo. Eran simples acordes en La mayor, pero al caer generaban explosiones nucleares. En su estela sonora, un arpegio *legato* en clave menor recorrió la longitud de los marfiles, de arriba a abajo. La profesora Parisot destruyó el Steinway esa noche. Lucha libre en ochenta y ocho teclas, sísmica como la guerra, elegante como el *ballet*.

No conocía a Schubert, así que, más allá de la forma de sonata, no podía anticipar la dirección de la pieza. Sus inesperados giros y contrastes dinámicos me hicieron exclamar en algunos momentos "mmmm" y "ugghhh", como los de la iglesia afro-metodista-episcopal de la calle 48 esquina a Kingsessing. Gene me dio los auriculares buenos y mis oídos se acurrucaron en su nido de felpa. El primer movimiento, el *allegro*, dura doce minutos. En años de sonata, eso es un cuarto de siglo. Los primeros movimientos de Mozart duran cinco, los de Beethoven van de seis a diez minutos. Doce es tántrico. Además, Schubert utiliza falsas recapitulaciones para que creas que la pieza está llegando a la última curva, y luego te encuentras en un tono diferente con la melodía en la octava superior. El acorde final en La era suave como la parte baja de la espalda. Un *pianissimo* que te chorreaba por la barbilla.

Me quité los auriculares y miré a Gene, sonrojada. Necesitaba un paño para quitarme el sudor y anhelaba un cigarro postcoital.

—Lo sé, es magnífico. —Gene se rio—. Eso pasa a veces.

Entonces pulsó el altavoz.

—Creo que lo tenemos.

Escuchamos los pasos de la profesora Parisot en el escenario del Sprague. Suave y con eco, se paseaba sobre la madera firme, preparándose para el siguiente movimiento.

25

TODO SOBRE LA FANIA Y LOS DISCOS
DE SALSA FUERA DE PRODUCCIÓN

A mediados del segundo año, la carrera comenzó a aburrirme. Lo que me había hecho ilusión de estudiar música en Yale era la idea de que abriría mis horizontes y profundizaría en mis intereses. Así es como las mejores clases de piano y las mejores fiestas bailables me habían hecho sentir. En el barrio, la música era el aire. No había funeral, visita al cementerio, ceremonia de alabanza, reunión después del trabajo, baño matutino o paseo sin música. La música significaba Nigeria y Senegal, Cuba y Brasil, PR y RD, y Harlem, Estados Unidos. La música era la razón por la que se bajaba la ventanilla del conductor y se abrían las ventanas de la cocina; era la puerta de entrada y el suelo de linóleo. Los botones del volumen siempre estaban muy por encima de la media. Todos los puertorriqueños que conocía tenían algún instrumento en el armario: un güiro, unas maracas, unos bongós, de modo que una charla rápida se convertía en una descarga de toda la noche. Algunos fines de semana me iba a casa de mi tía Linda, por parte de papá, y nos íbamos a SOB's o al Lone Star Cafe, o me subía al escenario donde ella tocaba con su banda de rock y me sentaba al lado del teclado y le pasaba las páginas de la partitura. Esperaba eso de Yale y más: cuatro años de despertares. Pero aquel fantástico Schubert nocturno había sido la excepción en lugar de la regla. En este mundo hay muchos diccionarios, y en Yale "música" provenía de un Webster diferente y tenía una definición distinta. Se refería a un tipo particular de música, la clásica occidental, sin siquiera tomarse el trabajo de especificar. "Música" era sinónimo de "blanco".

El rincón de etnomusicología de la fonoteca ocupaba media estantería llena de granulosas grabaciones de campo, como si la mayor parte del globo no hubiera conocido aún los estudios de grabación. Había un puñado de cintas de Kenia, sin atribución, y algunas de las grabaciones sureñas de Alan Lomax. A diferencia de las estrictas normas que rigen la mayor parte de la colección, los músicos no occidentales no merecían créditos. Aunque también era cierto que ningún estudiante de música se dejaría ver en Toad's Place, el antro de rock local. Ese estaba un peldaño más bajo que las grabaciones de campo.

La música se diseccionaba con métodos forenses que dejaban el cuerpo humano en la puerta. El único público verdadero se sentaba en una sala de conciertos. ¿La música asociada a la danza? Tal vez, si tenía algo que ver con Merce Cunningham o el Joffrey. ¿Pero la música bailable? No. La teoría atonal y las series de doce tonos eran el centro de la atención. Era desolador, y los profesores y mis compañeros de clase se rieron a carcajadas cuando una vez me atreví a mencionar a Stevie. Me imaginaba a mis primos observándonos por una rendija. Se divertirían mucho. "¿A eso le llaman música? Vete a la mierda, hago pedos con más melodía. ¿Cuánto es que cuesta Yale?", me dirían.

* * *

La clase de Inglés 129 me permitía escapar a través de la imaginación. Después de densas lecturas griegas y británicas, Ntozake Shange, el último texto del programa de estudios me llegó directo al corazón. Al igual que e. e. cummings, a quien había leído en la escuela secundaria, Shange rompía todas las reglas de las mayúsculas, de puntuación y ortografía. Pero la regla que rompió de forma más hermosa fue la que dictaminaba quién merecía una página y un escenario. En su coreopoema (esta mujer era un género en sí mismo), el dolor de las mujeres negras y de color generaba una forma distinta de sanación comunitaria. Allí, la celebración y el sufrimiento cohabitaban dentro de la divinidad femenina, y la estructura ritual de la pieza me pareció un despertar. Era un baño, una limpieza, en forma literaria.

El equipo de ciclismo me ofrecía un escape físico. Pedaleábamos treinta millas por los caminos de Nueva Inglaterra, pasando por huertos y canteras, lejos del campus. No me sentía como un fraude ni algo anormal mientras pedaleaba entre el follaje otoñal; los ciclistas eran, en su mayoría, estudiantes de posgrado europeos con acentos tan dispares como los tonos de piel de la familia Pérez.

El Coquí, un local de cuchifritos que rivalizaba con los más grasientos de Filadelfia, fue otro de mis salvavidas. El autobús me recogía a unas cuadras del campus y se alejaba de esa fortaleza amurallada, pasando por tiendas con carteles escritos cada vez con más frecuencia en español, hasta llegar a una esquina donde con diez dólares comprabas arroz, pernil y cualquier fritura que hubiera bajo la lámpara de calor.

Aquel verano llegué a casa sudada y cansada después de pasar días enseñando música en un campamento de verano en la ciudad, sin aire acondicionado. Me permitía diez minutos de colapso en el sofá, luego me dirigía al equipo de música y continuaba con mi proyecto. Hice copias de toda la biblioteca musical de mamá y Pa. En segundo año, regresé con una bolsa de casetes tan grande que parecía que iba a montar un puesto de venta en la avenida Kensington. Solo me faltaba la mesa plegable. Dentro de mi bolso también se zarandeaba la vieja máquina de escribir de Circuit City. El campus de Yale estaba lleno de espacios: laboratorios elegantes, escritorios separados en cubículos, escritorios con ventanales que daban a árboles de cerezo, pero sabía que mi máquina de escribir borrable me permitiría escapar en la intimidad de mi dormitorio. Había tenido la rara suerte de conseguir una habitación individual. Tenía espacio para un catre y una estantería, mi Casio de 61 teclas y un reproductor de cintas. El colchón me servía de escritorio. La intimidad de ese cubículo se convirtió en mi refugio de artista. Allí, en un paseo autoguiado por mi pasado, comencé a estudiar la música de mi hogar.

Primero fue *Parrandeando*, de Ramito. Ese disco ya no se producía, a pesar de ser el mejor de su obra. El catálogo de Ramito era muy extenso, pero las particularidades de las licencias y el mal trabajo de archivo hacía que Tower solo vendiera el Ramito de menor calidad. De modo que tuve que trabajar con una copia de décima generación, diseccionando canciones que pronto desaparecerían. Reproducía la cinta por ocho o diez segundos antes de pausarla, luego tarareaba y tomaba notas, dibujando con el lápiz más claro. Volvía a reproducir la cinta si era necesario para comprobar una ejecución complicada. Su fraseo de diez compases era contrario al ADN de ocho compases de Schumann y Haydn que ocupaba mis clases. Trozo a trozo iba completando la melodía con un lápiz más oscuro. Cuando terminé la parte del cuatro, la toqué con la guitarra del sintetizador Casio, sintiendo su arco en mis dedos. Era una línea abarrotada, llena de notas vistosas. Luego rebobiné la cinta e hice lo mismo con el bongó, la trompeta y la voz. No sabía que las notas bajas eran un guitarrón; nunca había oído hablar de ese instrumento. Así que transcribí lo que creí que era un contrabajo. Algunas partes, como el cuatro, eran intrincadas y requerían de habilidad; otras, como las del güiro, eran sencillas, pero requerían una consistencia alucinante. Cada canción me llevó al menos un día, más uno extra para aprender a tocar lo que había transcrito.

Luego fue el turno de Celina y Reutilio. El solo de piano de Santa Bárbara me llevó toda una tarde, y aún así era un facsímil en bruto. Estaba lleno de notas cromáticas que crujían contra la nota fundamental. Confiaba en que mi profesor, amante de Schoenberg, quedaría impresionado, así que llevé mi transcripción al Seminario para Compositores del que tomé en el segundo año y la toqué para él. Sus ojos se abrieron de par en par durante ese solo hechizante, pero la canción en sí era música folclórica, *algo* básico, me dijo, acompañándolo con un gesto de la mano. No valía la pena. Sigamos adelante con otra cosa.

Anhelaba tener un soporte intelectual, sostener conversaciones más ricas con mis colegas. Un intercambio que no cerrara las puertas a mi cultura ni rechazara hemisferios enteros del arte. Un profesor de música se apiadó de mí y me pasó un folleto después de clase: había una beca para estudiantes de color de cualquier disciplina, para formar una comunidad académica por espacio de dos años. El campo en blanco de la parte superior del formulario decía "Breve descripción del proyecto". Lo medité mientras volvía a casa. Luego cogí un bolígrafo y anoté una frase: *salsa musical*. Así empezaron dos años de tutoría por parte del profesorado, revisión interdisciplinar por parte de los compañeros y financiamiento de verano que ascendía al doble de lo que había ganado enseñando en el campamento de verano. Incluso había dinero adicional para gastos de investigación.

Así pude pagar tres meses de clases de piano con Elio Villafranca, un exiliado afrocubano que vivía en Filadelfia. Elio me enseñó a golpear la clave con una mano mientras tocaba un montuno con la otra. Intercambia y repite. Había aprendido sobre la autonomía de los dedos tocando fugas de Bach. Había adquirido la autonomía entre la mano izquierda y la derecha con los ejercicios de Czerny. Pero la autonomía rítmica era una bestia, y adquirí un nuevo aprecio por el rigor que exigía la síncopa. Me ponía tensa, acelerando en los pasajes rítmicos difíciles. Elio sacudía la cabeza, tomaba el pulso y no me dejaba parar. "Más lento, más lento", me decía, y sus palmas insistían en la lentitud. Cada lección comenzaba con "El manicero", una sencilla melodía de siete notas. Elio me hizo tocar esas siete notas durante todo el verano, una y otra vez, hasta que me adapté al polirritmo y mis hombros se relajaron. Tensión y liberación. Liberación y tensión. Bajo la tutela de Elio, rompí los viejos hábitos, tropecé con otros nuevos y aprendí que la contradicción, la síncopa, puede hacerse suave con el tiempo, incluso natural.

En agosto, cuando terminaron nuestras clases, me quedaban 276 dólares para gastos. Tomé un Greyhound a Nueva York y busqué en las entrañas del 1/9 de Times Square. Había oído hablar de ese legendario quiosco: se especializaba en todo lo relacionado con la Fania y los discos de salsa que ya no se producían. Puse mi dinero en efectivo sobre el mostrador.

—¿Cuáles son los treinta CD que debo conocer?

Héctor Lavoe, Rubén Blades, Mongo Santamaría, Celia Cruz, pilares culturales que mis padres conocían bien. Tenía que buscarlos, comprarlos, estudiarlos a fondo. Así como mamá decía que sus viejas ollas eran una especie de medalla al mérito, pues ella les había dedicado tiempo, yo haría lo mismo con la música. Quería desmontar esas canciones como si se tratara de un motor antiguo, colocar todas las piezas en el césped de mi casa y volver a montarlas desde cero. Dominar la mecánica, llegar a la esencia de las melodías de mi ciudad.

El montuno de Celia fue la canción con que abrí la primera escena.

¿Esa canción de Mongo Santamaría con el shekere? Se convirtió en un número de baile a mitad del espectáculo.

En mis manos, los patrones de dos y cuatro compases se volteaban, mutaban y adaptaban a una nueva música, con nueva letra y una historia.

La llamé *Sudor del río, sudor del océano* y, sí, era tan serio como suena. En la historia, una santera muere y su hija agnóstica tiene nueve días para desmontar correctamente los altares de su mamá. Debe hacer el desmontaje siguiendo estrictos mandatos ceremoniales; no es una tarea para cínicos. La escena cuatro incluía un ritual de adivinación usando cocos. En la escena cinco, los personajes construían un trono para Yemayá. Había letras sobre conchas de cauri y cascarilla. Para sumergirme en la poética de Ifá, estudié de nuevo todos los libros que me había regalado mamá: *Cuatro rituales del Nuevo Mundo* y *El camino del Orisa* volvieron a ser mis lecturas nocturnas. Mi subrayado de años antes me sirvió de brújula, guiándome hacia pasajes poderosos.

Llevé mi Casio a la sala de audiciones para acompañar las pruebas para seleccionar a los cantantes. Amber Cruzado entró y cantó "A Boy Like That". ¿Con qué otro tema iba a audicionar una estudiante de Yale boricua? Félix Torres no había preparado ninguna canción. Dijo que era sordo para los tonos.

—Esto es un musical —le dije.

—Lo sé —respondió—, pero es una obra con personajes puertorriqueños y, ¿qué iba a hacer, quedarme en casa?

Le pedí que cantara "Cumpleaños feliz" o "Amazing Grace" a capela. Le tembló la voz y articuló un tímido *How sweet the sound*. No era sordo, sino tímido. Amber y Felix consiguieron los papeles. Pero quedaban otros papeles por asignar.

En el pasillo, esperando a que anunciáramos los nombres, había estudiantes latinos de todos los colores y procedencias. Caras desconocidas en su mayoría. Jóvenes que estudiaban estudios americanos o psicología. Todos los latinos que estábamos estudiando licenciaturas escudriñábamos la sala como diciendo: "¿Cómo es que no nos conocemos?". Quizás nos habíamos cruzado en alguna de las parrandas navideñas de La Casa Cultural, pero el campus de Yale era difuso. Aquí había latinos con aspiraciones artísticas, apretujados en los pocos bancos del pasillo, unidos por un guion y unos demos musicales muy crudos. Yo había logrado eso, gracias a que había escrito una historia. El mero hecho de estar juntos en una sala se sentía, en Yale, como una declaración de principios. Casi se parecía a la calle American, pero la anfitriona no era abuela, sino yo.

Nick Chapel era una caja negra de cuarenta y cinco asientos. No había camerinos, y el espacio para tocar era demasiado pequeño para los músicos. La única manera de poner en escena un musical era con pistas de karaoke. Gene me dio las llaves del estudio. Tuve que esperar hasta la noche, cuando el Sprague Hall estuviera cerrado. Tenía órdenes estrictas de no contarle nada a mis compañeros. Tenía que dirigir la sesión yo sola.

Tía Linda, por parte de papá, y tío Rik manejaron desde Nueva York para tocar el piano y la trompeta respectivamente. Cuentan en la familia que Linda había puesto mi cunita debajo de su piano, de modo que el *Concerto Italiano* de Bach fuese mi lengua materna. No he podido confirmarlo, pero recuerdo que a mis cinco años había puesto dos guías telefónicas sobre la banqueta y echado a andar un disco de vinil de Champion Jack Dupree. Trata de seguirlo, me dijo, y me dejó sola para que lo descifrara. Cuando viajaba a Nueva York los fines de semana, me llevaba a antros donde Steel Pulse y Etta James volvían loco al público. La reina Etta incluso me había señalado entre canción y canción. "Esa niña es demasiado joven, sáquenla. Esto es música para adultos", había dicho. Pero me había quedado.

La exquisita música populista que Linda y Rik me habían regalado hizo que la insularidad de Yale me resultara aún más sombría. Ahora, para la sesión de esa noche, ellos serían los únicos profesionales de una banda mayoritariamente estudiantil. Nuestro percusionista peruano se estaba doctorando. Al parecer, era un monstruo con los timbales, pero cuando le dije que la primera canción requería un ritmo de cáscara, me miró como diciendo, "¿eh?". Tuve que escribírselo, tal como Elio había hecho para mí. Nuestro guitarrista español era otro doctorando. Yo había grabado su recital de Bach y lo había reclutado, suponiendo que tenía una Fender o al menos seis cuerdas de acero. Pero no fue así, era un entusiasta de las cuerdas de nylon. Las cuerdas de nylon tienen un timbre poco adecuado para las partes rítmicas, pero se trabaja con lo que se tiene.

Ajustar los niveles fue complicado. Los micrófonos estaban diseñados para instrumentos clásicos en salas de conciertos: podían captar un mosquito en la tercera fila, pero los amplificadores de bajo y los cencerros amenazaban con hacerlos explotar. Después de una primera toma, subí a la consola del tercer piso para comprobar si habíamos llegado al rojo. Sí, había ocurrido a menudo. Ajusté los niveles, volví a bajar, arreglé los micrófonos, volví a subir para grabar y volví a bajar para dirigir la siguiente toma. Equilibrar el sonido era como jugar *whack-a-mole*. Para que se escucharan las cuerdas de nylon tenía que subir al máximo el nivel del micrófono, pero eso implicaba captar una gran cantidad de sonido de las congas, pese a que estaban desterradas a un rincón. ¿Cómo casar esos instrumentos tan dispares, crear cohesión a partir del caos, fijarlo en la mezcla?

La noche del estreno de *Sudor del río, sudor del océano*, New Haven se pareció un poco al norte de Filadelfia. Nuchi nunca viajaba, Flor estaba desaparecida, abuela estaba frágil y el peso de Toña le impedía alejarse de casa, pero los autos llenos de primos y tías rodaron hacia el norte por la autopista interestatal 95. Los Pérez fueron a Yale. Los cachetes de Danito seguían siendo redondos como los de un bebé. Unos cuantos bigotes saludaban en el labio superior de JJ. Los hermanitos nunca se habían alojado en una habitación de hotel. "¡Cien dólares por noche, Qui Qui!", dijeron cuando llegaron al teatro. Cogí sus entradas y les entregué los programas.

—¡Oye, mamá y Pa botaron la casa por la ventana! Tenemos dos camas enormes y desayuno gratis, y televisión. ¡Trajimos el Sega y vamos a jugar toda la noche después de la fiesta!

Ya Gabi podía felicitarme con mi nombre real.

—¡Estoy orgullosa de ti, Quiara!

Ya yo no era Ra Ra.

El muchacho también vino. Ninguna universitaria me lo había robado todavía. Ginny y George compraron unos cuantos discos de los músicos de reparto. Además de ser la libretista, letrista, compositora, directora de orquesta e ingeniero de sonido de *Sudor del río*, también fui la taquillera, acomodadora y vendedora de mercancía oficial.

Y también fui la audiencia.

Las luces se apagaron y se hizo silencio. Mamá me dio una palmadita en la mano. La sala experimentó esa breve oscuridad intersticial entre el final del día y el inicio del espectáculo; ese momento de suspensión ceremonial. Me di cuenta, en esos pocos segundos, de que la obra estaba saturada de la influencia de mamá. Su poesía y sus palabras eran inconfundibles en el diálogo, sus cintas matutinas estaban entretejidas en mis melodías, las letras se inspiraban en los libros de orichas que me había regalado. Cada escena era un homenaje. Mamá me había cosido algunas piezas de vestuario durante las vacaciones de invierno: una falda para Yemayá, un gorro de oricha. Pero, más allá de eso, yo había estado metida en una cueva artística, sin contacto con ella, mientras escribía y ensayaba el espectáculo. Mamá no sabía lo que iba a ver, ni sabía lo mucho que la había estado observando toda mi vida.

Las primeras notas sonaron: mi versión de un aguinaldo tradicional, tocado con cuerdas de nylon en lugar del típico cuatro. Pero se parecía. La música jíbara llenaba el sótano de una Ivy League. El reparto comenzó a cantar al unísono.

> Cauríes para Yemayá, cauríes para Yemayá
> *In my altar I bring you treasures*
> Te traigo tesoros en mi altar

El mundo numinoso de Ifá irrumpió en el escenario. En lugar de disculparme por los orichas, como había hecho muchas veces, en lugar de explicar que no eran magia negra o ignorar las miradas perturbadas de mis amigos, había creado un espacio donde los orichas no necesitaban explicaciones. Un espacio donde lo afroboricua podía ser hilarante y verdadero, contradictorio y complicado. No me había dado cuenta de esas implicaciones mientras creaba la obra. Solo había seguido, durante el proceso, el hilo de la curiosidad: anhelando saber la diferencia entre el danzón y el son, entre la guaracha y la guajira. Quería escapar de Schoenberg, por el amor de Dios, y pasar unos meses de verano con bomba y plena una y otra vez. Quizá también quería correr hacia el léxico de mis mayores en lugar de alejarme de él; superar mi escapista interior. Tal vez, incluso, quería encontrar una narrativa lo suficientemente compleja como para llevar mi nombre. Pero, observando el espectáculo de la mano de mamá, comprendí que era más que una curiosidad o un ajuste de cuentas personal. Ya no era una impostora de la Ivy. Había llevado a Yale a nuestra mesa familiar, y se había unido al festín, dispuesta a partir el pan. En ese sentido, había mejorado la institución.

Mamá me apretó la mano una y otra vez, como transmitiendo un mensaje de conexión en código Morse, secándose las lágrimas y dándome las gracias. Hasta que llegó la cuarta escena, la de la adivinación con el coco. Cuando el personaje del padrino levantó las manos, mamá resolló.

—¿Va a tirar los cocos?

—SHHH.

—¡Quiara, no puede hacer eso!

—¡Mamá, shhh!

—¡Detenlo ahora, tiene que consagrarse!

—¡Mamá, cállate!

—Quiara, con esas energías no se juega…

El actor separó las palmas de las manos y los trozos de coco cayeron sobre el escenario. Los cuatro aterrizaron con la pulpa hacia arriba.

—¡Alafia! —dijo mamá, suspirando.

La mayor bendición. Mamá se rio hacia las luces del escenario, exultante.

El Trumbull College fue la sede del *afterparty*. Los boricuas del norte de Filadelfia tomaban sidras espumosas servidas en bandejas de plata. Mamá alabó a los actores, en español, y ellos disfrutaron de su cariño. Nuestro profesor anfitrión incluso me había pedido opinión sobre el catering. No tuve duda. "De El Coqui de la calle Grand. Ahí es donde hay que ordenar", le había dicho. Le había anotado el nombre de los platos, y allí estaban el arroz con gandules, los guineos en escabeche, el pollo guisado, todos en relucientes bandejas de bufé. El profesor había hecho un lamentable añadido: ensalada. Los boricuas no comen ensalada en las fiestas.

No quiero faltar al respeto, pero la ensalada puertorriqueña hace que la ensalada de lechuga, tomate y aderezo común y corriente luzca sofisticada. Nosotros simplemente cortamos lechuga barata, rociamos vinagre blanco por encima y dejamos que se marchite mientras nos peleamos por los chicharrones. Cuca y Ginny alabaron los tostones. Estaban tostaditos, y la proporción de ajo y sal era perfecta.

—¡Qui Qui! ¿Qué tan lejos queda este lugar?

Acordamos ir a desayunar a El Coqui. Yo estaba emocionada de poder enseñarles mi local de cuchifritos favorito: tenía murales de El Yunque en todas las paredes, y su vajilla china le daba un toque especial a la experiencia. El arroz con pollo sabe mejor cuando se sirve en platos de melamina del Año del Cerdo.

Danito se llenó de alcapurrias hasta que titi Ginny lo regañó por avergonzar a la familia.

—Pero, mamá, estas alcapurrias son mejores que los ladrillos que sirven en Porky's Point.

Nos reímos. Porky's Point era la causa de la mitad de las ventas de Gas-X en el norte de Filadelfia.

No había DJ, así que tuve rienda suelta frente al reproductor de CD. Durante la primera hora puse solo Cachao, música de la vieja escuela, a medio tiempo, para relajar el ambiente. Luego puse a Celia y "No me cambie de camino" irrumpió con su delicioso montuno inicial. Cuca empezó a dar vueltas de salsa con mis compañeras de piso, y yo quería encontrar a mamá para bailar con ella, pero me di cuenta de que se había ido de la fiesta.

La encontré en un tocador, lejos de la acción, detrás de la cocina, escondido debajo de una escalera. La puerta estaba abierta y mamá estaba hablando sola.

—Mamá, ¿estás bien?

—Shhh, entra.

Sus palmas acunaban cuatro trozos de coco como si fueran pajaritos.

—¡Mamá! ¿Te robaste nuestra escenografía?

En lugar de responder, mamá cerró los ojos y recitó oraciones sobre la fruta. Al final besó los trozos de coco y me los entregó.

—Los metí en mi cartera después del espectáculo. Ahora, al menos, llevan la intención adecuada. Guárdalos en agua para que no se sequen.

Félix Torres, el actor que interpretaba al babalao, lanzó alafia en todas las funciones.

26

LA ORACIÓN DE LA SERENIDAD

Flor reapareció el día de Acción de Gracias cuando yo estaba en el tercer año. Regresó sin aviso después de un largo tiempo del incidente de la bañera. Yo había abierto la cerradura de nuestra pesada puerta de entrada, disfrutando el placer de sentir cómo la llave, de un juego original, hacía girar como por sobre una superficie satinada las ranuras desgastadas. El familiar chasquido del cerrojo era la más auténtica bienvenida. No hay bienvenida más fría que la de una cerradura nueva y quisquillosa. Dejé mi mochila en el sofá y, apenas grité "¿Adivinen quién ha vueltooooo?", Flor salió bailando de la cocina. Pasó por delante de la mesa bailando salsa, con movimientos rápidos al estilo de Celia Cruz. El radio estaba a todo volumen, lo cual era necesario en la elaboración de deliciosos pasteles. Acción de Gracias significaba reventar la bocina del radio durante los dos días de la preparación de la comida. Flor levantó las manos por encima de la cabeza.

—¡No me toques! ¡Mis dedos están llenos de masa! —dijo, y descendió sobre mis mejillas un asalto de besos, con chillidos, olfateos y maullidos para enfatizar.

Me mordisqueó el hombro, me olió el cuello. Sonrió con esa sonrisa de Flor tan cálida e inocente que hacía que sus tatuajes lucieran como cómics del periódico dominical.

—¡Qui Quiiiiiiiiiiiii! A que estás sorprendida de verme.

Un montón de instrucciones llovieron sobre mí. Debía describir el campus de Yale, luego tocar mi más reciente Chopin. ¿Seguía con el rubio, el gringo de la escuela Central?

—Ay, gracias a Dios, abuela ama a ese muchacho. ¡Tengo que conocerlo! ¿Vendrá a la cena de Acción de Gracias? Qui Qui, chicaaa, ¡tenemos que ponernos al día!

Así que me especialicé en música en Yale, "¿no?". ¿Ya les había enseñado a bailar salsa? ¿Son muy engreídos allá?

Flor se quitó la masa de las manos enjabonándoselas con dos chorros de detergente Palmolive para fregar. Tenía hambre de detalles. Su pulóver blanco de cuello de tortuga lucía muy L.L. Bean, una elección de estilo sorprendente, pero tenía las mangas enrolladas para cocinar y se le veían más tatuajes de los que recordaba. Su piel estaba más bronceada que la última vez, y sus mejillas, más sueltas. Su trasero llenaba los mahones a plenitud. Todas eran buenas señales.

—Te extrañé mucho, Flor.

—Yo también, Qui Qui. Te cuento ahorita. Te cuento ahorita.

Guayamos los guineos verdes para preparar pasteles, subimos la vajilla del sótano, buscamos servilletas de tela a juego, pusimos un viejo casete de parranda. Aún no era Navidad, pero cantábamos "¡Dame la mano paloma!" al ritmo de un rasposo cuatro. Cada cierto tiempo, Flor me recordaba: "Ya hablaremos,

Qui Qui. Ya hablaremos". Cuando la lasaña estuvo en el horno y el arroz en su punto, me llevó al sofá de arriba. Era una ceremonia, sentarse juntas de esa manera: la formalidad de una confesión, el contacto visual de una amiga.

Flor comenzó metiendo la mano en su blusa y sacando una placa dorada. No decía *Flor*, sino *N.A.*, las siglas de Narcóticos Anónimos. La recibió como honor en su aniversario por estar limpia. Flor hablaba en voz baja, con un orgullo que pesaba poco más que una pluma. Tenía llaveros otorgados en cada mes de sobriedad, postes de meta en cada etapa del maratón. Pero, además, había corrido una milla y ella se regaló una cadena.

—Quiero que sepas —me dijo—. No estoy orgullosa de las cosas que he hecho, pero tampoco me avergüenzo.

Flor describió el paisaje de la sobriedad detalle por detalle. El encantador subidón de la cocaína, la soledad de los impulsos. También había dejado el alcohol, así que se acabaron las Bud Light en el patio de titi Ginny. Los Newports y los Kools seguían viviendo en su bolso, sin embargo. Los tatuajes la habían ayudado. Los Doce Pasos eran un trabajo en progreso. Todavía tenía muchas reparaciones que hacer. Había causado mucho daño y no podía retroceder el tiempo. No existían curitas suficientemente grandes para las heridas infligidas. Tal vez sus hijos la perdonarían algún día, pero por el momento ellos estaban en contra de sus propias luchas adolescentes.

Aceptar a Dios en su vida había sido la parte más difícil, pero había sido fundamental para su cambio. Flor no seguía los pasos como un niño en la misa dominical, que reza, se arrodilla, toma jugo de uva e ingiere la hostia. Había que creer de verdad, expulsar el ego del centro del sistema solar. Flor era inútil, Flor era un fracaso, Flor no tenía el control.

—La gente intenta hacer los Doce Pasos y se salta la parte de Dios. Se limita a murmurar la oración para llegar a lo que le gusta. Eso es un atajo y solo conduce a recaídas. Cuando son ellos los que están a cargo, la cagan. Ríndete o no funciona.

Flor me pidió permiso para decir la oración de la serenidad. No quería hacer proselitismo ni asustarme, sino compartir algo que la había ayudado a ser mejor. Igual que Chopin a mí. Le dije que por supuesto, pero mientras Flor pronunciaba la palabra "dios" la cínica que había dentro de mí daba piruetas. Me sentía como los Muppets en el balcón, burlándose de los artistas. ¿Dios? ¿De verdad? ¿DE VERDAD? Sin embargo, la bala de Vivi y su suave cicatriz punzaba mi conciencia. Las premoniciones de mamá a los cinco años sacudieron mi memoria. ¿Y qué hay de mis rodillas apretadas durante la reunión de los cuáqueros, o de mi desmayo con el bolígrafo en la mano durante el examen de redacción del doctor Phillips?

> *Señor, concédeme la serenidad para aceptar*
> *lo que no puedo cambiar,*
> *valor para cambiar lo que puedo cambiar*
> *y sabiduría para entender la diferencia.*

Eran palabras familiares, como el chirrido de un autobús que se detiene o la alarma de un auto a dos esquinas de distancia. Ruido de fondo, la banda sonora de Filadelfia. Pero en la avergonzada voz de Flor las líneas vibraban, repletas de consuelo. Ser mejor hoy que ayer, esa era su nueva estrella guía. Cada pedacito importaba, porque quizá un pedacito es lo único que iba a conseguir. Flor desplegó sus defectos en mi sofá, como si tenerme de testigo fuera una medicina.

Sus éxitos no serían premiados con honores por ningún departamento, ni con títulos escritos en latín y encuadernados en cuero, ni con desfiles. ¿Pero qué triunfo era más profundo? ¿Cada cuarteto de cuerda que yo había compuesto en Yale o cada noche que Flor se iba a la cama sobria? Su vida era una piedra rebotando en un riachuelo, un breve evento cuyas ondas eran reales.

Entonces mamá nos llamó.

—¡Vengan a limpiar la salsera! Y hay nueve servilletas iguales, pero necesitaba dieciséis, ¡carajo! —gritó.

Flor salió al callejón a fumar. Busqué en el armario las servilletas faltantes mientras el testimonio de mi prima hacía estragos en mi cerebro como un torbellino. Una hora entera de explicaciones, de "esta soy yo" y "esto es lo que pasó". De "yo hablo con la voz de la bestia", de "yo pongo a la bestia en mi lengua" y de "yo me nombro en voz alta". La historia de Flor como hostia de comunión, lo contrario del silencio.

Encontré las servilletas, pero no fue la pequeña Qui Qui quien las puso en cada puesto de la mesa para cada uno de los Pérez. Qui Qui era la niña que había perdido a sus familiares. Quiara era la mujer que los había recuperado. Al menos a una.

27

LA BIBLIOTECA STERLING

Había cien cosas que hacer por las tardes en Yale, y todas venían acompañadas de un entorno incomparable: un césped esmeralda, un comedor modernista, revestimiento de caoba en la pared del seminario, una piscina olímpica. La Biblioteca Sterling era la joya de la corona, con sus torres góticas perforando las nubes. Numerosos caminos de lajas de piedras convergían en su fachada, de modo que la majestuosidad de Sterling formaba parte de casi todo el tráfico peatonal diario: camino al comedor, al seminario, al salón de estudio; camino a los helados de Ashley o de regreso de las salas de ensayo. El equipo de ciclismo se reunía en su amplia escalinata antes de salir pedaleando rumbo a la ruta escénica de Connecticut, y los guías estudiantiles les ladraban su pedigrí a los esperanzados estudiantes de secundaria que iban a hacer un tour por el campus. "¡Media cuadra!", les diría el estudiante de segundo año encargado de recibirlos. Cada uno de sus tres mil vitrales era único.

Y el edificio albergaba millones de volúmenes. Para abrir su puerta un centímetro necesitabas la mitad de tu peso y aun así te dejaba exhalando. Al asomarte a esa cavernosa nave, veías columnas iluminadas como en una escena de *El padrino*. Una oscuridad melancólica, sombría y ambarina, contraria a la lectura.

Si uno se adentraba más, le quedaba claro que el tesoro había sido abandonado. Casi nadie visitaba los laberínticos estantes de Sterling. Ninguna de sus dieciséis plantas contaba con laboratorios de computación ni con sofás para la siesta. Los estudiantes solo acudían de forma transaccional: a recoger el libro que necesitan y luego se marchaban. Razón de más para que me encantara, sobre todo su reverberación hueca y sus suelos de hormigón a finales de la primavera. Me sentaba con un libro y dejaba que el beso frío del cemento sacudiera mis muslos. Los pasillos olían a papel viejo y a sujetalibros de metal. El polvo revoloteaba en la escasa luz que permitían las vidrieras. El tiempo siempre parecía ser un suspiro antes del amanecer dentro de esos pasillos tenues y resplandecientes. Deambulando de pasillo en pasillo, a menudo sin objetivo, rastrillaba mis dedos por los lomos de celofán. Revisé la sección de religión, los mimeógrafos de poesía, los libros de jardinería. Ese deambular podía llevarme a la letra de una canción, a una línea de diálogo, a una idea para un trabajo de fin de curso. Cuanto menos relacionado estuviera con mi proyecto, mejor. Las escaleras entre los estantes me llevaban a bóvedas de folios epistolares, libros de contabilidad militar, mapas náuticos. A veces sacaba una gaveta del catálogo de tarjetas simplemente para tocar sus bordes marcados por el uso, como si el pasado y mi lugar en él fueran una simple cuestión de tacto.

Los veranos eran para la otra Quiara, la Quiara cuántica del universo paralelo alias Filadelfia, alias mi hogar. Media cuadra de Sterling contra media cuadra de la calle North 2nd, contrastes extremos que rozaban lo absurdo. Había una indulgencia inquietante en mi libertad para deambular, para coger un libro de una estantería, para leer. Tantos pasillos que Nuchi nunca recorrería, tantas páginas que nunca pasaría. Nuchi nunca se quedaría boquiabierta ante las líneas más intensas de *para nenas negras*, de Ntozake Shange...

> *encontré a dios en mí misma*
> *y la amé / la amé ferozmente*

Tampoco llegaría a esas líneas a través de estas, unas páginas antes:

> *me faltaba algo...*
> *algo prometido...*
> *una imposición de manos*
> *la santidad de mí misma, liberada*

Esas páginas podrían haberla ayudado a bajar de la cornisa espiritual donde estuviera encaramada, como me habían ayudado a mí. Eran armaduras narrativas, lugares seguros donde aterrizar, instrucciones de supervivencia para las generaciones futuras, si nosotras, las del futuro, lográbamos descifrarlas.

Cada semestre que pasaba Nuchi ocupaba más espacio en mi imaginación, al igual que la monstruosa belleza de Yale. El último año fue el peor. La graduación era una bestia rugiendo hacia mí, y su cercanía inminente amplificaba los cuatro años que había pasado lejos de casa. Pronto volvería a Filadelfia con mis primos. Bailaríamos, sin duda, mis rígidas caderas se habían aflojado con la edad y mis inhibiciones se habían desvanecido. Habría una imposición de manos. Pero mis primos sabían lo que en verdad había pasado, al igual que lo sabía yo: mi barco había zarpado. ¿Hacia qué, hacia dónde? No lo sabía, y Yale no me había dado la respuesta, pero no era el ejército ni la escuela de enfermería ni la esquina, caminos que mis primos más jóvenes ya habían empezado a recorrer. El aguijón del resentimiento se enganchó en mí y no se fue, la opulencia de Yale se convirtió en una especie de burla mezquina hasta que un núcleo de amargura se implantó en mis entrañas. Dejé de visitar Sterling. Incluso evitaba mirar el edificio cuando pasaba por delante. Una pregunta repetitiva, provocadora, me atormentaba: "¿Por qué yo tengo derecho a la Biblioteca Sterling y Nuchi no?". Su respuesta me inquietaba y me implicaba. Me agobiaban ambos extremos: La riqueza de Yale y la escasez de Filadelfia. Pero, sobre todo, me agobiaba la brecha que las separaba. Y la verdad era que había hecho mi hogar justo en esa brecha. Hasta que no me convirtiera en un puente —si tal reconciliación era posible—, no tendría paz.

¿Y qué pasó con Gabi? Durante mi ausencia le fue bien en el kindergarten. Era un programa piloto bilingüe en el corazón del barrio, al que asistían niños latinos mitad angloparlantes, mitad hispanoparlantes. Luego, cuando iba a empezar el primer grado, mamá logró que la aceptaran en Greenfield, un imán académico en el centro de la ciudad. Rodeada de una población más blanca, Gabi fue etiquetada como diferente. La enviaron a remedial y repitió grados. Un día Gabi llevó a casa un boletín de notas con la palabra "ESPAÑOL" estampada en el medio. Era una imagen digna de los *Looney Tunes*: las letras en tinta roja bien podrían haber dicho PELIGRO o FRÁGIL. Mamá no entendía y, cuando le preguntó, Gabi le comenzó a hablar con cariño sobre sus nuevos compañeros de la clase de Inglés como segundo idioma. Gabi volvía a estar con latinos. Mamá se sorprendió, pensando que Gabi se lo estaba inventando. Tuvo que ir a la escuela y averiguar el asunto. El inglés era su primer idioma, les dijo mamá a los administradores. El español de Gabi era, como mucho, conversacional, insistió.

Las vacaciones de verano y los días festivos resultaban demasiado cortos para meter cuatro años de tutoría. En las vacaciones de Acción de Gracias de mi segundo año, cuando Gabi estaba en primer grado, la llevé al sofá, la acuné cerca y hundí mi nariz en sus rizos. Echaba de menos su olor, su suave abrazo, los hoyuelos que enmarcaban su sonrisa rebelde. Extrañaba ser el centro de su descarado mundo. Apretadas brazo con brazo entre los cojines, abrí un sencillo libro de cartón. Señalé la primera palabra.

—Las letras son garabatos al azar —me dijo—. No se emparejan con los sonidos.

—Pues memoricémoslas —le respondí—. Una línea recta con dos semicírculos es la B. ¿Puedes encontrar otra B en la página?

Gabi, de siete años, señaló una B. Luego comenzó a darse por vencida.

—Yo no soy como tú, susurró con lágrimas en los ojos. Para ti es fácil —me dijo.

Eso se convirtió en su armadura contra mi impaciencia.

—Intenta de nuevo, Gabi. ¿Qué sonido hace la B?

—¡No lo sé! No soy como tú, ¿recuerdas?

Entonces yo cerraba el libro y jugábamos al escondite hasta olvidar las lágrimas. En mi último año, su tercer grado, ya Gabi lograba leer hasta el final, pero no sin hacer un esfuerzo penoso, impacientarse o llorar.

Me pregunté si eso era lo que le había pasado a Nuchi. Quizá nadie había descubierto el método adecuado para ayudarla. Quizá ni siquiera lo habían intentado. ¿La habían desterrado al fondo de la sala, quizá echado del salón de clase por completo? Sayonara, niña, vete a convertirte en el problema de otro. No estuve allí para presenciar ninguna de las dos infancias, ni la de Nuchi, que precedió a la mía, ni la de mi hermana, que continuó a pesar de mi ausencia. Ofrecerle ayuda con los deberes desde la lejana Yale era imposible. Ni siquiera podía contrarrestar las nuevas narrativas sobre Gabi con los argumentos o la rapidez que merecían. No podía insistir a diario: "Nena, eres un genio, coño". No podía decirle: "Créeme, y marca mis palabras, yo sé de inteligencia y tú estás fuera de serie". No podía prometerle, mientras desayunábamos, que íbamos a resolverlo todo, que era cuestión de tiempo, o envolverla en la toalla de baño con un recordatorio melódico: "tu barriga sostiene a la madre tierra, pequeña Shakespeare".

Sin embargo, había una cosa que sí podía hacer: sentir que el amor hacia mi hermana y mi prima se me clavaba como un cuchillo cuando pasaba frente a Sterling, y cambiar mi mirada hacia otro lado.

28

EL ACTA FORAKER
(SOBRE LA HISTORIA DE LA LENGUA
DE BORIKEN Y DE SU DIÁSPORA)

"¿Tú crees en Dios?".

Ya todos los demás estudiantes de Yale que íbamos en el auto habían respondido la pregunta. La respuesta de todos había sido "no". Todos eran blancos o, como yo, pasaban por blancos: judíos laicos, protestantes no practicantes, ateos de cuarta generación. Habían respondido como si fuera un segmento de veinte minutos durante el paseo, una conversación medio profunda para conocernos mejor. Cada uno contó una historia diferente sobre su particular forma de no creer, e hicieron bromas autocríticas sobre su escepticismo obstinado. Lamentaron no tener tradición, hay momentos en los que esta podría servir de balastro, admitieron, pero tal era el coste de una existencia basada en la razón. Entonces llegó mi turno, la última.

—¿Crees en Dios?

A menudo me esforzaba por acoplar mi realidad a palabras que no le servían. Palabras en inglés mal ajustadas, como los zapatos de un extraño. Como tantas otras veces, un abismo me separaba de ese idioma. Mi idioma. Me paralicé. El calor que inundaba mis mejillas hizo que la reticencia se convirtiera en pánico. Estaba segura de que podían ver cómo me subía la fiebre, y oler la fe que me atoraba y aturdía más allá de los confines de esa charla banal. Y las palabras, que se deslizaban del idioma de ellos con tanta facilidad, ¿nadie se daba cuenta de que eran inexactas para el tema?

"Tú" era una camisa de fuerza. No existe el plural "ustedes" en inglés. Pero una pregunta sobre lo sagrado implicaba un círculo más allá de mí. Significaba las urnas soperas de tía Toña, las oraciones Lakota de mamá traducidas al español, los jardines de hierbas, los tronos yoruba, la adivinación con caracoles, la abuela estudiando *La Biblia* entre susurros.

"Creer" me parecía no solo irrelevante, sino casi cómico. En la sala de mi hogar en Filadelfia, Dios encendía fuegos y hacía títeres de carne y hueso. Había visto a mamá bajarse una botella entera de ron. Dios jugaba duro con mi mundo material. Mis ojos habían sido testigos. ¿Qué importancia tenían las creencias?

¿Y a qué "dios" se referían? ¿Atabey, un oricha, un espíritu guía, los Egun, el Jesucristo de abuela, el Olofi Olodumare de mamá, la Virgen María de tía Moncha? Las divinidades habían cruzado océanos para entrar en mi casa de Filadelfia, y para nombrarlas había que hablar cuatro idiomas: taíno, yoruba, español e inglés, para no mencionar el lenguaje visual de los tronos de mamá y el testimonio vibrante del tambor batá.

Mis amigos de Yale esperaban una respuesta. Pero el inglés, mi primer idioma y el segundo de mi madre, carecía del vocabulario preciso para describir mis conceptos. Entonces, ¿cómo podía decírselos? ¿Cómo podía nombrarme a mí misma?

Por fin hablé en voz baja.

—Sí —susurré, medio deseando que no me oyeran.

—¿En serio?

—Vaya. ¿Y qué es Dios?

—¿Un hombre con barba en el cielo? ¿El tipo de la Capilla Sixtina señalando con el dedo?

Yo era una rareza, una verdadera curiosidad. Me remonté a las creencias primitivas de Qui Qui, a sus enigmas. Esa confusión no era nueva. Mi vida fuera del barrio a menudo requería descripciones de la santería y de Changó. Aunque no me gustaba tener que explicar a mamá, estaba acostumbrada. Pero entre esa elocuente compañía, situados como estábamos cerca de las palancas del poder terrenal, me preocupaba que mi torpe explicación redujera el genio espiritual de mamá a un espectáculo secundario. Pero cómo anhelaba compartir el mundo numinoso que había llegado a estudiar, metabolizar y respetar.

Tal vez por eso empecé a apartar la vista de la Biblioteca Sterling. Porque soñaba, en cambio, con una biblioteca en la que hubiera un lugar para mí. Una con espacio para albergar a mis primas, mis tías, mi hermana, mi madre; un archivo hecho de nosotras, que albergara nuestros conceptos y nuestra realidad para que las futuras niñas Pérez no tuviesen dudas sobre nuestra existencia o validez. Nuestras innovaciones y enigmas, nuestras migraciones y narraciones desde múltiples perspectivas podrían llenar volúmenes, ocupar media cuadra. Las futuras muchachas Pérez harían deberes entre sus laberínticas pilas, rastreando linajes a través del tiempo y los hemisferios, sabiendo que un día se sumarían a la colección. Mi biblioteca sería un sitio donde, en lugar de ocupar un estante de etnomusicología, seríamos todos los estantes, el registro mismo. Y las futuras muchachas Pérez, incluso Gabi, entrarían en la biblioteca-de-nosotras y darían por sentada su magnificencia. Y les parecería inevitable un hecho: estar rodeadas de su propia historia.

* * *

Mis amigos de Yale y yo avanzamos a través de las montañas. El follaje flanqueaba la sinuosa carretera y cubría el valle que teníamos delante. Era tranquilizador ver cómo los árboles se erguían y se ofrecían a mi corazón.

Respondí a sus preguntas lo mejor que pude, buscando a tientas explicaciones sobre el sincretismo religioso, sobre cómo el viejo mundo se había plegado sobre el nuevo por necesidad de sobrevivir. Mis amigos se dieron cuenta de que estaba irritable y pasaron a otros temas. Miré el paisaje, y de repente recordé aquellos dos extraños momentos en que había sido... ¿poseída? ¿Era esa la palabra correcta? El examen de redacción del doctor Phillips y la reunión de los cuáqueros. Dos instancias de escritura y narración en las que había perdido el control, cediendo el poder de autoría a algo muy dentro o muy fuera de mí. Durante esas fugaces tempestades, el idioma, el significado y la narrativa actuaron a través de mí. Una verdad había sido dicha y, por lo tanto, purgada. Había nombrado la disonancia, la fealdad, el sufrimiento, el amor y la divinidad de un modo que mi lenguaje cotidiano no me permitía. Mis palabras ásperas y crudas habían abierto una zanja en el mundo, sin preocuparse por permisos o por modulación. Palabras en inglés. ¿Por qué no podía hacer eso con el inglés ahora, en una conversación de viaje por carretera con mis amigos de la universidad?

Esos amigos de Yale tenían padres angloparlantes. Sus abuelos tenían títulos avanzados de universidades estadounidenses.

En sus hogares, el inglés era el idioma que habían hablado por varias generaciones. El inglés había facilitado su movilidad ascendente, y esculpido y limitado su realidad conceptual. Mis amigos pensaban y soñaban en ese idioma. El dios que sus familias habían abandonado hacía años era el dios del idioma inglés.

Mis mayores habían sido educados en varios idiomas de forma inconsistente. A los doce años, mi madre ingresó a la escuela secundaria de Filadelfia, donde solo hablaban inglés. Unos pocos cursos en un instituto fueron toda la educación superior que recibió. Pa había dejado Barranquitas, Puerto Rico, para asistir a la escuela primaria en Filadelfia. Su inglés tenía algunos años de ventaja sobre el de mamá, pero tener que hacerse cargo de una bodega y convertirse en empresario había puesto fin a su educación formal cuando tenía dieciséis años. A abuela le bastaba su educación de segundo grado para leer *La Biblia*. Despreciaba el idioma inglés y se negaba rotundamente a hablarlo. Y sabía que su escolaridad era más de lo que muchos conseguían. Mi abuelo, que había comenzado a trabajar siendo niño en Puerto Rico, nunca había pisado un salón de clase.

El idioma no era lo que nos unía como familia. El ritual de la mesa, donde la gente se reúne para hablar de las noticias del día, no era la base de nuestra comunicación. Los cuerpos eran el idioma materno en casa de abuela, seguidos del español en segundo lugar y el inglés en tercero. Bailes y palmadas en las nalgas, manojos de arroz, tirones de rabo de caballo y vendajes en las heridas, golpes de olla al ritmo de la clave. Con las manos no había riesgos de errores de traducción. Las caderas llenaban los vacíos que dejaban las palabras.

* * *

Tengo que salirme de la narración por un segundo. A los cuarenta años he estudiado historias que no conocía a los veintiuno. Tal vez si me hubiera especializado en estudios americanos habría sabido que no era la primera de mi linaje en quedarse sin palabras. Tal vez habría aceptado mi lugar en el campo de batalla histórico que es el idioma boricua. Tal vez habría encontrado contexto, o incluso fuerza, en la cultura centenaria que se acercaba a mí y de la que yo era parte. Quizás. Pero en aquel entonces pensaba que el hecho de que hablara inglés era prueba de mi profundo fracaso cultural.

Antes de 1493, los taínos hablaban varias lenguas y dialectos arawakos en las zonas costeras e interiores de la isla. Entonces aparecieron los barcos europeos con armas, la viruela y el idioma español.

Desde el primer encuentro, los taínos se negaron a asimilarse y a hablar español. Sus palabras, y los cuerpos que las albergaban, fueron saqueados, mientras el vocabulario de los colonizadores creció: *hurakan, boriken, barbacoa, hamaka. Batata* y *tabaco* atravesarían el español hacia el inglés para transformarse en *potato* y *tobacco. Wayaba* se convertiría en *guayaba*, en inglés *guava.* Y por supuesto que los colonizadores aprendieron la palabra *yuca*, ese alimento arraigado en la tierra de Boriken que la fertilidad del dios Yukahu hizo abundante. No eran solo palabras nuevas para los ocupantes españoles, sino nuevas realidades, nuevos conceptos, nuevos alimentos, un nuevo mundo material.

Después de que los asesinatos y la viruela diezmaran la mano de obra esclava taína, la corona española aprobó la esclavitud africana en la colonia. El yoruba, el igbo y otras lenguas de África Occidental llegaron a las costas de Puerto Rico, mezclándose con un español que ahora contenía susurros de dialectos arawakos. Las palabras *ñame* y *guineo* de África Occidental se utilizaron para describir los tubérculos y los plátanos. La palabra *merengue* sobrevivió al paso por el Atlántico y siglos más tarde se convirtió en una cinta de Juan Luis Guerra que suena un 4 de julio en el norte de Filadelfia.

La pérdida del idioma en Borinquén no se limitó al vocabulario, la sintaxis y la formación de los sonidos. También se borraron los nombres. Los apellidos yorubas fueron extirpados y sustituidos por los de los esclavistas españoles. El linaje familiar grabado se quebró. ¿Cómo rastrear a los parientes? ¿Cómo saber quiénes eran los antepasados? ¿Cómo conocer su secuencia en la vasta corriente humana? La supresión masiva de nombres fue una campaña de terror, una estrategia violenta contra la insurgencia. Tampoco los nombres de las tribus y dialectos nativos fueron inmunes a la confiscación. Simplificados en el registro español, los descriptores "arawako", "lokono", "caribe" y "taíno" se convirtieron en etiquetas que clasificaban a una población indígena diversa. Todavía hoy se debate la exactitud y precisión de estos términos.

Durante casi medio milenio, palabras provenientes de tres hemisferios se mezclaron y modificaron mutuamente. Si bien el idioma ha sido una eficaz herramienta colonial de violencia y desaparición cultural, también ha sido un medio de resistencia y adaptación de la población proveniente de África Occidental. Mientras algunos rezaban a Jesús como se les había ordenado, el idioma que hablaba su lengua pronunciaba Obatalá.

España declaró la autonomía de Puerto Rico en 1897 y la isla se convirtió en territorio estadounidense en 1898. Las diferencias lingüísticas obstaculizaban la capacidad de gobernar de los nuevos colonizadores. Cuatrocientos años de literatura, historia, leyes y registros comerciales puertorriqueños estaban en español, pero ni el gobierno estadounidense ni las corporaciones azucareras americanas, deseosas de comprar tierras, hablaban ese idioma. A los pocos años de la adquisición de Puerto Rico por Estados Unidos, el Acta Foraker impuso el inglés, prácticamente desconocido en la isla, en todos los campos de la cultura. De la noche a la mañana, los departamentos gubernamentales fueron obligados a utilizar el inglés como idioma oficial al igual que el español. Hombres blancos no residentes en la Isla, extranjeros que solo hablaban inglés, fueron nombrados gobernadores por el presidente de Estados Unidos. Los días de clase empezaban con el juramento de lealtad a la bandera de Estados Unidos y las notas del himno nacional de ese país; los estudiantes aprendían sus textos de oído, sin saber su significado. A los profesores y a los alumnos se les prohibió hablar español en las escuelas. Se importaron del continente libros de texto en inglés sin que fueran adaptados a las condiciones de la enseñanza en Puerto Rico, y estos impusieron un plan de estudios de historia y cultura estadounidense. Los días festivos de la isla fueron borrados del calendario y sustituidos por el 4 de julio y el día de Acción de Gracias. Las lecciones de nutrición en inglés recomendaban frutas y verduras que no se cultivaban en la isla; sin ellas, afirmaban los materiales escolares, era imposible gozar de buena salud. Los estudiantes fueron apartados de las artes y las letras puertorriqueñas, del canon internacional del idioma español y del registro histórico de la propia isla. La imposición del inglés, para comodidad de los gobernadores y las corporaciones azucareras de Estados Unidos, fue justificada como imperativo moral: los nuevos líderes pregonaban su voluntad de otorgar las bendiciones de la civilización ilustrada a las masas de la isla.

El inglés no era solo un idioma, sino también un proyecto modernizador.

Imagino que, en ese contexto, decir en público lo que uno piensa resulta peligroso, y requiere de estrategias de articulación. Imagino que, para sobrevivir, la historia de los nativos se tuvo que volver clandestina. De hecho, en la década de 1930 entre las propuestas del Partido Nacionalista se incluyó que el español fuera reinstaurado como lengua principal de la isla. El Partido Nacionalista fue acusado de sedición y sus líderes fueron encarcelados, torturados y asesinados por aquellas demandas consideradas no negociables.

La confusión y alienación reinaron en las escuelas hasta que la enseñanza primaria volvió a ser en español en 1948. El inglés fue degradado a lengua secundaria, pero el daño estaba hecho: dos generaciones habían huido de la educación formal. La escuela era el lugar al que ibas a fracasar, a ser incomprendido y considerado estúpido. Ahora existía una grieta de cincuenta años en el registro cultural y en los ciudadanos capacitados para contribuir a este.

En 1966, Obdulia Pérez se llevó a sus hijas primero al Bronx y luego a Filadelfia, donde se asentó junto a su hermana. *"Spic"*, el insulto racial que expresaban contra abuela y tía Moncha, era una burla de su acento: *I no spic English*. La generación de mamá, que había tenido una infancia en español, se convirtió en bilingüe al tener que estudiar, protestar y pagar el alquiler en inglés. En las reuniones clandestinas de los Young Lords, mamá y tía Toña estudiaron los métodos de los Black Panthers, esta vez los rebeldes puertorriqueños adaptando las frases revolucionarias afroamericanas. Las mujeres Pérez se casaron o les parieron hijos a hombres afroboricuas, afroamericanos y blancos. En las sandwicheras de hoagies, los clubes de jazz y los lechos nocturnos compartidos, los patrones dinámicos del habla de los negros de Filadelfia se integraron con el lenguaje de las Pérez. Sus trabajos en el centro de la ciudad y en las comunas de hippies permitían que las Pérez se asimilaran con blancos por su comportamiento. Mis primos y yo invertimos la ecuación: el inglés fue el idioma que hablamos en preescolar, y el español, nuestro segundo idioma, el de las historias orales y charlas dominicales. La sintaxis siempre cambiante del spanglish, y su sonoridad doblemente rica, se convirtieron en la lengua común de las generaciones Pérez. Su dialecto era capaz de conseguir una tremenda calibración, en dependencia de quién estuviera en el balcón fumándose un Kool o en la mesa de abuela comiendo bistec encebollado.

* * *

"Eres hija de tres catástrofes. Naces de tres holocaustos: el indígena, el africano y el judío. Eres descendiente de los supervivientes. Lo llevas en la sangre. La resiliencia. La profunda memoria y la experiencia de la supervivencia". En mi juventud, mamá me inculcó esa idea en la cabeza. La enfermedad en la sangre que había afligido a los Pérez, que nos pisaba los talones como una sombra, tenía raíces históricas profundas. Toda esa pérdida del idioma, y su reutilización creativa, era solo una faceta de la catástrofe que había heredado.

Pero ¿no había heredado también, con mi particular composición racial y cultural, la culpa de la perpetración de esos holocaustos? ¿No había cometido yo los mismos crímenes de los que intentaba curarme? ¿No había saqueado las lenguas maternas que también pretendía honrar? Sí: yo era, y soy, las dos caras de la moneda, y también el filo. El trauma heredado, la memoria epigenética. ¿Cómo nombrarme a mí misma con precisión lúcida, compasión y rigor inflexible? ¿Yo, la infligidora y la infligida? ¿La ladrona y a la misma vez la poseedora de la lengua materna?

Cuando mis amigos me preguntaron: "¿Crees en Dios?", el calor azotó mis mejillas y abrasó mi garganta. Todo lo que me rodeaba desapareció para que no escapara lo que estaba viviendo en mi interior, chispa divina y curiosidad espiritual, y no pudiera así encontrar la voz. Todavía no comprendía la magnífica y tensa historia lingüística que había heredado. No había oído hablar del Acta Foraker ni sabía que los primeros años de escolarización de abuela habían sido en un absurdo *een-glush* fonético.

Entonces, maldije mi imprecisa lengua materna, convencida de que era mi más profundo fracaso personal.

29

GIL SCOTT-HERON ME HACE UNA PREGUNTA

La música era el único idioma que yo había elegido. Me ofrecía un puerto seguro donde expresar mi confusión y depresión, donde sentirme sola o viva. En el piano, tanto la fluidez como la torpeza eran recompensados. Las notas equivocadas se convertían en nuevas composiciones. Su constancia era infalible y su papel en mi vida era simple y evidente. Pero no sabía si, como lenguaje, me permitía decir todo lo que necesitaba, si contenía vocabulario suficiente para analizar, discutir y revelar todo lo que había encerrado en mi interior.

Mis amores musicales, al igual que mi árbol genealógico, fueron muy diversos desde el principio. Tía Linda me colaba en el CBGB, donde escuchaba sus conciertos de punk neorromántico. Yo era una preescolar puertorriqueña vestida con terciopelo y encaje, y ella, la única mujer instrumentista a la vista. Tarde en las noches, cuando debía estar durmiendo, me dedicaba a escuchar reproducciones de *A Love Supreme*, de Coltrane, y de la suite del *Pájaro de fuego*, de Stravinsky, que solo conocía a través de mis auriculares Tower. Cuando tío Rik consiguió entradas para Steel Pulse, me drogué aún siendo una niña con el humo de la marihuana que fumaban a mi alrededor. El último número del set terminó con un *ritardando* de varios minutos. Frase a frase, los tambores de acero se fueron deteniendo hasta dejarme boquiabierta ante un final, un clímax, hecho de espacio y silencio. Adimu Kuumba, con sus grises y rastas trenzas y su aliento etílico, tocaba bajo el semáforo de la calle 48 y Baltimore. Sus instrumentos africanos estaban hechos con materiales recogidos de la basura, pero podía hipnotizarte con su kalimba de lata de café Bustelo. Un día, me llamó cuando me bajé del autobús 34.

—Acércate, te he estado esperando —me dijo.

El volumen de su reproductor estaba estropeado y Bobby McFerrin susurraba tan bajo que tuve que pegar mi oído a la bocina.

Mamá le había dado dinero para pagar el alquiler a Joaquín Rivera, un trovador del barrio, a cambio de que nos diera una serenata de boleros en el cementerio. Aguinaldos para los muertos. También había contratado a músicos batá, y nuestra sala de estar se había convertido en un tenue y sudoroso bar clandestino donde los polirritmos de la madre patria hacían temblar las telarañas.

En la Settlement Music School, Dolly Kraznapolski me había asignado preludios de Scriabin, y había fruncido el ceño cuando, al llegar el martes, había tocado música original. Donald Rappaport, un profesor de teoría que enseñaba en otra aula, se hizo cargo de las clases semanales cuando ella ya no podía. Durante mi último año de secundaria me animó a componer, y criticó mis composiciones sin cobrarme ni un céntimo. Me enseñó la disonancia en menos de diez segundos: Toca un Do mayor con tu mano izquierda. Ahora un Fa mayor con la derecha. Ahora, ve a componer, adiós. Cuando le llevé la pieza resultante, dijo que era mejor que Scriabin.

En mi última lección antes de la universidad, el señor Rappaport me había regalado un Árbol Musical: un diagrama de flujo en una hoja de once por diecisiete pulgadas, tan intrincadamente dibujado que parecía un circuito. Se había pasado la vida adulta rastreando su genealogía pedagógica, siguiendo el rastro de los maestros de música a lo largo de veinte generaciones, hasta el mismísimo Johann Sebastian. El hombre conocía su linaje y, por tanto, su alma, y pensó que el Árbol de la Música me otorgaría esa claridad.

—Tú eres descendiente de Bach —me dijo.

Dos días después, me encontraba en la autopista interestatal 95 Norte rumbo a New Haven.

Un mes después, había sonado el teléfono de la residencia estudiantil y me informaron de que la larga batalla contra el cáncer de estómago del señor Rappaport había llegado a su fin. Yo ni siquiera sabía que estaba enfermo. Ahora tenía en mis manos un legado real. Desconsolada, pegué el Árbol Musical junto a mi cama y me fui a clase. Cuando intenté dormir más tarde esa noche, el Árbol Musical me miraba fijamente, exigiéndome más de lo que me sentía capaz de hacer. Lo quité de la pared y lo guardé en el cajón de mi escritorio, donde permaneció hasta que me mudé a otro dormitorio en el segundo año.

¿Cómo no iba a sentir que lo que Yale tenía para darme era muy limitado? Para mí, la música había sido una ventana hacia la humanidad, diaspórica hasta la médula. En lugar de expandirse hacia lo ancho, quizás Yale se expandía hacia lo profundo, pero su enfoque particular se sentía insular y a veces arcano. Los cursos de mi especialidad a menudo me parecían surrealistas, como si me hubieran dejado caer por error en el camino de otra persona: alguien de enfoque penetrante y habilidad inmaculada. En cambio, yo era toda tenacidad y romanticismo. A menudo temía que la confusión se hiciera visible en cualquier momento y que el interfono de Yale anunciara: "Lo siento, muchacha. Dirígete a la clase de Inglés, que es donde debes estar".

En mi último año me aceptaron en el Taller de Teatro Musical BMI, un laboratorio creativo muy prestigioso para nuevos compositores. Para poder pagar el viaje semanal de ida y vuelta a Nueva York, que costaba veinte dólares, tenía que conseguirme un trabajo extra. Y eso hice. Nueva York, como me había enseñado tía Linda, era sinónimo de *soul*, *rock* y *reggae*. Linda me había llevado a algunos musicales también. El tap de Savion Glover, la música coral sudafricana y el *gospel* americano habían alimentado sus partituras. El primer día del BMI, entré en una sala donde había cuarenta compositores y letristas blancos. "¿Cuál es tu Sondheim favorito?" fue la pregunta que rompió el hielo. Nunca había oído hablar de él, ni siquiera de *West Side Story*. Mis compañeros se comprometieron a remediar mi ceguera cultural con CDs y una lista de las obras más importantes que debía estudiar, pero ese dios al cual todos rezaban no me decía nada. Luego supe que las obras que me habían inspirado —*Sarafina!*, *Bring in 'da Noise, Bring in 'da Funk*, y *The Gospel at Colonus*— eran marginales, recortes de la carne de la que estaba compuesto el verdadero teatro musical.

Wynton Marsalis hizo una breve estancia en Yale para ensayar un oratorio de jazz, antes de su debut en el Lincoln Center. Falté a clases durante una semana para verlo, y él acabó por notar a la estudiante de música que se sentaba en la última fila.

—¡Oye! ¡Sí, tú! ¿Sabes copiar partituras?

—Sí, señor Marsalis.

—¡Pues mira, sabe hablar!

Dieciséis jazzistas se rieron.

—Toma, a Cassandra Wilson le dio un ataque cuando vio las páginas —dijo, y me entregó unas partituras que, sin embargo, me parecieron bastante decentes.

Me puse a trabajar. Diez minutos más tarde, la regia contralto llegó y me dio las gracias, con voz elegante, por sus páginas, ahora más limpias.

—Ahora puedo ensayar —dijo, con una sonrisa, mientras Wynton Marsalis me ponía un billete de veinte en la mano.

—Parece la caligrafía de una compositora. ¿Estoy en lo cierto?

Marsalis me dijo que le llevara una pieza original para trompeta al ensayo del día siguiente.

—Nos has estado espiando y ahora nos toca escuchar de qué estás hecha tú.

Me quedé despierta toda la noche. El polvo de las gomas de borrar se acumulaba en las ochenta y ocho teclas, y el café de la tienda de la esquina hacía sombras sobre mis claves de Sol. Al día siguiente, Wynton Marsalis saludó a la banda.

—¡Escuchen! —dijo.

Puso mi nueva pieza en el atril, se llevó la boquilla de latón mate al labio y empezó a soplar, con las yemas de los dedos acolchando las válvulas opalescentes. Era una pieza de notas sostenidas, devotas y sensuales. Mientras componía, solo había utilizado el piano y mi voz. Al escucharla por primera vez en la trompeta, la melodía arrullaba como un bebé que se despierta tranquilamente de una siesta.

—Esta chica tiene oído, ¿eh? —dijo al final.

La orquesta de jazz asintió con la cabeza y dijo mmmm.

—Tremenda—dijo un saxofonista.

Yo asentí en agradecimiento frío, pero por dentro me desmayé.

* * *

Evan Ziporyn, miembro fundador de Bang on a Can, dio una clase magistral, y seleccionó mi pieza para clarinete bajo para su recital. La noche del concierto, fue todo el profesorado. Los profesores, normalmente desaliñados, se pusieron guapos para la velada, que estaría encabezada por la realeza neoyorquina. El profesor Friedman era élite entre la élite, aunque rara vez se metía bien la camisa dentro del pantalón, y esta solía salir por la bragueta desabrochada. Los estudiantes varones revoloteaban alrededor suyo, tratando de ganarse su simpatía con sus conocimientos de trivia de la época clásica o de filosofía modal. Yo era una plebeya y, además, mujer, y había empezado a tocar el piano en la secundaria. Friedman apenas sabía de mi existencia y no le importaba. Pero después de que Evan Ziporyn tocara mi hipnotizante solo, lleno de dobles notas y armónicos, Friedman se acercó a mí y, para mi sorpresa, estableció contacto visual.

—La verdad es que ha estado muy bien.

Respondí con un "oh-wao-deverdad-aybendito", aunque independientemente de lo que él dijera, sabía que la cosa había quedado fenomenal.

Tras la graduación, había pensado ganarme la vida tocando aquí y allá, pasando las tardes en cafés componiendo música para el teatro y las cenas en restaurantes etíopes garabateando letras en servilletas. No buscaba estabilidad. Como los ingresos de mamá como organizadora comunitaria habían sido siempre esporádicos, según la época del año comprábamos en Macy's o en tiendas de segunda mano. Y debido a la inestabilidad de los contratos de Pa un verano podíamos ir de excursión a Dorney Park y el otro irnos de pasadía y compartir los sándwiches de pescado. La abundancia y la estrechez me parecían parte de la vida, y en ello radicaba la libertad artística, creía yo.

Eran los días de la presidencia de Clinton y el trabajo abundaba como la lluvia en primavera. En Filadelfia había alquileres baratos y música todo el tiempo. Como era buena mecanografiando, podía conseguir trabajos de oficinista con facilidad cuando los contratos para tocar disminuían. El muchacho y yo habíamos logrado sobrevivir tras cuatro años de relación a larga distancia, así que nos mudamos a una casa barata de alquiler en el oeste de Filadelfia, del tipo de casas adosadas divididas en tres, con un enorme ventanal que dejaba entrar la escarcha de enero y el hedor de agosto. En los medio tiempos hacíamos el amor en nuestro futón y luego, a medio vestir, seguíamos viendo cómo Iverson ponía patas arriba a los Sixers. El oeste de Filadelfia brillaba más reflejado en los ojos del muchacho. Un día, mientras paseaba por Clark Park, me hizo jurar que no le propondría matrimonio.

—Déjame al menos eso a mí —me dijo, enfogonado porque hacía tiempo yo había sido quien lo había invitado al baile de graduación de la escuela superior.

Los martes por la tarde yo recogía a Gabi en la escuela. Me contaba cómo iban sus clases mientras conducíamos por la calle 42 hacia el oeste. Cocinaba arroz y habichuelas con más aceitunas de lo normal, como les gustaba a Gabi y a mi novio, luego extendíamos el futón y la arropábamos. Los miércoles por la mañana nos restregábamos el sueño de los ojos, comíamos Kix, bebíamos Bustelo y tomábamos la calle 42 en dirección este, donde le tiraba besitos a Gabi, que corría al escuchar el timbre del colegio. Gabi desaparecía en un mar de mochilas, y eso me rompía el corazón cada vez. Oficialmente, iba ganando por treinta puntos en el primer cuarto del partido. Vivía la vida de forma tan plena que las mañanas de los miércoles, después de que el muchacho se iba a trabajar y Gabi entraba a la escuela, me dolían.

La banda The Roots había lanzado su *Okayplayer*, una serie de conciertos de neo-soul los lunes por la noche en el Five Spot. Jill Scott, John Legend, Jaguar Wright, los Jazzyfatnastees, Kindred the Family Soul, todos se habían hecho famosos, en un ascenso vertiginoso para quienes los habían seguido de cerca. Una amiga del barrio me invitó un lunes a última hora. Cuando estábamos en cuarto grado, la voz de Rashida había sido material de leyenda. Cuando cantaba la canción de Kwaanza, todos los padres lloraron.

El ambiente en el escenario del Five Spot era muy relajado, y el suave ritmo de fondo contrastaba con las fuertes voces femeninas. Tras dos martinis de manzana decidimos unirnos a la causa. Durante las siguientes semanas de inspiración compusimos entre ambas algunas canciones de *neo-soul* con un toque de *rock*. Poco después nos pusimos a tocar en el micrófono abierto del Five Spot, intentando contagiarnos de la magia de *Okayplayer*. Yo en el teclado, ella en el micrófono.

—Probando, probando.

Las luces del club pasaron del azul al verde de las tortugas ninjas. El humo del escenario me impedía ver la primera fila.

A los cuatro compases de mi introducción, el bajista hizo sonar una resonante melodía. Nos miramos a los ojos para confirmarlo: ya teníamos el *groove*. Dos compases más tarde, el toque del baterista hizo que se movieran algunas caderas en el público.

Nunca había tocado con músicos tan refinados, con un calibre tan alto de tiempo, tacto y sensación. Asentían para hacérmelo saber. Se sentía muy bien. Luego entró la voz y el público se balanceaba, agitaba las manos y llevaba el ritmo con la cabeza. Tocamos mucho más que nuestro límite de dos canciones.

Nuestra presentación se extendió a una hora completa, y conseguimos ser los músicos principales en Doc Watson's, un bar más conocido por sus alitas de a dólar que por la música. Pero el gerente tenía ambiciones de convertir en un CBGB sus alfombras empapadas de cerveza, y ansiaba que su local fuera para el *rock* lo mismo que el Five Spot era para el *neo-soul*. En nuestro primer concierto hubo doce personas como máximo. En el segundo, más de cincuenta. Conseguimos un puesto fijo.

Además de este trabajo, las clases de baile necesitaban musicalizadores, los coreógrafos necesitaban música incidental y las compañías discográficas necesitaban músicos de sesión. Yo hacía todo lo que me pedían: teclado, voces, dúos, solos, lo que fuera. "¿Qué género tocas?", preguntaban los líderes de banda y los ingenieros que buscaban músicos a última hora. "Dime lo que necesitas", respondía yo. Por suerte, el piano ocultaba mis dedos temblorosos permitiéndome mostrar solo mis ojos confiados.

Como solista, interpretaba mis canciones de *rock* soñadoras y melancólicas, más oscuras que las brillantes canciones *neo-soul* del Five Spot, y también más sensuales. Frente al teclado, con el micrófono como una mantis religiosa, cantaba sobre el cuerpo de mi amante, que comparaba con una estación del año que me estremecía como una tormenta. Y canté sobre un mundo más perdonable en el que la redención llegaría justo a tiempo. El público me prestaba atención, se quedaba más tiempo, compraba más bebidas. Los programadores y los DJs me pedían cintas de demostración. Erik Tribbett, que tocaba con Jill Scott, accedió a grabar conmigo tres pistas. Trabajé horas extra en un mostrador en el centro de la ciudad, encontré el estudio más barato al cual pudiera llevar sin avergonzarme al prominente músico, y programamos la sesión para una semana después, cuando él volviera de Hawái, a donde se iba con The Roots en sustitución de Questlove.

Para nuestra cinta él reclutó como bajista a un amigo de su infancia de Grays Ferry, en el suroeste profundo. De niños, habían tocado juntos en la iglesia. El día de la sesión, Erik llegó con la mano envuelta en gasa, como si se hubiera preparado para boxear en lugar de improvisar. Haciendo deportes acuáticos en Hawái con The Roots, una ola había virado su moto de agua; lo siguiente que supo fue que los nudillos de su mano habían chocado contra una roca de lava. Erik se amarró la baqueta a la mano con cinta adhesiva, contó y empezó a tocar. Su baqueta rasguñaba el *high-hat*. Sonaba más a brisa que a compás, como los ninjas entre el bambú, apenas haciendo crujir las hojas. La forma en que él tocaba la batería parecía un *pizzicato* de violín en puntillas. Pero tenía un *backbeat*. Yo toqué acordes graves en los tiempos fuertes: hondos, espaciosos y sonoros. Al cabo de unas pocas repeticiones ya teníamos una pista, pero la gasa de Erik se había empapado de una sustancia roja horrorosa. Se acabó la sesión.

Unos días después de hacer la mezcla, mi teléfono sonó.

—Erik me dijo que debería escucharte. Pásate mañana.

Larry Gold era una leyenda de Filadelfia. Había ido a las escuelas locales, luego había abandonado el Instituto Curtis, de gran prestigio orquestal, para convertirse en chelista de R&B. En un día cualquiera podías encontrarte a los de The Roots o

Floetry jugando futbolín en su estudio de grabación. Cuando llegué me tropecé con un hombre blanco de baja estatura, calva brillante y un rabo de pelo fino plateado; tenía cuarenta años más que los jóvenes que le rodeaban. En sus bonitos sofás de cuero los músicos se sentaban a descansar, a abrazarse y a escuchar. La forma en que Gold hablaba, incluso su ceceo, comunicaba autoridad. Él dejaba que los músicos se dieran rienda suelta en la cabina, por lo que se extendían varias horas más allá de la sesión pautada. Gold tocaba para los Delfonics cuando la música de Filadelfia estaba en pañales, y de su boca podías escuchar anécdotas de Teddy Pendergrass y Hall and Oates. El tipo era historia andante. Me hizo un gesto para que me uniera al público del sofá para escuchar su tema con Erykah Badu, recién salido del horno.

—Es una mezcla cruda —dijo, y pulsó "play".

El arco del violonchelo de Gold aterrizaba y acariciaba el carraspeo serpenteante de Badu. El tipo tocaba sus cuerdas de manera percusiva, como un cajón. El veredicto del grupo del sofá fue unánime: la pista era extraordinaria. Incluso el maestro se alegró de los elogios. Luego los despidió para dedicarme un rato a solas.

—Vamos a escuchar lo que tienes, chica.

Me senté en el piano pequeño de cola, de color blanco, y toqué la canción lenta que Erik y yo habíamos grabado, más las otras dos que su mano herida no le había permitido tocar. Eran *grooves* sensuales de *neo-soul rock* con poesía impresionista. Como si, de tan cercanos, el seductor mundo de The Roots y los Okayplayers pudiera revelar el mío.

—Esto es lo que te propongo. Grabamos dos canciones aquí. Si me gustan, hablaremos de hacer un disco. Si no, tienes unas cintas de gratis y te vas. Tienes una vibra como de Carole King. Vamos a ver.

Las dos pistas que grabamos fueron puntos de altura en mi vida: *grooves* deliciosos con la sonoridad acolchonada del piano electrónico Rhodes. Eran canciones satinadas, impregnadas de la lujuria de un piso barato del oeste de Filadelfia donde dos jóvenes amantes buscaban su camino. Llegué a casa y las puse justo cuando los Sixers acababan de conseguir otra victoria, así que el muchacho ya estaba contento. Las canciones inspiraban, al igual que el éxito que en ellas se insinuaba. Nos quitamos la ropa antes de cruzar la puerta del dormitorio.

* * *

—¿De qué dirías que trata tu música si tuvieras que ponerlo en palabras?

Larry Gold volvía a despachar a los demás para tener un momento a solas conmigo. Fue casi un mes después de que terminamos de grabar las cintas que él dejó de devolverme las llamadas. Ahora estaba de nuevo en su sofá para la hora de la verdad.

—Vaya. Sí. Es un buen punto.

—No es un punto, es una pregunta.

Supuse que si me quedaba en silencio la respuesta correcta se materializaría. Era un examen, y yo era buena haciéndolos.

—No lo sabes —me dijo Gold, al cabo de unos segundos—. Puedo oírlo en las canciones. Stevie sabía de qué iba. Floetry lo sabe, por eso le doy las llaves de mi estudio. Yo lo sabía. Yo era el muchacho del chelo, con eso puedes hacer una carrera. Hay que saber para qué uno está hecho, ¿no?

Asentí con la cabeza.

—Quiero que me des tu opinión, pero me miras como si yo tuviera que darte las respuestas.

Dejé de asentir y me quedé inmóvil.

—Tal vez termines descubriéndolo. La mayoría no lo logra. Eres inteligente, igual que un millón de gente. —Gold apagó su cigarrillo—. De todos modos, dejando eso de lado, te doy mi opinión profesional: no eres lo suficientemente buena. Casi lo eres, estás cerca, pero no has cruzado la línea que hace especial a un músico.

Le di la mano. Puse una cara valiente, me levanté y salí por la pesada puerta del estudio. Pero, mientras caminaba por el estacionamiento vacío bajo el paso subterráneo de la autopista interestatal 95, llevaba encima el silencio escarmentado de una niña a quien han pillado diciendo una mentira.

* * *

Me llamaron de Tin Angel. Tracy Chapman y las Indigo Girls habían tocado dentro de sus paredes de ladrillo. Ese club era el paraíso del *indie folk*.

—Tu cinta es buena. Ha estado en mi escritorio durante meses, esperando el momento adecuado —me dijo el programador—. ¿Quieres abrir para Gil Scott-Heron?

Corrí a Tower Records, lo encontré entre los CDs en oferta y descubrí la fuente no reconocida de la mitad de mis modismos urbanos. ¿"La revolución no será televisada"? Lo había dicho Gil Scott- Heron. Lo había escuchado, pero nunca había oído hablar de él; lo citaba sin las debidas referencias.

Después de la prueba de sonido, me encontré con el viejo poeta en la sala de atrás. Todavía faltaba para que abriera el local. La habitación tenía poca luz y estaba descuidada, y el relleno del sofá salía por todas partes. El afro plateado y despeinado de Heron, y su vieja chaqueta de cuero, mostraban a un tipo cuyos altibajos se habían mezclado completamente coherentes. Sus caderas eran demasiado estrechas para sus mahones; sus mejillas, demasiado demacradas para su barba. Enrollaba un cigarrillo de yerba, lo inhalaba profundo y se lo pasaba a su conguero y a su flautista. Siempre les pedía a los jóvenes de la zona que abrieran sus *shows*, me dijo. Lo mantenían al día, y a menudo usaban muestras de su trabajo en los temas que luego componían.

Heron inhaló fuerte, separó los labios y dejó que el humo saliera de forma natural.

—Entonces, ¿cuál es tu historia?

—Nacida y criada en el oeste de Filadelfia.

—Muy bien. ¿Y tú de qué vas? ¿Cuál es tu historia?

Los músicos asintieron, aprobando la pregunta, esperando escuchar alguna historia alucinante, o simplemente conocer a una compañera de viaje. Pero yo me quedé como si "historia" fuera una palabra del vocabulario que nunca había aprendido, como si yo no tuviera nombre, mucho menos uno que rompía sus propias reglas, mucho menos uno que significaba revolución enmascarada de felicidad. Me quedé en blanco. Ese tipo había perdido sus admiradores, su peso corporal y algunos dientes, la poesía no pagaba mucho, pero nunca había perdido su historia. Tenía el *sobre mí* pegado a los huesos. ¿Quién eres tú, Quiara? ¿Quién es Quiara? *Who are you?* ¿Cómo es Qui Qui? ¿Quién? ¿Qué? ¿Cuándo? ¿Dónde? ¿Por qué? ¿Cómo? Eran preguntas de escuela primaria, y la mestiza graduada de una Ivy League no tenía nada que decir.

—Tu turno, cariño.

Subí al escenario. Hubo aplausos. Pulsé teclas. De mis cuerdas vocales salían notas musicales. Pero me sentía vacía como un tronco de árbol con las raíces expuestas. Escuchaba mis canciones como un espécimen de quirófano, como un espíritu que vagaba entre las luces del techo mirando su propio cuerpo anestesiado. ¿Qué caracterizaba a mis acordes y mis letras, me preguntaba, aparte de ser agradables? La vida es agradable. A veces es un poco dura. El romance se siente bien. Esa era la tesis de toda mi música: agradable y sin sobresaltos. Mis canciones eran una pantomima, como una cerca blanca alrededor de un jardín bien cuidado.

Los aplausos se repitieron. Un cuerpo con la forma del mío abandonó el escenario. *A continuación, un aplauso para...* El baterista golpeó un *groove*. El flautista se puso de pie y tocó un estribillo. El viejo poeta miraba los rostros negros, marrones y blancos entre las paredes de ladrillo. Su desaliñada chaqueta de cuero rozaba el micrófono.

> *Una rata fue y mordió a mi hermana Nell / y el blanquito está en la luna*
> *La cara y los brazos comenzaron a hincharse...*

El tipo era divertido, si la sal en el recipiente de azúcar te hacía reír. Era real en un mundo que prefería los disfraces. Era pobre en una ciudad de torres nuevas de cristal. Era desagradable ante una cámara que decía saluda y sonríe. La falta de adornos del viejo poeta rozaba la vergüenza. Sus palabras se clavaban como dedos en los ojos americanos. Zas, crac, chispa: te quemaste.

De nuevo sentí vergüenza. La misma de cuando me preguntaron si creía en Dios. La que me asfixiaba cuando los cubos de hielo tintineaban y yo sonreía y asentía mientras escuchaba el supuesto problema de los barrios pobres. La vergüenza que amaba mi silencio, que me abrazaba cuando me callaba, calentándome como un compañero en la cama. Quería acabar con ella, aventurarme por mi cuenta. Pero, sin el amor eterno que la vergüenza le profería a mi silencio, ¿hablaría y me congelaría hasta morir, sola en Estados Unidos, sin una manta que me calentara?

Esta no es la historia del salto de la pobreza a la riqueza y a la fama. Quien salte hasta el último capítulo no me encontrará tocando a la puerta del estudio de Larry Gold, anunciándole lo equivocado que estaba al rechazarme. Esta es la cuarentona Quiara emitiendo una alerta sobre la tormenta interna. Esta es la advertencia que le lanzo directamente al espejo: si pides una audiencia, más vale que tengas algo que decir. Y si tienes algo que decir, el reloj está marcando las horas que te quedan para decirlo. Estas son notas personales en las memorias que estoy redactando en mi escritorio a la 1:48 p.m. Es una tarde de octubre, el gris y la lluvia me saludan a través de la ventana. Y escribo una plegaria de escritora, con usted, querido lector, como testigo: Que el silencio, ese perenne seductor, no vuelva estas páginas demasiado apetecibles. Prefiero quedarme sola bajo las luces del escenario, honesta y abochornada como un viejo poeta.

* * *

—Estoy aburrida.

No lo dije de manera victoriana, como una dama de salón que suspira desde un sofá. Lo dije como un cosquilleo en la garganta, un nudo en el pecho, síntomas de problemas mayores.

—¿Aburrida? Eso no es propio de ti.

—Papá solía decir: "Entonces anda a leer un libro".

—¿Cómo está tu papá? ¿Sabes algo de él últimamente?

Me encogí de hombros. Estábamos en la nueva cocina de mamá. Mientras yo estaba en la universidad, mamá se había mudado de mi hogar de infancia a una casa histórica de paredes de piedra. Mamá se impacientó con mi lentitud con las papas y me arrebató el pelador.

—¿Te aburre la música? Bueno, ¿cuál es tu objetivo en la vida? Estás tocando con lo mejor de lo mejor. ¿Adónde quieres llegar?

—Ni idea. No tengo ni idea. Ese es el problema.

—Déjame preguntarte algo. —Mamá dejó el pelador y se lavó las manos—. ¿Cómo es que nunca te tomaste la escritura en serio? ¿Por qué no te dedicaste a eso de verdad?

—Escribo todo el tiempo.

—Quiero decir profesionalmente. Coño, hija, desde que eras pequeña yo estaba segura de que ibas a ser una gran escritora.

Mamá echó el arroz sin cocer en un colador y me lo pasó. Abrí la llave del agua y pasé los dedos por los granos, buscando piedras y trozos sin desgranar.

—Ese musical, *Sudor del río, sudor del océano*, ¡esa cosa era profunda! Nadie está haciendo cosas así. ¿Por qué lo dejaste?

Tenía razón. La noche de clausura desmontamos el set y al día siguiente me levanté como si nada. Luego al día siguiente, y al siguiente, hasta que me construí un refugio: las prácticas musicales en Filadelfia, el muchacho y la proximidad a Gabi. Sin embargo, había cosas personales que ninguna melodía ni ningún ritmo de los que hacía podían traducir; lugares a donde la síncopa y la disonancia, y las palabras, me habían llevado anteriormente. Seguía creyendo, a pesar del rechazo de Larry Gold y de la pregunta de Gil Scott-Heron, que podía ganarme la vida con la música si me esforzaba. Después de todo, la música me había sacado de la crisis cuando era más joven, arrastrándome hasta la orilla y salvándome del naufragio. Pero ¿me había acercado, me acercaría alguna vez a mí misma? De hecho, ¿podía un refugio hacer eso?

—Tienes una historia que contar, Quiara. Y con ese título de Yale, tienes los medios para contarla. Eso es más de lo que la mayoría consigue.

—Nunca lo consideré posible. Ser eso. Una escritora.

Y no tenía por qué haberlo hecho. Nunca me habían asignado un solo autor puertorriqueño, ni en los suburbios ni en la escuela pública de Filadelfia ni en Yale. Aparte de uno o dos regalos de Navidad de mamá, los escritores puertorriqueños eran como unicornios para mí.

—Acuérdate de Forest Lane. Te pasabas el día en esos bosques recitándoles poemas a los árboles, contándoles tus historias a los helechos.

Ahora mamá hundió su mano bajo la llave del agua abierta y tomó la mía para que el agua nos uniera. La repentina intimidad me molestó, pero ella me agarró más firme cuando intenté apartarme.

—Si pudiera pedirte un favor, Quiara... No me corresponde pedirle a mi hija, que ha sido la bendición y la afirmación de mi vida... Después de todo lo que me has dado, no tengo derecho a pedir nada.

—Pide, mamá. Por favor.

—¿No sabes lo mucho que te necesitamos? Tanta historia se va a ir a la tumba con la abuela. No le quedan muchos años. Son cosas que no están escritas en ningún sitio, Quiara. Y recuerda que, si no está escrito, no existe. ¿No te he dicho siempre el poder que tiene un estante de biblioteca?

Mamá me soltó la mano y volvió a las papas, pelándolas rápidamente. Después de que me confesó su deseo parecía avergonzada, incluso arrepentida. Seguí lavando el arroz mientras ella se limpiaba las lágrimas con la manga. Mamá nunca había pedido mucho. Yo era la aventurera artística, la alumna sobresaliente, motivada y disciplinada sin necesidad de orientación externa. Cuando me había pillado fumando un yerbo y siendo promiscua en la adolescencia, apenas me regañó. La vergüenza de que me descubriera fue suficiente para que yo decidiera enderezar el rumbo. Ahora ya no podía deshacer su petición, su sutil llamada a las armas que era más bien un llamado a volverme hacia el interior y lo personal.

Mamá me pedía que rompiera un silencio con el que había vivido toda mi vida. El silencio de la sociedad y el suyo propio y el de sus hermanas y su madre. El silencio había sido una armadura para mis mayores, preservación emocional ante el desprecio público y una vergüenza profundamente arraigada. Mamá mantuvo en secreto sus orichas para que su fe pudiera prosperar sin ser perseguida. Mis mayores mantuvieron el SIDA en secreto a causa de un machismo que afectó incluso a nuestras matriarcas más radicales. La adicción también era un secreto que se representaba fuera del escenario como una escena censurada. Lo mismo el analfabetismo. Pero quizás yo no necesitaba esos viejos silencios. Tal vez la supervivencia de mamá había allanado el camino para que yo hablara. Quizá a mí, parte de una nueva generación, me tocaba enfrentar nuevas cargas y batallas, entre ellas luchar por salir a la luz. Bajo tierra, mamá había construido magníficos tronos. ¿Podría yo construir un trono de visibilidad?

Me quedé frente al fregadero de la cocina. La cascada de agua cubría mis manos y el arroz. En mi mente aparecieron imágenes:

instantáneas de una infancia detrás de ochenta y ocho teclas. Tocaba al unísono con Champion Jack Dupree antes de que mis pies llegaran al suelo. Me acordé de lo amable que había sido Bach al dejarme aprender aquel minué en Sol, y de cómo me había empujado a aventurarme con obras más difíciles: fugas, zarabandas. De las visitas de los martes a Dolly Kraznapolski, que me hacía martillar el dedo meñique sobre el piano para adquirir rapidez. De tía Linda tocando a cuatro manos las *Danzas Eslavas* de Dvořák en su pequeño piano de cola, bendito *boom* de los pianos abiertos. De tío Rik y yo en las cabinas de sonido de Tower Records, intercambiando descubrimientos musicales. De cuando copié las tablas vocales para Wynton Marsalis. Del solo sin acompañamiento que escribí para Evan Ziporyn, el gran experimentalista del clarinete.

Ahora me sentía infantil por amar algo de forma tan acrítica, por saborear una comida sin censura ni templanza. La música, mi primer amor, mi autocomplacencia, mi balsa salvavidas, ya no era suficiente. Mamá me hizo ver la grieta que lentamente crecía en mi embarcación. Tenía que abandonar el barco.

Las imágenes dieron paso a los sonidos. Mi primer Coltrane. *A Love Supreme*; oh, santa oración; oh, insistente apertura. Los errores torpes en el aprendizaje de Chopin habían sido disonancias que me arrastraron a nuevas curvas, que se convirtieron en notas de apertura de mis preludios para piano. Los fuertes pulgares de Adimu Kuumba sobre una kalimba hecha de basura.

Cada recuerdo musical parpadeaba ante mí, me daba un beso ceremonial y luego se despedía con la cabeza.

Cuando todas las imágenes desaparecieron, me invadió una profunda quietud similar a la carga del aire después que pasa la tormenta. Era una atmósfera sedienta a la espera del próximo relámpago. No había conocido una calma tan absoluta. En un suspiro había abandonado lo que más apreciaba, y una vasta nada se extendía ante mí. Mis oídos se abrieron al silencio. Escuché vagamente: "¿Por qué yo tengo la Biblioteca Sterling y Nuchi no?". Esa pregunta olvidada se abrió como una flor. ¿Podría ser la misma pregunta que una vez rugió, monstruosa, en mi garganta?

—Mija, el arroz ya está limpio —dijo mamá.

Miré los granos. Estaban más que bien enjuagados. Había quitado las piedras y los granos defectuosos, un paso que solía saltarme por completo. Incliné el colador sobre el caldero barato de mamá, amarillento y manchado con la grasa de un millón de comidas cocinadas, y vertí los granos en el aceite caliente. Estos golpearon la sartén con un chisporroteo explosivo, un sonido que, como cualquier cocinero boricua puede atestiguar, significa que la comida va bien encaminada.

PARTE IV

*Romper, romper, romper
mi idioma materno*

30

ESCRIBIR ES UN MÚSCULO Y SE FORTALECE

—Hola, ¿puedo hablar con Quiara?

La voz desconocida tenía un tono pícaro y amistoso.

—Diga.

—¿Lo dije bien? ¿Quiara?

—Sí, gracias por preguntar.

—Es Paula Vogel.

Hice una pausa y tomé aire. Hacía solo unos meses, cuando había decidido convertirme en escritora y me di cuenta de que no tenía formación académica para eso y de que, además, había leído muy poco, había decidido que intentaría instruirme. Mientras buscaba programas de posgrado, había encontrado las obras de Vogel y me había impresionado. Sus personajes eran mujeres mal portadas, con corazones desordenados y una falta de vergüenza desbordante: eran madres de los suburbios que escribían porno para costear la ropa con que sus hijos iban a la escuela, hermanas promiscuas que perdían a sus hermanos a manos del SIDA, lesbianas agnósticas y asexuales. Vogel describía a estas mujeres falibles con humor, precisión y una creatividad estructural que era como sacarles el dedo del medio a los patriarcas engreídos que preferían a Arthur Miller. Me encantaba Arthur Miller, pero no estaba en contra de que le sacaran el dedo del medio. Los personajes de Vogel eran estupendamente contradictorios, mujeres con cuerpos complicados, a veces monstruosos, que chingaban, se divertían y le daban un giro retorcido a la integridad. Como recompensa por esas protagonistas, recibió el prestigioso premio Pulitzer y un profesorado en la universidad de Brown. Pude oír en su voz, ya desde el saludo telefónico inicial, la chispa de la alegría.

—¡Wao! ¿Cómo está usted, señora Vogel?

—Por favor, tienes que llamarme Paula. ¿Está bien?

—Claro.

—Ahora, tu musical. Acabo de terminar de leerlo y corrí al teléfono. Háblame de tu proceso. El idioma. ¿De dónde salieron esas palabras?

—Yo… Quiero decir… Las escribí todas.

Ella no se refería a eso. Era obvio que las había escrito yo. Se las había enviado como muestra de mi trabajo original, por el amor de Dios.

—¿Cómo se te ocurrieron los diálogos? —me aclaró, con gran curiosidad.

Busqué una respuesta ligera, pero no encontré ninguna. Ahora sé, mirando hacia atrás, que el guion que había presentado contenía diálogos exclamativos inspirados en los conjuros yoruba, como los que había oído en el salón de mi casa y los que había leído en los libros de mamá. Tenían la tonalidad clara e intencionada del babalao, la cadencia declamatoria e intensa de la oración. Pero entonces no podía descifrar de dónde procedía mi trabajo, mi persona. Era demasiado complicado y desordenado, todas las partes distintas entraban y salían de mí sin un patrón claro. Mi primer idioma era el inglés, el segundo el espanglish, el tercero el español y el cuarto el de la santería, el lukumí rudimentario obtenido en los libros. Pero no tenía vocabulario para ese vocabulario. Le dije a Paula la verdad.

—No sé —le dije.

Ella también podía sentir que me estaba pidiendo que describiera todo el abismo cuando solo me hallaba a mitad de camino en el puente. Le estaba preguntando sobre mecánica a alguien que jugaba por instinto. Así que me lo desglosó.

—Ogun. Cuéntamelo todo. ¿Cómo llegó Ogun a formar parte de tu vida?

Empecé a entender. El musical que presenté para acompañar mi solicitud al posgrado giraba en torno a un chamán de Ogun. Le conté a Paula un poco sobre el camino espiritual de mi madre. Tuve cautela de no utilizar la palabra "santería", que en aquella época todavía era malinterpretada y considerada maliciosa. El lukumí era una práctica ceremonial, le dije, cuyas oraciones e historias habían influido en mí, dándome acceso a un vocabulario de poder fuera del lenguaje cotidiano. Mamá me había regalado libros, le dije. Libros que estudiaba, subrayaba y saboreaba con una linterna después de que Filadelfia se retiraba a la cama. Le dije que había asistido a ceremonias y que había sentido la interacción dinámica de lo invisible y lo visible, lo antiguo y lo actual, lo material y lo indescriptible. Cuerpos en la oscuridad, respirando en comunión: ¿no era eso el salón de mamá? ¿No era eso también el teatro?

—¿Qué tan pronto puedes venir a Providence? —me preguntó—. Te llevaré a Horseneck Beach. Tienes que oler el Atlántico pronto, mientras el aire aún está fresco. Hay un local de portugueses de tercera generación, ¿te gusta la *feijoada*? Si tenemos tiempo, te llevo colina arriba hasta Little Italy. Hay un café con bancos de hierro fundido que miran al oeste. Allí los jubilados de la mafia comen helado de pistacho y ven la puesta de sol. Te ofrezco mi sofá por una noche, déjame convencerte de que te mudes a Providence por dos años. Oye, y espero que te unas a mi taller, que vengas a enseñarme cómo hacer lo que haces.

¿Enseñarle? ¿Cuando todavía no podía nombrar lo que hacía, ni siquiera en una conversación casual?

Paula me recogió en la estación de tren. Manejaba un carro compacto y adorable, con las nubes reflejándose sobre el capó platinado. No tenía ni un rasguño. Era un Honda Del Sol recién salido del concesionario. En el interior del carro de dos asientos había una mujer con una camiseta de Cape Cod, desteñida por el sol, cuyo color original ya no se distinguía. El cuello tenía agujeros y deshilachados. La camiseta, a diferencia del carro impoluto, seguía en uso mucho después de haber concluido su vida útil. Podía asegurar que su camiseta no había estado de moda ni siquiera cuando la compró. La falta de estilo de Paula me tranquilizó.

—¡La dramaturgia puede conseguirte esto! —dijo, golpeando el tablero del carro.

El cuentamillas solo tenía tres dígitos.

—¿Escuchas música cuando escribes? Aquí está el *playlist* de mi última obra.

Paula hizo girar el botón del volumen casi hasta el máximo. Hubiera jurado que era quizás Bonnie Raitt, pero no me atreví a preguntar. Luego me condujo a toda velocidad por la ciudad de Providence, con pie firme, sin detenerse en señales de Pare, señalándome los monumentos históricos, aparcando en doble fila para contarme de las curiosidades locales. Era una conversadora ágil, sin pretensiones, pura curiosidad y signos de exclamación. Cuando me contaba las anécdotas y chismes de la ciudad, bajaba el volumen. Cuando no hablaba lo ponía tan alto que los músicos del barrio del norte de Filadelfia se arrodillarían ante ella. Era un infierno sobre ruedas, vestida con mahones pasados de moda y con un brillo de niña de jardín infantil en los ojos.

—¡Preguntas! ¿Qué quieres saber? Seguro que se me olvidan cosas. Dispara.

Me quedé en blanco, insegura de lo que se debe preguntar al elegir un programa de posgrado.

—¿Tenemos asignaturas optativas?

—Toma cualquier clase en Brown que te guste. O no tomes ninguna, solo asiste al taller, escribe tus obras y vete a la playa todo el día. O al bar de mala muerte. La gente hace como mejor la parece.

El programa de Escritura Creativa estaba en un nuevo edificio tipo caja de cristal, aún en construcción, en una ubicación privilegiada frente al histórico patio principal. El edificio era fuente de orgullo para Paula. Abriendo una puerta recién pintada, fue en busca de cascos protectores y me llamó para que entrara. El polvo de la construcción me llenó los pulmones. La oscuridad sin ventanas me engulló mientras Paula buscaba a tientas en la pared el interruptor de la luz.

—Creía que habían puesto los controles aquí. Déjame probar arriba. ¡Ajá!

Las luces se encendieron.

—Nos quedamos sin presupuesto para poner reguladores a las luces del techo —se disculpó.

Ahí estaba el nuevo teatro de caja negra que habían construido gracias a los fondos que ella había recaudado. Todavía el divisor de cristal en el balcón estaba cubierto de cintas de papel marrón. Unos elegantes asientos de madera aguardaban por su primer público. Era un espacio lo suficientemente íntimo para lecturas de poesía, y suficientemente flexible para representaciones de teatro a pequeña escala. Incluso había un estrecho espacio para los bastidores y un camerino, dos cosas de las que carecían mis musicales en Yale.

—¿Te puedes ver produciendo tus obras aquí?

—Sí, señora Vogel —bromeé, usando su apellido.

—Hazme un favor —dijo Paula—. Escribe una obra completa en cuarenta y ocho horas y tráela el primer día. Hazlo en cualquier bloque de cuarenta y ocho horas que tengas disponible este verano. Júramelo por tu honor. Suena desalentador, pero la libertad te sorprenderá. Es un salto de fe. El récord lo tiene Nilo Cruz, ciento veinte páginas tras dos días de trabajo. Si lo haces, la produciré en este espacio.

Escribir 120 páginas, incluso sin un plazo de entrega, me parecía insondable.

—Escribir es un músculo —sonrió Paula—. Se fortalece.

Unos laberínticos pasillos desnivelados nos llevaron hasta el ala histórica del edificio, donde se encontraba la oficina de Paula, en el cuarto piso. Guiones de teatro descatalogados empapelaban los ángulos de la habitación. Sin duda, la oficina había sido antes un desván del edificio. Encontró *Tren nocturno a Bolina* y me regaló una edición de bolsillo.

—Pero es tu único ejemplar.

—Tráemelo de vuelta —dijo, y me guiñó un ojo.

Era la obra que había salido de la sesión de dos días de Nilo Cruz. Paula apiló otros libros en mis brazos, todos de antiguos alumnos, todos con códigos de barras legítimos y números de la Biblioteca del Congreso. Algunos incluso tenían ese papel con bordes naturales que era, en mi lista de deseos, lo más alto que alcanzaba a soñar.

—Léelas en el tren de vuelta a casa. Tengo curiosidad por saber qué piensas de Nilo —me dijo.

Los deberes se acumulaban incluso antes de que hubiera aceptado la oferta de Paula.

Paula me recordó que no tenía que pagar matrícula. Los participantes en el taller recibían un estipendio de dos años, suficiente para cubrir el alquiler y la comida. Nos pagarían por obtener el título de Máster. De nosotros se esperaba que, por dos años, hiciéramos de este nuestro centro, nuestro pan de cada día y nuestra vocación; que no solo nos empapáramos de la mecánica de la escritura teatral, sino que viviéramos la vida de escritores a tiempo completo. Un privilegio y una rareza, incluso entre los profesionales.

¿A dónde iríamos después? ¿A las tiendas de antigüedades? Los Pawtucket Red Sox servían unos deliciosos perros calientes, ¿quizás iríamos a un juego en la noche? Probablemente no había tiempo para pasar por el Cabo. ¿Has ido?

—Frente al molino de Orleans sirven un buen club sándwich de pavo. Luego caminas hasta la playa pública y metes los pies en el mar de la bahía. ¿Cuándo es tu cumpleaños? Perfecto, ¡club sándwich de pavo en septiembre!

Condujimos hacia el norte por la calle Hope y Paula fue clasificando los locales tailandeses que pasábamos.

—¿Rollos de primavera o de verano? —me preguntó.

Yo prefería los rollos de pizza del Chino Latino de titi Ginny.

—¡Ooh, tengo que parar aquí!

Paula se detuvo sobre la línea amarilla que demarcaba el carril, bloqueando el tráfico. Entonces puso los intermitentes y bajó la ventanilla.

—¡Ahí está el cementerio donde Edgar Allan Poe propuso matrimonio! Pero era un borracho y su prometida lo abandonó antes de la boda. ¿Te gustan las historias de fantasmas? —me preguntó.

Mi vida, le dije, era más o menos una historia de fantasmas, uno tras otro.

—Lo sabía, ¡me di cuenta por tu forma de escribir! Brown está repleto de fantasmas. Una vez al año traigo a los escritores a mi casa del Cabo y nos pasamos la noche contando historias de fantasmas y asando *marshmallows*.

Nos decidimos por Horseneck Beach. En el camino, Paula declaró que tenía que alimentarme. Un camión de comida al borde de la carretera tenía un letrero con letras casi desaparecidas que decían "cremería". Paula era más espontánea que los adolescentes chillones que se agrupaban alrededor de las mesas de picnic.

—¿Nunca has comido *moosetracks*, el helado de chocolate y mantequilla de maní? ¡Qué privilegio presentarte los *moosetracks*!

Paula me compró un sándwich de langosta y un cono de helado, y nos dedicamos a enumerar los primeros espectáculos que vimos, nuestras obras de teatro favoritas, los poetas que adorábamos. Recitamos de memoria nuestras palabras formativas. "Las suaves lluvias de abril", de los *Cuentos de Canterbury*; todavía podía recordar las primeras sesenta y cuatro líneas. Pasé a Shange. Menos palabras, pero más cercanas al hueso: "encontré a dios en mí misma / y la amé / la amé ferozmente".

Hablamos de historias de fantasmas que podríamos contarles a otros e historias de fantasmas con las que todavía luchábamos. Paula mencionó a un hermano suyo que había muerto de SIDA. Trajo a Carl a la conversación no como una víctima, sino como un faro. Sonrió, juvenil y afectuosa, al relatar sus últimos días. Me pregunté si tal vez ella conocía sobre mi familia. No había mencionado a Tico ni a Guillo ni a Big Vic en mi solicitud, y empecé a sospechar que me estaba manipulando, que había investigado sobre mí de alguna manera. Pero me di cuenta de que simplemente habíamos estado vivas en el mismo momento de la historia, tocadas por las mismas fuerzas.

Al pensar en mis primos de forma tan inesperada, me vino a la mente aquel viaje a Six Flags; la sensación de anarquía y expectación que experimenté al ir de paseo con mis ídolos, bestias salvajes y sabias. Su alegría era un gran "jódete" dirigido a un mundo lleno de odio. Por cada gramo de daño que recibían tenían dos de fuerza vital. Paula era como ellos. Si aquella tarde en Providence tomaba algún giro humillante, como tener la regla por primera vez en un estacionamiento, confiaba en que Paula bromearía hasta hacerme reír y me compraría la mejor maxitoalla en la bodega local.

—¿Y? ¿Cuál es el veredicto sobre los *moosetracks*?

—O sea, los conos de mantequilla de maní y…

—Eso es lo decisivo —dijo con una sonrisa.

Seguimos a toda velocidad hacia Horseneck con las ventanillas bajadas. En el estacionamiento, frágiles conchas marinas cedían bajo nuestros pies. A pesar de que el viento primaveral se metía por dentro de mi suéter de lana, me quité los zapatos y las medias, los dejé en el carro y sumergí los pies en la marea. El Atlántico se tragó mis tobillos. Sentí una emoción ardiente.

En la playa no hablamos. No había sonido salvo el ruido del océano y los ladridos de un perro *retriever* sin correa. Paula se quedó atrás, junto a una madera arrastrada por el mar. Los bautismos de marea alta, intuyó, son ceremonias sin palabras.

"¿Por qué a mí me toca la Biblioteca Sterling y a Nuchi no?". Mientras caminaba con los pies dentro del Atlántico que baña a Nueva Inglaterra, el viejo estribillo dejó de burlarse de mí. Adquirió una nueva claridad. Aunque no se materializaba ninguna respuesta, el enigma aprobaba mis coordenadas actuales. Paula y el océano parecían buenos lugares para buscar.

—No te preocupes —dijo Paula cuando me vio limpiarme los pies junto al carro.

El Honda Del Sol aún no había ido a la playa y ya era hora de bendecir el lado del pasajero con Horseneck. Metí las piernas en su nuevo vehículo y la arena se acumuló en el suelo.

***

Ya había hecho entrevistas en otras universidades de posgrado. Eduardo Machado, un refugiado cubano cascarrabias con barba de tres días, dirigía el programa de maestría en Arte en la Universidad de Columbia. Cuando llegué a su oficina, antes de que me sentara, me soltó "tres cosas que debía saber". Primero, que me habían aceptado. Segundo, que él podría dejar su trabajo en cualquier momento, dependiendo de lo que desayunara ese día. Y tercero, que Columbia no era lugar para mí.

—Hay demasiados estudiantes que pagan treinta mil al año, jóvenes ricos que viven en apartamentos de dos habitaciones en el Upper West Side. Lo siento si eres rica. ¿Lo eres? No lo creo. No escribes como rica. En fin, mis estudiantes me invitan a tomar vino y cerveza y ni siquiera puedo ir, es jodidamente deprimente. ¿Dónde más te aceptaron?

—En Brown.

—Vete a Brown. —Tenía la mirada de un rinoceronte flaco y trasnochado—. Olvídate de Nueva York. Diez años en esta ciudad y se te enfrían las venas. Ve a escribir tus obras. Retrasa lo inevitable. Date unos años, luego múdate aquí y deja que los críticos te masacren. Eres una dramaturga puertorriqueña —dijo—, no estás preparada para la hostilidad que recibirás al poner a esta gente en el escenario. ¿Esa vibra ingenua que tienes? Cuídala, no la desperdicies. Yo apenas puedo tocar un puto bolígrafo sin que me salga urticaria… El seguro no cubre la terapia… Anoche no pude poner un pie en mi propio ensayo técnico, me limité a pasear por Hell's Kitchen fumando sin parar. Entonces, finalmente, me deslicé a los asientos de atrás para ver. Cinco minutos de esa abominación y agarré el micrófono de Dios y grité ¿LEYERON MI MALDITA OBRA?

—¿Qué es un micrófono de Dios?

—El sistema de megafonía.

—¿Así que todo el mundo te oyó decir eso?

—Ya no me permitirán volver a mis propios ensayos.

Ahí se detuvo. No quiso hablar más del asunto, salvo para decirme que recibiría una beca parcial en Columbia y que me convenía no aceptarla. Sin agobios, habiéndose quitado eso de encima, había cosas más importantes que discutir: cosas como Ogun, cosas como lo lukumí y la diáspora. ¿Qué hacía una chamaca del oeste de Filadelfia exponiendo al aire libre tanta mierda y tabús? El público blanco se disgustaría, los latinos se enfurecerían. Ese rudo dramaturgo cubano, todo machismo y bravata, golpeado y abatido, era muy versado en santería. Cuba, por supuesto, era el eje caribeño de la influencia yoruba. Pero, para mí, la charla fue reveladora por otros motivos. Era la primera conversación adulta que tenía sobre el tema fuera de Filadelfia. Por fin no necesitaba la palabra "santería" para ayudar a un desconocido a localizar a mi madre. Por fin no necesitaba ser una guía turística por los pasillos más elementales de mi vida.

Amé la fuerza interior de este artista, su manera brusca e imprudente. La forma en que entrecomillaba en el aire la palabra "católico". Cómo la amplitud de mis conocimientos llamaba su atención. La idea de pasar dos años como su aprendiz, dos años de conversación sobre cosas que solo habían existido en la sala de mi hogar o en los libros, era estimulante. Pero sus cálculos eran correctos y él tenía razón: yo estaba demasiado verde, y él, demasiado amargado. Que me lo advirtiera fue de una generosidad que nunca olvidaré. Me deseó una gran carrera y pareció maldecirla al mismo tiempo. Luego me acompañó a la puerta.

31

EL LENGUAJE ROTO

o primero que hizo Paula Vogel fue disuadirme de la idea de que tenía que ser leal al inglés. El idioma que aspira a la perfección —me dijo— es una mentira. Shakespeare lo sabía, y escribió mal el inglés hasta que los diccionarios tuvieron que incorporar mil palabras nuevas. Tennyson lo sabía en 1835 cuando él, el Gran Poeta, utilizó una sola palabra para expresar una inmensidad. Romper, romper, romper. Paula nos contó que un taxista alemán le había preguntado a un pasajero a dónde iba. "A una audición", respondió. "¿Puede ir cualquiera?", le había preguntado el taxista. Entonces se había estacionado, memorizado los diálogos y conseguido un papel. Pero se enojó. El teatro mentía. Los personajes hablaban con una poesía florida: los campesinos y los jueces hablaban con el mismo vocabulario y elocuencia. Pero la realidad era otra. Las escuelas de Berlín no les daban a los jornaleros como él las herramientas para expresarse bien. Así que se convirtió en dramaturgo, y de tan pobres sus personajes a menudo ni siquiera hablaban.

—¿Tu español está quebrantado? —me dijo Paula—. Entonces escribe con tu español quebrantado.

* * *

Comparada con mi cohorte, yo estaba para mi vergüenza poco preparada. Había leído y olvidado solo una pieza de Ibsen y ninguna de Chejov, nombres que los demás citaban con reverencia. Mis compañeros de clase habían estudiado teatro y eran lectores empedernidos desde el vientre materno. Tenían padres profesores y madres periodistas. Algunos tenían producciones profesionales en su haber. Citaban, con nostálgico autodesprecio, los títulos fundamentales de las estanterías de sus padres. Qué Jane Austen había sido la primera, qué Nabokov habían leído demasiado jóvenes. Los nombres de esos autores me eran familiares, pero nunca los había leído. Ya bien entrada en los veinte no tenía excusa para ignorar la literatura occidental que existía más allá de la *Antología Norton* de duodécimo grado y de los tres cursos de literatura que había tomado en la universidad. Qué tonta había sido al pensar que dominaba el inglés y el canon occidental porque podía medir a un Duchamp o saber qué nota de Chopin requería el cuarto dedo o el pulgar, o porque un profesor de Inglés había intentado una vez, mientras tomábamos un costoso café con leche, que me cambiara de especialidad en la universidad. En Brown, mi habilidad, que hasta entonces creía desarrollada, se reveló como realmente mínima.

Nuevamente me sentí cautelosa sobre la sala donde había crecido y que había dejado atrás. No había ningún Henry James en casa de mamá, así que no tenía ni idea de por qué tenía que voltear los ojos si alguien mencionaba su nombre. Nunca me había topado con un capítulo obsceno de Freud porque papá no tenía ninguna habitación etiquetada como "estudio", mucho menos estanterías en su interior. Mientras que en su infancia mis compañeros ojeaban fugazmente libros de psicología sexual, la mía la pasé de pie en el cuarto del altar de mamá, levantando con mis dedos la tapa de una sopera de oricha con cautela y reserva. Las cosas que había vislumbrado siendo quizás demasiado joven, mi versión de Freud, no encajaban en el juego de sus charlas.

La mayoría de mis compañeros crecieron haciendo teatro en la escuela o en la comunidad, y estaban bien versados en los clásicos populares, hecho que admitían con ensayada vergüenza. Sabían qué dramaturgos eran *déclassé*: la mayoría. Los griegos merecían consideración. Stoppard, a la mierda. Yo había leído a ambos y entendía la jerarquía. ¿August Wilson? Púrpura. ¿Albee? Muy seguro de sí mismo. Yo no había leído a ninguno. Apenas podían tolerar a escritores que admiraban, como Tony Kushner. Los pocos dramaturgos que yo reivindicaba como influencia, Ntozake Shange y Arthur Miller, no me ganaban miradas de admiración. "Curioso", parecían decir sus apretadas sonrisas. Volví a la escuela para adquirir fluidez teatral, así que llevaba una lista mental de lecturas, independientemente de sus dignos veredictos. Durante cuatro años se me había juzgado según las jerarquías estéticas de la escuela de música de Yale. Eso significó desaprender el merengue, olvidarme de aquella fiesta del 4 de julio, convertir el seis con décima de Ramito en un pasatiempo de dormitorio. En Yale, la música no era para bailar, excepto las danzas barrocas. La música, además, no era un proyecto social o comunitario. Por encima de todo, la música no necesitaba sonar bien si su construcción, filosofía y perspicacia intelectual eran sólidas. Durante cuatro años había compartimentado la bomba y la plena mientras trabajaba toda la noche en series de doce tonos. Si repetía eso en Brown, dándole a la Academia una gran oficina y relegando el sabor local a pequeños cubículos, sabía que pasaría dos años resentida con la dramaturgia, igual que había pasado cuatro en una pelea pasional con la música.

Mis compañeros proclamaban su adhesión a varias escuelas. Teatro de la Crueldad, la Nueva Dramaturgia. Yo asentía con la cabeza, pero en realidad no sabía de qué hablaban. Durante el taller, un compañero se quejó de que su dramaturgo había detectado una falta de ortografía en el guion de su obra.

—¡Falta de ortografía! —se quejó—. Fue una estrategia estilística intencionada. Yo no cometo errores tipográficos.

Cuando él habló, ya yo había circulado mi borrador entre los asistentes al taller. Me puse rígida. Con el espanglish y el yoruba trenzados en mi diálogo, el corrector ortográfico no era un aliado. De hecho, el autocorrector saboteaba mis frases a diario. Además, las palabras yorubas, en su paso por las aguas del Atlántico, las islas y los siglos, habían adquirido varias grafías. La que yo denominaba Yemayá era también, según mi biblioteca personal, Yemonja, Iemonja o Yemoja. El oricha del rayo podía escribirse Shango o Changó.

Mi cohorte tenía un dominio impresionante del idioma. Sus borradores eran sofisticados, con tramas imaginativas y agudas sorpresas estructurales. En comparación, los míos parecían ingenuos, con tramas melodramáticas y diálogos poco precisos. Un día, después del taller, una compañera me habló en el pasillo. Yo había visto una de sus obras en un gran escenario de Filadelfia y había sido asombrosa, de ensueño. Su trabajo y los logros de su carrera me maravillaban. ¿Qué podría estar buscando ella en un programa de posgrado?

—¿Puedo darte una sugerencia? —me preguntó—. Tus diálogos son gramaticalmente correctos. Cada línea tiene una sintaxis perfecta. Pero la gente de verdad habla en fragmentos. No todas las líneas necesitan un sujeto, un sustantivo y un verbo.

Me olvidé enseguida de su impresionante escritura. "¿Quién carajo te crees que eres?", pensé. "¿Quién te dio derecho a venir a decirme cómo habla la gente?". Pero entonces recordé las marcas dinámicas de Chopin y Bach: *staccato* y *legato*. La gramática también podía ofrecer la misma variedad. Esa noche reduje casi todas las líneas de mi borrador a tres o cuatro palabras. Un párrafo se convirtió en una palabra. Funcionó, ella tenía razón. Mi diálogo se había desatado de una faja.

Admitir mi ignorancia, no con orgullo sino con franqueza, era la única estrategia viable. Le confesé mis lagunas a Vogel, quien me asignó una lista de lectura de un centenar de obras. Debía entregarle mis comentarios por escrito el último día de clase; la gestión de la carga de trabajo corría por mi cuenta. Así llegó una nueva serie de primeras veces. Mi primer August Wilson. Mi primer Edward Albee. Mi primer Caryl Churchill. Mi primer Harold Pinter. Mi segundo, luego tercero, luego quinto Nilo Cruz. Al principio de la lista de Paula estaba *Roosters*, de Milcha Sánchez-Scott. Era una obra poco conocida, ambientada en el sur de Estados Unidos, que exploraba el mundo de las peleas de gallos chicanas. Los diálogos y la trama eran un poco banales, los personajes nunca cobraban vida realmente y, sin embargo, las indicaciones escénicas de la obra eran una revelación. En ellas se detallaba cómo las escenas de las peleas de gallos, que no pueden traerse a ocho funciones a la semana ni es ético presentar en el escenario, no debían ser representadas por aves, sino por humanos practicando artes marciales. El autor tampoco permitía disfraces de gallo. Era revelador que un ritual pudiera sustituir a otro, que un espacio vacío creara la posibilidad de ser doblemente mítico.

Como si le susurrara a mi voz naciente, Paula sabía qué autores poner primero. La lista no era cronológica ni estaba ordenada según el canon. Por el contrario, la había ordenado teniendo en cuenta mis curiosidades y los mecanismos de la dramaturgia que aún no había encontrado. La amplitud de los conocimientos de Paula sobre las obras contemporáneas era inescrutable, e incluso era una ferviente partidaria del teatro de serie B. Así que, en lugar de asignarme una de las elogiadas obras maestras de José Rivera, me hizo empezar con *Sonetos para un siglo antiguo*, una rareza olvidada con una estructura ecuménica como una misa dominical desternillante. Se trataba de una serie de monólogos terrenales, eufóricos y meditabundos que sucedían en un orden similar al de los himnos de la iglesia. Pero con contenido para adultos. Al terminar, leí la biografía del autor. José Rivera era puertorriqueño. Lo había sentido al volver a leer y saborear cada monólogo antes de pasar al siguiente. Su poética, que presentaba el cuerpo humano como un animal pusilánime, marchito y sagrado, resonaba en mi interior. Sus palabras hablaban del mundo de abuela. Nunca mi educación y mi cultura boricua habían convergido en un espacio. Abrí la primera página y leí los *Sonetos* otra vez.

Al saborear las primeras obras de la lista de Paula tuve que obligarme a permanecer sentada, a leer hasta las últimas líneas, a llegar al final de la obra antes de salir disparada hacia mi escritorio. Cada nueva obra requería una aclimatación, era un ecosistema. Estaba digiriendo un cosmos y construyendo el mío propio.

Como había prometido, Paula nos llevó al Cabo. Creo que era un equinoccio, de otoño o de primavera, pero tal vez solo fuera que la luna se había posado en algún precipicio. Llegamos al anochecer y nos acomodamos mientras nos contábamos historias de fantasmas. Paula nos contó una historia macabra sobre unos dedos de los pies color púrpura y sin cuerpo. Nos distribuimos en varias habitaciones, en los sofás y en el suelo, y nos despertamos con dunas de arena blanca y cegadora afuera de cada ventana.

—¡La dramaturgia te puede dar esto! —dijo, levantando las persianas y preguntándonos cómo nos gustaba la avena.

Era una de sus frases de propaganda favoritas. No teníamos que ser artistas hambrientos. La escritura nos podía proporcionar lujos que no nos habíamos atrevido a buscar de jóvenes. Una casa en el Cabo, un carro descapotable nuevo, el premio del Pulitzer.

Pero no era el pago potencial lo que me aceleraba el pulso. Lo que me iluminaba y mareaba por igual era la noción de que ningún hemisferio terrenal o dirección postal venía con una corona estética; era descubrir que la tarea consistía en poner el mundo propio en escena; era la forma en que la curiosidad saturaba y llenaba de energía a Paula; era su entusiasmo por el siguiente punto en la lista de tareas, la forma en que brillaban sus ojos despreocupados mientras nos preparaba la avena. Ojos sin cansancio. No había conocido a muchas mujeres con ojos así.

La avena tardó un buen rato en cocinarse. La avena instantánea, dijo, era cosa de impíos. Paula puso sobre la mesa un bufé de ingredientes: azúcar negra, sirope de arce grado A comprado directamente al productor, arándanos secos, pasas, linaza.

—A mi edad, ir al baño con regularidad es un regalo del cielo.

También colocó ramas de canela para mezclarlo todo. Observé cómo servía la comida en los platos hondos, y escuché cómo las cucharas alzaban los primeros bocados. Pero, cuando llegó mi turno, puse la mano sobre el plato y rechacé la avena. De pronto me dio miedo probar la comida de Paula; tuve reticencia a caer del todo bajo su hechizo y luego despertarme avergonzada de haber mostrado demasiada piel. Era mejor tomármelo con calma para no quemar la vela del amor de una sola vez. Preferí no dejar que la avena bajara mis defensas, no permitir que su magia me empujara hacia la aquiescencia total. Aunque me salté el desayuno, disfruté del aroma y del delicado tintineo de la cuchara sobre el recipiente. Mientras conducíamos por la autopista 195 Oeste de vuelta a Providence, mi estómago se revolvía, gemía y rugía. Tenía hambre. Eso era bueno para mí.

32

SOBRE LA OBSCENIDAD

"Encuentra a tus cómpañeros de viaje" era un principio básico de la enseñanza de Vogel.

"Cuando se te abra una puerta, invita a alguien a entrar contigo" era el lema sagrado de Paula, y lo repetía a menudo.

* * *

Al comienzo de cada semestre la puerta se abría y Paula entraba al salón con un baile de duende. Nos decía que estábamos de suerte, tamborileando los dedos como si se tratara de una gran broma. Luego presentaba a su próximo artista invitado y, con ojos brillantes, enumeraba sus logros: agitadores del centro de la ciudad, artistas de funciones, guionistas de óperas de *punk-rock*, fundadores de colectivos teatrales con nombres como Split Britches y The Five Lesbian Brothers. Luego volvía a abrir la puerta y los invitados, que habían estado de pie en el vestíbulo, incómodos y solos, hacían su aparición real, avergonzados y honrados por el *show*. Eran, como Paula, artistas con inclinación a las travesuras. Sus compañeros de viaje.

Una de las personas que estuvo detrás de la puerta fue Holly Hughes.

* * *

En la escuela secundaria, si tuve compañeros de viaje fueron Keith Haring y Spike Lee. Viajaban conmigo por toda Filadelfia, como monedas para el SEPTA de mis aspiraciones juveniles como artista. Mi mochila de octavo grado era un quiosco de botones de Haring: "Silencio = Muerte", "Sin condón no hay amor", "¡Día nacional de salir del clóset!". Guardar los dos dólares del almuerzo para alquilar *Haz lo correcto* tenía todo el sentido del mundo. A los anarquistas tatuados de pelo largo que trabajaban por un sueldo mínimo en West Coast Video no les importaba que la niña de doce años que yo era rentara una película categoría R. Pasé tantas tardes mirando esas tensas escenas de Brooklyn: Radio Raheem gritándole a los dueños de la tienda: "¡D, *motherfucka*, D!"; Radio Raheem con su radiocasete al hombro mientras Chuck D gritaba: "*I'm hyped cuz I'm amped, most a my heroes don't appear on no stamp*"; Sal sacando un bate de béisbol de detrás del mostrador de la pizzería para golpear el radiocasete de Raheem hasta que los circuitos estallaran como globos oculares; la policía irrumpiendo, el garrote sobre el cuello de Raheem, sus tenis dando patadas en la lucha, luego moviéndose con debilidad, luego inmóviles; la muerte tan de cerca y vista en sus tenis. Volvía a ver los zapatos inmóviles de Raheem una y otra vez, una y otra vez. En octavo grado, mis primos todavía no se habían convertido en Radio Raheem, pero

esa película fue una profecía de muchas maneras. Spike Lee fue
una llamada de atención, un dedo medio alzado, un alambre en
la garganta de la nación.

En 1993, en el segundo año de la escuela superior, el estilo
de arte de género "que se jodan los yuppies, la vida es un caos",
además el de "nombraré mi herida sin disculparme" sufrió un
duro revés. El Congreso protestó y la Fundación Nacional para
las Artes paró el financiamiento a los artistas. La medida, que
cambió el tono nacional de lo que producían los artistas. Los
artistas demasiado desenfrenados o contraculturales corrían el
riesgo de no recibir fondos. Antes, si Mapplethorpe conseguía
cincuenta mil dólares, no necesitaba luz verde de ninguna institución, podía revelar sus fotos y costear su propia exhibición.
Después, las instituciones se convirtieron en la única vía para
acceder a fondos para producir arte. Podías ir al museo o al teatro y ver algo que te virara el corazón al revés, pero era muy
difícil encontrar algo que cuestionara las vías de acceso a dichas
instituciones. Nuestra aguja rebelde nacional se inclinó hacia lo
agradable, lo comercial y lo sostenible. El arte pasó a ser un servicio de suscripción renovable.

Me enteré de eso a través del Canal 1, una cadena que contaba con la aprobación del Consejo de Educación y que transmitía anuncios comerciales de once minutos haciéndose pasar por
programas de noticias. Los lunes, un profesor ponía un carrito
con un televisor frente a la pizarra y daba paso al lavado de cerebro de nuestras mentes. El episodio sobre Los Cuatro de la Fundación Nacional para las Artes era once minutos de teatro sobre
el líder de Twisted Sister, Dee Snider y los infames látigos de
Robert Mapplethorpe. Como no mostraron las obras ofensivas
aludidas, me obsesioné con buscarlas. Lo que sí mostraron fue

a Jesse Helms y Tipper Gore meándose en los pantalones por la supuesta obscenidad. Esos artistas eran almas depravadas que, según Helms y Gore, se untaban mierda en el cuerpo desnudo y le llamaban a eso "arte". Aun así, esa emisión de Disneylandia me dio a conocer a Los Cuatro de la Fundación Nacional para las Artes, así que tuvo su mérito.

Almorcé en la biblioteca, pero la sección de publicaciones periódicas no estaba completa. Después de clases me dirigí al centro, a la sucursal principal, en la calle 19 y Vine. Tenía que echarle un vistazo a la "basura desagradable, insultante y repugnante producida por mentes obviamente enfermas" que Helms aborrecía. ¡Buen argumento de venta, Senador! Resulta que Holly Hughes, Karen Finley y compañía no se orinaban ni se masturbaban frente al público ni se embadurnaban de mierda. Descubrí a artistas que hablaban con franqueza, en el caso de Finley, también desnudos, sobre la sexualidad, la homosexualidad y el cuerpo. Sí, algunas cosas eran definitivamente obscenas, un claro valor agregado, pero otras eran hermosas.

Haberme expuesto a todo eso lograba algo que mi familia no podía hacer. Por aquel entonces, las muertes de los Pérez eran dolores sordos sin palabras, signos silenciosos de interrogación. Si mi familia no se atrevía a pronunciar en público la palabra SIDA, esos artistas la gritaban a toda voz y la reivindicaban. ¿La colcha sobre el SIDA de la Central High, el ensayo sobre la muerte de Tico que leí en la Alcaldía? Todo eso ocurrió después de que Holly Hughes y sus colegas entraran en mi vida. Su trabajo me permitió reclamar mis silencios en voz alta.

La clase de Historia de Estados Unidos fue menos aburrida ese mes. Escribí un informe sobre la poética malhablada de Los Cuatro de la Fundación Nacional para las Artes. Así fue como pude dominar el sistema decimal Dewey, rastreando colecciones en busca de arte obsceno. Las microfichas me causaron muchos dolores de cabeza gracias al intenso odio hacia el *death metal* por parte de Tipper Gore. Mi pobre profesor de Historia de Estados Unidos probablemente tuvo que confesarse después de calificar mi informe sobre el libro. Rodeó la mitad de las palabras con tinta roja y escribió notas en los márgenes como "no apropiado" e "innecesariamente explícito". No me devolvió el informe calificado a mí, sino al director. Pero no pudo negarme la A más; mi investigación era impecable.

* * *

Había pasado una década desde aquel informe sobre el libro. Ahora tenía veinticinco años. Aun así, cuando Paula abrió la puerta y entró Holly Hughes, me dije: "¡Claro que sí, gracias a la vida, yo nací lista para esto, PEEEERRA!". La microficha contenía una pizca de la mujer: su amplia sonrisa y su pequeña estatura. Pero nada decía de su cacareo fácil y fuerte, ni de su efervescencia saltarina de un perrito *terrier*. Las sobresalientes líneas de su cara eran un ábaco de los buenos momentos que había vivido.

Hughes fue directamente al grano, demasiado entusiasmada para juegos de nombres o calentamientos.

—¡Hagan una lista de sus identidades!

Más que decirlo, lo gritó. Hubo una pausa mientras esperábamos más indicaciones.

—Ese es todo el ejercicio. Una lista de sus identidades.

—¿Tenemos que explicarlas o como elaborarlas? —preguntó alguien.

—No. ¿Cinco minutos les parece bien? Vamos.

La tarea me devolvió a la prueba de ensayo del doctor Phillips. "Flannery O'Connor utiliza el tema del fuego en su obra. Elabore". Una pregunta tan escueta que era un reto.

Todas las identidades… Empecé con las que había elegido. *Pianista. Poeta. Compositora.* Hay identidades que me fueron impuestas, cosas del censo. *Mujer. Latina. Boricua. Mestiza. Veinteañera.* Había alter egos. *Estrella de rock. Niña que salva el mundo. ¡Muchacha del Barrio!* ¿Qué más, qué más? Me aflojé, me puse juguetona. *Aprendiz de chef de arroz blanco. La muchacha de las caderas rígidas. La niña que se esconde en la escalera de abuela durante la fiesta.*

Entonces se precipitaron, con fuerza y pesadez, como si hubiera abierto una llave de agua o una tubería de agua hubiera estallado. Los temblores me recorrieron la mano, las rodillas, los hombros. Tragué aire como un pez caído afuera de la pecera. Mi bolígrafo se movía, eso sí lo podía sentir, pero de otra manera. La tinta era autónoma, no respondía a mi cerebro. Había pasado una década desde el examen de redacción del doctor Phillips, pero la misma violencia me desgarraba, el mismo calor volcánico golpeaba mi corazón, mis pulmones, mi laringe. Sentía como si me estuviera rasgueando, asfixiándome. Holly Hughes y mis compañeros de clase se desvanecieron. Mi mano atacó la página sin domesticarla, como una espada en la batalla. Sentí que iba a vomitar en cualquier momento. Una parte de mí suplicaba: "¡Para! ¡Para!". Pero otra parte, que no buscaba permiso, se emocionaba ante el precipicio. Sube a la ola, agarra las riendas, monta la bestia.

Entonces se acabó el tiempo. Todos comenzaron a leer sus listas en voz alta. Sé que fue grosero que, en lugar de escucharlos, intentara reaclimatarme. Volver a tomar conciencia era algo con lo que estaba familiarizada. Sabía cómo hacerlo. Estás atrapada bajo el agua, nadando a contracorriente hacia la superficie; la luz del día se acerca y el aliento, por fin, te encuentra. A juzgar por el comportamiento de los demás, no había hecho nada inusual. ¿Habrían visto mi temblor? Por un momento me sentí como si me hubiera desplomado en el suelo, agitando el torso y retorciendo las piernas. Pero nadie miró hacia mí. Dejé el bolígrafo. Masajeé mi mano palpitante.

Las listas de mis compañeros tenían diez elementos, quizá veinte. Sus identidades tendían a ser precisas y objetivas: género, sexo, edad. Hojeé mi libreta y vi una lista que se extendía por páginas. Algunas tenían dos o tres columnas. Mis identidades no eran exactas ni objetivas, ni estrictamente autobiográficas. Al leerlas en voz alta cada una de ellas me resultó obvia, aunque sorprendente.

Culo gordo

Junky

Adicta al *crack*

Narcótica anónima

Graduada de Yale

Analfabeta

Bruja

Reina de la asistencia social

Caderas fuertes

Del oeste de Filadelfia

Del norte de Filadelfia

Médium

Santera

Quaker

VIH positivo

Yo estaba en algún lugar de la receta, pero no era el ingrediente principal. Cuando me pidieron que me nombrara a mí misma, nombré a las mujeres Pérez, mi árbol genealógico matriarcal.

Cada oricha es una fuente de energía, con poderes creativos y destructivos particulares. Yemayá para la superficie del océano: sus ondas, remolinos y tsunamis; sus caderas de agua salada, la esencia de la vida materna. Oyá para el tornado: los vientos. La cosmología de mis primos también estaba dividida en fuerzas especializadas de creación y destrucción. Flor era: yo-salvaje, yo-promiscua, yo-drogadicta, yo-recuperada, yo-arrepentida, yo-en-coma-depresivo, yo-renacida, yo-la-de-la-oración-de-la-serenidad, yo-la-que-ríe-en-alto. Nuchi era: yo-luchadora-callejera, yo-la-bromista-que-más-dice-la-verdad-en-todo-el-norte-de-Filadelfia, yo-la-que-habla-mierda, yo-analfabeta, yo-sentada-en-el-fondo-de-la-clase, yo-la-que-enciende-un-yerbo-con-mi-hijo-adolescente. Mary Lou: era yo-la-que-me-casé-en-la-iglesia, yo-la-que-me-reía-hacia-arriba, yo-madre-joven-y-estricta, yo-la-que-sacudía-las-nalgas-como-si-mi-alma-dependiera-de-ello, yo-la-que-iba-a-salir-del-barrio, yo-la-que-murió-demasiado-pronto. Cuca era: yo-cuidadora, yo-leal, yo-virgen-hasta-la-boda, yo-pantis-de-abuela. Gabi era: yo-barriga-planeta-tierra, yo-insolente, yo-diva, yo-acosada-por-mi-peso, yo-disléxica-humillada, yo-lengua-afilada-para-ocultar-las-lágrimas.

Mi panteón era mis mujeres Pérez, mis costillas y el barro bíblico. De su carne áspera y mortal se formó mi ritmo y mi gusto. Que estuviera a trescientas millas de Filadelfia no significaba que me desligara de ellas. Cada milla de distancia magnificaba un yo que siempre había intuido, pero que acababa de nombrar. Mis primas eran los yos de Dios dentro de mí.

No eran la fe que yo había elegido. Como los fantasmas que visitaron a mamá cuando tenía cinco años, mis primas me habían elegido a mí, llamando a mi puerta a medianoche y permaneciendo portentosas junto a mi cama después de que hube negado y buscado a Dios tantas veces, después de que hube pasado tantas horas en los bancos de los cuáqueros, leyendo libros en yoruba, estudiando oraciones en lukumí. Solo para que el universo me sonriera una década después y me pasara una nota en la clase de Escritura Creativa. *Naciste dentro de esta iglesia, Qui Qui.*

33

LA BEBIDA FRÍA SE CONVIRTIÓ
EN UNA OBRA DE TEATRO

Pa había pasado sus años de infancia en Barranquitas, un pueblo agrario y montañoso del interior de Puerto Rico. El sol del mediodía irradiaba con tanta fuerza que derretía las tardes, templadas por amaneceres y noches frescas. Todas las imágenes de postal de PR, sus aguas turquesas, su arena blanca, su horizonte plano y reluciente, son de la costa. Pa no conoció el océano hasta que cumplió cinco años. Su horizonte había sido un zigzag verde tras el cual el sol, en lugar de ponerse, descansaba suavemente; una camisa tendida sobre el brazo de un sillón.

Barranquitas era un terreno exuberante, tierra de cultivo. Los residentes podían entrecerrar los ojos y decir, a diez montañas de distancia, qué manchas verdes eran sembrados de plátano y cuáles eran ñame. La hora pico sonaba a cascos de caballos sobre grava. Los autos no eran raros, pero los caballos eran cautelosos y se mantenían en la carretera, mientras que los vehículos tenían la desagradable costumbre de volcarse en las curvas. Por la noche, el estruendoso coro del coquí era lo más parecido a un silencio monástico.

La mayoría de los hogares tenían radios de baterías. Algunos se beneficiaban con entregas ocasionales de hielo. Pero las bombillas y los frigoríficos no formaban parte de la vida de Barranquitas. La electricidad aún no había llegado a la montaña.

Todavía me sorprende que no hubiera electricidad. Nada de contar ovejas, uno de mis trucos para dormir en la adolescencia era imaginar a Pa de cinco años, sin otra luz nocturna que la luna. Por necesidad su vida se estructuraba según un reloj que marcaba apenas dos momentos: el amanecer y el anochecer. Es difícil de comprender para una niña del oeste de Filadelfia. Nunca había estado en un lugar donde no hubiera enchufes. ¿Sin televisión? ¿Sin Nintendo? Mierda, ¿por qué no hacían lo que todo el norte de Filadelfia hace cuando se olvidan de pagar una factura de luz? ¿No podían pasar una extensión a través de la ventana del vecino? ¿Tal vez cocinarles chuletas como agradecimiento? Si un aire acondicionado hacía cortocircuito a mediados de agosto, yo corría al sótano y cambiaba el fusible.

"¡Bebida fría! ¡Bebida fría!". Esa historia era mi *video-on-demand* antes de que existiera tal cosa. Pa nunca dudaba en complacerme. "¿Aún no te has cansado de esa?", me decía. Entonces su voz subía de volumen, su sonrisa se hacía más amplia y sus manos peludas empezaban a moverse, abriendo un camino hacia el pasado.

Había sido así: Pa tenía cinco años el día que su tío había pasado por ahí, un domingo, probablemente después de salir de la iglesia. "¿Has visto alguna vez la ciudad?", le había preguntado. Pa jamás había visto la ciudad, así que el tío le dijo "¡súbete!", y la camioneta salió tosiendo hacia el norte. Las curvas de la carretera sin asfaltar se convirtieron en bulevares de hormigón.

Los bambúes del borde del camino se convirtieron en farolas de hierro fundido. En Barranquitas, las bromelias crecían en pequeños rincones. En San Juan, las palomas se acurrucaban en esquinas oscuras. Tanta gente y carros en un mismo lugar. "¡Wao!", decía Pa, ya de adulto, con los ojos muy abiertos, como si tuviera cinco años otra vez. ¡Y los anuncios de las tiendas! Letreros pintados. Letreros iluminados. Cada uno de ellos, una declaración de presencia. Algún día quiero un cartel, decidió el pequeño Pa. Su tío encontró un mostrador de refrescos cerca de la plaza. "Tu primera Coca-Cola, ¡disfruta!", le había dicho. Pero cuando Pa se la llevó a los labios, chilló y dejó caer la botella. "¡Me picó!", gritó. Pa se agarró la palma de la mano, que le ardía. "No te picó, está fría. Es una bebida refrigerada", le explicó el tío. En la finca, la leche que se servía con la cena estaba caliente como una ubre. El agua de coco también se tomaba cálida; las cáscaras del coco eran termos naturales. Pa levantó la botella del suelo. Su grueso cristal no se había roto con la caída. Quedaba la mitad del refresco. Sujetó la botella, decidido, y se bebió el contenido en tragos grandes. Para cuando le mostró a su tío la botella vacía, sintiéndose muy sofisticado, el pequeño Pa se había decidido. "De donde sea que venga eso, yo quiero ir allí".

Aquellas habían sido ansias premonitorias. Durante los años siguientes, sus padres y hermanos se fueron trasladando al norte de Filadelfia. Habían nacido nuevos hermanos, para un total de doce, la Docena Jíbara. A los dieciséis años, Pa dejó la escuela superior para encargarse de una tienda de alimentos que tenía un letrero y vendía bebidas frías. A los veinticinco años, se graduó del Job Corps y obtuvo trabajo bajo el sindicato como maquinista. Y a los treinta, dejó su empleo bajo el sindicato para invertir en la compra de edificios en el norte de Filadelfia, lo que permitió que sus hermanos pudieran abrir sus propias tiendas. Cuanto más deteriorado estuviera el lugar, mejor. Cada lote destartalado era un futuro cartel. CASA EN ALQUILER. 1 HAB DISPONIBLE. SANCHEZ BAR & LOUNGE. Tenía muchos y variados letreros. Para cuando Pa me adoptó, visitaba Barranquitas una o dos veces al año. Cuando me enseñó por primera vez su ciudad natal, las orquídeas y el cielo estriado me llamaron la atención, pero él señalaba los tendidos eléctricos y el Burger King.

—¡Antes no era así!

Sonreía.

* * *

La historia de la bebida fría se convirtió en una obra de teatro.

La fiesta del 4 de julio se convirtió en una obra de teatro.

¿Mi español torpe y el educado reproche de mi abuela? Otra obra de teatro.

¿Los pantis de abuela que Cuca me dio cuando tuve mi primera regla? Otra obra.

Una vez que empecé a escribir de verdad, como lo llamaba mamá, brotó toda una vida de escuchar a escondidas, de secretos y espionaje. Tras una larga hibernación en mis entrañas, nuestros silencios estallaron a la luz del día. Veinticuatro horas no eran suficientes, setenta palabras por minuto no podían capturarlo todo. Los recuerdos salían disparados de mi mano como telas de araña. Cada línea de diálogo era una tirolina hacia el norte de Filadelfia en los años ochenta y noventa. Trescientas millas al norte y muchos años después de esos recuerdos, me sentía más cerca de casa que nunca.

¿Medir el arroz con las palmas de las manos? Eso se convirtió en una obra de teatro.

¿Una mujer que no sabe leer las instrucciones del tinte de pelo? Eso se convirtió en una obra de teatro.

¿Los baños de hierbas de mamá para curar mi depresión adolescente? Otra obra de teatro.

Una tarde, en el último año de la escuela superior, recogí el correo detrás de la puerta mosquitera. Facturas, ofertas de tarjetas de crédito, anuncios promocionales del supermercado y un grueso sobre de la Universidad de Yale. La carta empezaba con una palabra: "Bienvenido". Lo había logrado. Yo. Había sido aceptada. La noticia me puso nerviosa, como una fiesta sorpresa. No la vi venir, me agarró fuera de base, pero fue bueno. Mamá y Pa estaban trabajando, y abuela, cuya migración anterior había hecho posible la migración futura mía, se merecía la primera llamada. Mis dedos tantearon los botones. La llamada entró. Inhalé ceremoniosamente.

—¿*Jail*? ¿Vas a la cárcel? ¿Qué pasó?

La voz de abuela era de pánico. Lloraba.

—¡No, abuela, entré en *Yale*!

—Pero ¿qué hiciste? ¿Qué cárcel? ¡No hables con la policía!

—¡Abuela! Y-A-L-E.

Ella jamás había oído hablar de esa escuela.

—Voy a la universidad —dije al fin.

Ahí empezó la fiesta.

¿Vas a la cárcel? también se convirtió en una obra de teatro.

Los funerales en todo su horror fantasmagórico: las pisadas de quienes cargan el féretro resonando en la nave, mis falsas genuflexiones ante la turbia agua bendita, las sonrisas que los de la funeraria cosían mal, el golpe de una pala en la tierra mientras Toña gritaba, todas esas cosas se convirtieron en obras de teatro. Incluso mi mirada hueca, mis ojos secos, mi certeza de que, si no lloraba por Mary Lou y Tico y Guillo, no los había amado bien, mi no-llanto, también se convirtió en una obra de teatro.

El mundo espiritual de mamá llenaba cada página. Mi obra estaba empapada de los santos. Yemayá entró en escena por la izquierda. Las luces se elevaron sobre Ochun. Ochoosi, el herbolario, acechaba detrás de una escena en el jardín. A veces los orichas eran los personajes principales, al frente y en el centro. Otras veces no los mencionaba, y eran más bien un código secreto detrás de la historia.

En una obra de teatro había escenas convencionales que interrumpía a mitad de la acción para incluir "rituales" intencionadamente incómodos: movimientos sensuales y silenciosos. En esos rituales un actor movía el cuerpo de forma embarazosa cuando las palabras eran insuficientes. Uno lloraba la pérdida de la esposa en un incendio. Otro era un ritual sobre el descubrimiento de la excitación sexual en un niño. Eran ceremonias inventadas, cosas oníricas, pero las limpiezas, ebós y posesiones de mamá asomaban entre líneas, dándome un vocabulario físico para escenificar.

"Realismo mágico", dijo un dramaturgo. La etiqueta me irritó. "Tus dioses griegos y romanos", decían mis compañeros. "Tu Rómulo y Remo, tu Eco y Narciso". La comparación me molestaba. Lo sensual es diferente a lo mágico, pensé. Los griegos pertenecían al pasado, pensé. Los orichas son de ahora y siempre.

Cuando iba a kindergarten, los espíritus de mamá y el idioma español eran secretos en su propia casa. Luego mamá había construido una rueda medicinal viviente, el jardín de hierbas circular, donde podía quitarse la máscara y hablarme con sinceridad, sin temor a que la miraran con condescendencia o a ser malinterpretada. Cuando me había tomado de la mano para decirme su verdad, había pensado que los espíritus y el español eran las principales lecciones. En Providence, Rhode Island, me pregunté tardíamente si la creación de un espacio seguro no había sido también una enseñanza que no había apreciado. Recordé otros lugares protegidos donde habían sido reveladas verdades: el solario de la casa lleno de orichas, los taínos en las cavernas, Nuchi en el baño y mis manos en su pelo, un baño de Yale donde mamá había rezado sobre los cocos, Flor en el sofá del piso de arriba durante una hora. ¿Podría yo construir un espacio seguro en la página, en el teatro? ¿Un lugar donde el ritual fluyera y donde pudiera conectar honestamente conmigo misma, con mi propia historia y con las historias que me habitaban? ¿Un lugar donde pudiera controlar la narrativa y centrarme en mí misma y en mis seres queridos? Cierto, todo arte está destinado a la (mala) interpretación externa. Pero el decoro y la etiqueta que el teatro requiere invitaban a los presentes a escuchar con respeto, a mirar con atención hacia el lugar que iluminaba el haz de luz del escenario.

Antes, hubo una época en que la vida me sucedía. Ahora, mi escritorio era el centro y origen de la acción. La escritura es un trabajo pesado, cuyo progreso se mide en líneas y párrafos. El sol atraviesa el cielo y casi nada cambia; pasan ocho horas y no te has movido de la silla. Pero en medio de esas horas lentas el éxtasis puede desplegarse. Borrador a borrador desvelé a los Pérez, nos puse ropa de protagonistas, grabé el zumbido de nuestra música. Mis Pérez eran criaturas magníficas; sus defectos demostraban su humanidad en lugar de ocultarla. No nos esconderíamos más. Amplificar nuestra genialidad cuando la nación nos la negaba, forzar a la nación a ser nuestro testigo, esa fue mi estrella guía.

Pensé en todas las veces que mamá me arrastraba a las tiendas de telas. Su búsqueda del botón o el adorno perfecto rozaba el éxtasis. Si eso significaba conducir desde Delaware hasta Nueva Jersey en una noche, había que hacerlo. Mamá tenía que construir el mejor trono que Ochun hubiera visto jamás. No me había dado cuenta, en esas cacerías de tejidos ni durante los aturdidos viajes en carro, de que mi aprendizaje estaba en pleno apogeo, de que yo también me convertiría en constructora de altares, de que yo también colocaría fotos de antepasados y copas de agua en el alféizar de mi ventana. Pero mis oraciones diarias con velas y batá eran calentamientos. Mi práctica principal eran las obras. Estaba construyendo el trono.

Paula nos dijo que la mayoría de los artistas comenzaban con una fase ingenua. Con más voz que habilidad, las obras ingenuas están saturadas de puntos de vista. Son audaces y sorprendentes, aunque desequilibradas y poco elegantes. Me faltaban maña y destreza que igualaran mi embriaguez narrativa. Pero los sones montunos y el Mozart de mi adolescencia se me ofrecían de nuevo, esta vez como estructuras dramatúrgicas. Las fugas musicales y las canciones de batá tenían arquitecturas robustas. Bach me dio impulsos repletos de motivos. El batá me dio suspenso a fuego lento. Una escena terminaba tempestuosamente, y de modo estridente. ¿Qué sigue? ¿Después de toda esa explosión, cómo empezar de nuevo? Schubert ofrecía pistas. La respuesta estaba en su sonata en La mayor, la que había grabado en Yale. Después del *fortissimo*, una o dos notas para probar las aguas. Después de la cacofonía, una sola línea melódica, solitaria.

34

SILENCIO = MUERTE
(*DÉJÀ VU* OTRA VEZ)

Al alejarme, aunque escribía sobre nosotros, fui perdiendo contacto con el presente de los Pérez. Estaba más lejos de casa y más alejada de mi familia que nunca. Cada monólogo me acercaba a mis primos. Escena a escena, amé a mi hermana de nuevas maneras. Línea a línea, desenterré las capas de la feminidad de titi Ginny. Pero eran actos de memoria y reflexión.

La realidad viaja rápido. El tiempo presente tiene una guía telefónica y recibí una llamada. No importaba lo lejos que viajara, la edad que tuviera, o lo fuerte que expresara nuestra vida, nuestros viejos silencios me perseguían y reafirmaban su enganche.

—¿Supiste lo de Nuchi?

—No.

—No está bien.

—¿Cómo así?

Mamá suspiró en lugar de responder.

—¿Qué tiene?

—Está delgada, Quiara. Sabes que siempre fue delgada, pero esto… Sus ojos no tienen vida. Sus cachetes han desaparecido, Quiara. Nuchi tenía cachetes, ¿verdad?

—Sí, Nuchi tenía cachetes.

—Pasó por aquí el otro día. Dijo: "Titi, ¿puedo enseñarte algo?". Ay, su voz, Quiara, como una niña asustada. Se desabrochó el pantalón. —Mamá suspiró y suspiró y suspiró—. Tenía una llaga en el vientre.

—¿Qué tipo de llaga?

—Ya sabes…

—No, no lo sé.

—Una llaga morada.

—¿Una lesión?

Mamá suspiró y suspiró y suspiró. Nombra la maldita enfermedad de una vez, pensé.

—¿Quién sabe cuándo se infectó por primera vez, o si se volvió a infectar a lo largo de los años? Al parecer, quién sabe, te digo lo que ella me dijo, fue indetectable durante mucho tiempo.

—¿Nuchi es seropositiva?

Mamá suspiró y suspiró y suspiró.

—Según ella, los análisis dicen una cosa un día y otra al día siguiente. Lo único que puedo decirte es que tu prima está enferma, Quiara.

El silencio de mamá no era por vergüenza. Era un no-nombrar estratégico, una herida que cortaba demasiado cerca del hueso. Si miras directamente al sol, te quedas ciego. También tenía otro beneficio: le daba a mi furia un blanco fácil, me permitía culpar su silencio en lugar de a mi prima o el virus o, en definitiva, el mundo. Había pasado mucho tiempo desde mis primeros roces con el SIDA. En aquel momento solo tenía a Keith Haring y a Mapplethorpe. Ahora tenía *Ángeles en América*, de Tony Kushner; *The Normal Heart*, de Larry Kramer, y Tom Hanks en *Philadelphia*. Pero ninguno de esos personajes éramos nosotros. El virus, superficial, era lo único que compartíamos. Incluso Angel, el personaje de *Rent*, había muerto en medio de una apasionada historia de amor, y Mimi parecía una superestrella de MTV.

Nosotros no estábamos en ninguna parte.

* * *

La próxima vez que vi a Nuchi fue en el cumpleaños de mamá. En verano, mamá mantenía la puerta trasera abierta cuando había fiesta para que la gente pudiera entrar y salir con cervezas, hamburguesas y pernil. Allí estaba mi prima hermana, descansando en el columpio del balcón.

—¿Cómo está tu salud? —le pregunté, sentándome junto a ella.

Nuchi no mencionó el SIDA. Se quitó un zapato para mostrarme un enorme juanete. Lo sacó a la luz del sol como un hueso de dinosaurio en una excavación.

—Mira qué feo, Qui Qui. Ahora uso dos tallas más en el pie izquierdo.

Siempre bromista. Le faltaban dos dientes más, y con lo que costaban los implantes, me dijo, podría comprarse un carro. Tal vez no uno nuevo, pero algo más que un limón.

—Ya sé que no puedo sacar la licencia. —Nuchi me pellizcó la rodilla para enfatizar el escándalo—. Tengo una orden de arresto por doce años de multas sin pagar. Le debo a la ciudad casi dos mil dólares. Mmmm.

Nuchi siempre me pellizcaba la pierna cuando chismeaba, especialmente sobre ella misma. Tenía un instinto de comediante para el autodesprecio. Hubiera acabado con un micrófono en un escenario un viernes por la noche.

—Qui Qui, aunque pagara todas las multas y todas esas mierdas, porque sabes que te cobran intereses y más por encima del valor inicial, aunque pagara todo eso, no podría tener un carro.

Estaba tratando de acercarme a ella, buscando que le hiciera la pregunta.

—¿Por qué no?

—Porque no he tenido licencia ni un día en mi vida. Me pondrían presa por conducir ilegalmente. ¡Por eso es por lo que no puedo pagar mis multas!

Sí, Nuchi no iba a ponerse implantes dentales ni a comprarse un carro. Y necesitaría un milagro para deshacerse del juanete. Había aprendido a sonreír con la boca cerrada y a fruncir los labios para ocultar sus problemas dentales. Su figura se había reducido a un fragmento de su cuerpo anterior. Una década antes, en aquella fiesta del 4 de julio, sus nalgas y sus muslos lucían majestuosos, como secuoyas. Ahora se amarraba los mahones con una cuerda. Incluso así disminuida, la belleza hostil de Nuchi hechizaba: el paisaje erosionado de sus pómulos, sus ojos hundidos como pozos de agua. Hay una razón por la cual los *Badlands* capturan nuestro asombro, en su deterioro canta un ciclo de la vida.

En cierta medida, Nuchi había sobrevivido la tormenta. Una hija que se había graduado de la universidad, otra iba camino a licenciarse en enfermería. Además, tenía un hijo sin antecedentes penales que entrenaba para ser boxeador. Cierto, algunos de sus hijos estaban en la cárcel, y el número de su abogado, Thom, lo tenía registrado en las teclas de marcación rápida. Pero Nuchi tenía nietos que cuidar mientras sus padres estudiaban o trabajaban. El éxito: la siguiente generación un paso hacia adelante que la anterior. Sin embargo, la realidad es que esos criterios eran pistas falsas, y yo lo sabía. Me había ceñido al guion del "triunfo" durante mucho tiempo, aparentando que el rigor y el prestigio de Yale significaban que, personalmente, había hecho mi trabajo.

Pero, aparte de todo eso, la capacidad de Nuchi para hacer un buen chiste era lo más impresionante de su personalidad. Tal vez eso es lo que mamá había querido decir cuando me susurró: "Lo llevas en la sangre. La resiliencia. La profunda memoria y la experiencia de la supervivencia"; un humor como el de Nuchi.

Una intención cobró forma en mi cabeza mientras estaba junto a mi prima enferma. Un deseo apenas susurrado. Tan pronto lo escuché, lo acallé. Nombrar una meta implica, después de todo, invitar la posibilidad al fracaso. Tenía la esperanza de que llegaría el día en que conociera y afirmara mi propia capacidad de resiliencia.

—Oye, Qui Qui, ¿qué ensalada de papas te gusta más? —me preguntó Nuchi, frunciendo los labios.

Estudié mi plato de papel y señalé una de las dos manchas de mayonesa. Elegí la correcta.

—No se lo digas a Flor. ¿Sabes mi secreto? Huevos y pepinillos. Oye, Qui Qui, ¿qué arroz con gandules te gusta más?

De nuevo elegí bien.

—No le digas a titi Ginny. Ella le pone demasiado aceite. ¡Aceita ese caldero como si fuera a freír alcapurrias!

Sentadas en casa de mamá, escuchando el canto de los pájaros, apretujadas en el columpio del jardín mientras nuestras piernas se tocaban, me pareció inapropiado y poco amable preguntarle por lo del SIDA. Aun así, durante un segundo, Nuchi me lanzó una mirada triste, como diciendo: "¿Lo sabes, primita?".

35

EL LIBRO DE NUESTRA GENIALIDAD

Aunque las mujeres Pérez usaban ropa cuando era necesario, pasaban mucho tiempo desnudas, semidesnudas o exponiendo algunas partes del cuerpo. En casa de abuela, por ejemplo, encontrabas que la mitad de los mahones iban desabrochados porque, "ay comadre, ya tú sabes": el síndrome premenstrual, la insolación, la menopausia y las exageradas porciones de abuela nos mantenían en permanente hinchazón. Después de viajar en el tren El en dirección al norte a través de un desolado paisaje, los cuerpos de las matriarcas de mi familia eran maravillas naturales. Los erosionados pómulos de Nuchi eran mi Gran Cañón. El movimiento de los muslos de mamá era mis cataratas del Niágara. El tatuaje en el pecho de Ginny era mi Aurora Boreal. Las vastas extensiones desoladas del norte de Filadelfia eran cada vez más visibles desde cada casa a la que abuela se mudaba. La forma femenina Pérez destacaba sobre los escombros grises, fulgurante y audaz. Los lunares de sus caras eran como cactus en la sierra; los huecos entre sus dientes delanteros eran como una nebulosa estelar, oscuros como el ojo de una cerradura. La celulitis que ondulaba sobre sus nalgas brillaba con el resplandor de un arroyo. La caída de cada seno, grande o pequeño, era como la caída de estalactitas de diversas épocas. ¡Estalactetas! Brazos de todas las formas, tamaños y texturas, como piedras de río diferentes. Y, oh, me desmayo, ¡las barrigas! Abundantes abdómenes flácidos, algunos marcados por estrías en forma de lombriz. Barrigas marrones como los propios Half Dome y Black Hills de Filadelfia.

Los pezones del porno, las revistas para adultos y las películas de categoría R, todos son una mentira. Los nuestros eran un variado plato combinado de pezones hinchados, invertidos, asimétricos, enormes, delicados, abultados, lisos y protuberantes que no se parecían a nada de lo que se vislumbraba en los medios comerciales. Algunas teníamos minipezones que crecían sobre pezones más grandes, pezones apilados como muñecas rusas. Según los estándares de *Playboy*, éramos una especie de espectáculo de fenómeno y, sin embargo, la manera en que mis mayores balanceaban sus péndulos de leche con una cadencia fácil transmitía dos veces más confianza en ellas mismas que la que pudiera tener cualquier chica de calendario.

La gente utiliza el término "gorda" sin discriminar, pero la variedad de nuestras curvas revelaba la pereza del insulto. Las matriarcas Pérez se inflaron en mi adolescencia, pero mis recuerdos de las piernas de corredora de Ginny, como gruesos y firmes troncos de árbol, datan de los días en que yo asistía al cuido de niños. En una foto de ocho por diez pulgadas y color sepia, los muslos juveniles de mamá salían como cohetes por debajo de sus minifaldas, robustos y voluntariosos. Una parte de la gordura era firme como un mango verde, otra se acumulaba y se sacudía.

La gravedad, esa ley universal, actuaba de forma diferente de un cuerpo a otro. La grasa podía sobresalir horizontalmente y convertir tu vientre en una repisa donde apoyar tu cafecito, o bien ondularse y caer como cortinas victorianas. No conocí la delgadez hasta que la enfermedad de la sangre llegó a la ciudad. La delgadez significaba que el médico tenía malas noticias para ti, la curva aguda de un viaje cuesta abajo.

Había mucho vello púbico. Podrías tapizar una puta mansión. Cuando crecí y vi las vulvas sin pelo que dominaban el porno… esas pobres cositas se me parecieron a E.T. en el laboratorio de plástico, criaturitas sobreexpuestas y desnutridas. ¡Salvemos a E.T.! ¡Dejen que les crezca el vello púbico!

Una de mis primas de Brooklyn tenía una cicatriz de cesárea del ancho de un dedo pulgar, que le dividía el abdomen desde el pubis hasta el ombligo. A lo largo de esta había pequeños puntos de sutura que daban la apariencia de pies de oruga. La celulitis se extendía a ambos lados de la tensa y brillante cicatriz. Ella solía mostrar su vientre dividido, sacudirlo, meterlo dentro de los mahones como si fuera una camisa. Había una dosis no pequeña de jactancia en sus demostraciones. "No puedo hacerme una liposucción", decía sonriendo, "porque la grasa acabará acumulándose de nuevo alrededor de la cicatriz". La cicatriz se engrosaba con cada nuevo hijo y cada reapertura. Cuando iba a la costa de Jersey o a las playas de Rockaway, se ponía trajes de baño de una sola pieza, pero en casa de abuela usaba los mahones desabrochados, zíperventilados. "¿Viste cómo me estropearon los médicos?", preguntaba, y aunque le dijeras que sí, se bajaba la cremallera. *Sé mi testigo, observa.*

La gruesa y brillante cicatriz que subía por el muslo de mamá parecía una tira de cinta adhesiva que la mantenía unida. Había pisado una tabla podrida en nuestra casa del oeste de Filadelfia estando embarazada de mí, por lo que me sentía cerca de la vida en el vientre materno cuando pasaba el dedo por el camino liso de la cicatriz.

Las batas de abuela estaban tan desgastadas que hubieran convertido una película familiar en una para adultos. Sus hijas pasaban y exclamaban: "Mami, ¿dónde están las batas nuevas que te compré en Penney's?". Pero abuela tenía una inclinación hacia lo roto. Rara vez se vestía antes del mediodía. Si se paraba delante del ventanal a primera hora de la mañana con el café que había colado en la estufa, el estampado de flores se desvanecía mágicamente a la luz del sol y se le podía ver todo: un espectáculo de sombras de tetas y hoyuelos en el trasero. Abuela se sentaba a menudo en el piso de arriba, desnuda frente al aire acondicionado, a desenrollar lentamente las medias sobre sus várices. En esa posición, sentada y encorvada, sus pechos planos y colgantes caían en cascada sobre su vientre escalonado como dos muelles flexibles saltando escaleras abajo. En algún momento de su vida, supuse, los pezones de abuela habían sido más oscuros, pero ahora eran del mismo color que su piel pálida, por lo que no se podía distinguir dónde terminaba el pecho y dónde empezaba el pezón. Parecían la esencia misma de la realeza, rarezas sazonadas por el tiempo cuyo valor aumentaba con la edad, capa frontal de superheroína. Yo deseaba tener un par como los suyos algún día.

Algunas de mis primas mayores tenían una sutil franja oscura en el abdomen, un tono más oscuro que su particular color marrón, adornadas con pelusa. Yo admiraba esas líneas aterciopeladas, me parecían femeninas, una especie de bigote de mujer. Solía pensar que sus ombligos tenían sed y que la franja era un sorbeto por donde bebían. Estudiaba el reflejo de mi barriga, anticipando mi propia franja. Cuando la pubertad no la trajo, pensé que tal vez el embarazo lo haría. Era algo que esperar en el futuro. Ahora, a los cuarenta años, después de haber cerrado el negocio tras dos hijos, a veces miro mi vientre sin franja en el espejo y pienso con nostalgia: "tal vez con la menopausia".

Mi cuerpo de niña no había acumulado mucho carácter. No había huellas de golpes duros ni cuentos de hadas escritos en mi carne, ni cicatrices o marcas distintivas más allá de las pecas. Todos los jóvenes éramos lienzos en blanco, esperando el pincel de la vida. Tenía las nalgas planas de Cuca y el abdomen redondo de mamá, pero no había una narrativa real que pudiera leerse en mis curvas. Eso era lo que me convertía en una niña. Un día sería una mujer cuyo cuerpo contaría historias, y se las mostraría a otras mujeres con cuerpos igualmente épicos, aunque con formas distintas, mientras una generación más joven nos contemplaba con asombro. Esa sería mi desafiante adultez. Aspiraba al desordenado libro de la carne de mujer.

En la escuela secundaria aprendí que despreciar los senos, el vello corporal y las nalgas, era tan americano como el pastel de manzana. Las muchachas blancas se ponían delante del espejo para enseñarse mutuamente a meter el abdomen hacia adentro. Yo hacía mi parte, metiendo la barriga y poniéndome más erguida. Hacía una faja con mi respiración hasta que le llegaba el turno a la siguiente muchacha. Siguiendo las instrucciones, nombraba en voz alta todos los defectos de mi cuerpo: pezones invertidos que apuntaban hacia abajo en lugar de dar el saludo alegre de una joven cadete. Se suponía que debía contemplar la carnosidad y la corpulencia con repulsión, y tomar medidas correctivas cuando fuera necesario. Ese "se supone que" añadía a la alegría en la casa de abuela. Llegué a la mayoría de edad en una nación *Vogue*. El estilo chic heroico vendía la ropa interior de Calvin Klein. "No me odies por ser guapa" era un refrán nacional. Pero en casa de abuela era diferente. Allí, el ADN de las Pérez escribía otras reglas. La noción de un único modelo de belleza, ya fuera en cuanto a talla o color de la piel, era desmontada por nuestro carnoso testimonio. Mirarnos era conocer la pluralidad, contemplar el desfile de la belleza.

Mamá me había dicho una vez, mientras se preparaba para recibir a Changó, que a los iniciados les desgarraban las ropas para que llegaran a su gran camino espiritual como recién nacidos. Eso iluminó el mundo carnoso de la casa de mamá y de abuela. Comprendí con claridad retrospectiva por qué titi Ginny, cuando me enseñaba a lavarme el pelo, no me guiaba desde afuera del baño. No, ella se desnudaba y se metía en el agua también, me alzaba sobre su cadera desnuda y el agua caía sobre nuestros cuerpos conectados. La desnudez Pérez era el renacimiento de un orden diario, un restablecimiento del espíritu a su estado ingenuo, a la vez una libertad y una fuerte protección.

En mi adolescencia, un familiar del lado de papá me sentó para tener una charla.

—He querido sacar este tema, pero sé lo sensible que eres. Lo digo con cariño, porque la cultura puertorriqueña tiene muchas cosas bonitas, cosas que te han hecho ser quien eres. Pero, cuando crezcas, no te pongas gorda como tu mamá y tus tías.

Esa palabra: *gorda*. Cómo acabar con un ser humano con cinco movimientos: G-O-R-D-A. Yo había ido al desfile por el Día de la Tierra, sabía que el consumo excesivo estaba rompiendo la capa de ozono. Pero el problema era la gordura, ¿no? Juré en silencio extirpar "gorda" de mi vocabulario. Ya había expulsado "perra", "bruja" y "puta". Ahora era el turno de "gorda".

Ese fue el año en que mi hermana pequeña, Gabi, irrumpió desnuda en su habitación, contempló su reflejo y declaró que sus curvas eran milagrosas como la madre naturaleza: "¡Mi barriga es redonda como la tierra!". Entonces tenía cuatro años. El hecho de que, a los ocho, Gabi fuera una de las niñas más fuertes de carácter del tercer grado no era casualidad. ¿Alguien intentaba salirle al paso con algún gastado chiste de gordos? Mejor que se preparara para enterarse de que tenía los dientes torcidos, las axilas con peste a cebolla, el aliento de momia o la cara de burro. Gabi lanzaba insultos como si fueran petardos, explosiones fugaces. Los martes por la tarde, cuando la recogía, a veces me quedaba en el patio de recreo sin que me viera y contemplaba cómo hacía llorar a los pendencieros que iban a mortificarla. Con un solo insulto podía hacer que una multitud cambiara de bando. Los niños se reunían en torno a ella, entusiasmados con la idea de que algún macho alfa estuviera a punto de destruirla. En cuestión de segundos, esa misma audiencia se reía de la derrota del fanfarrón. "Ring, ring, ring. ¡Tenemos una ganadora!". Gabi había aprendido que la mayoría de los chistes de gordos son burlas genéricas, producidas por las células cerebrales bajas. Duelen, sí, pero no por ser ingeniosas. En cambio, ella siempre soltaba algún insulto a la medida: de pronto todo el tercer grado sabía que te comías los mocos durante la clase de Ciencias y que además eras un idiota que no sabía aplaudir. Doble victoria. Sí, claro, luego Gabi se quedaba callada durante todo el viaje en metro a casa y desaparecía en su habitación sin saludar a Pa. Era mejor llorar sobre la almohada que hablar de lo que había pasado, porque si Pa se enteraba, "Bueno, entonces, ¡baja de peso!

¡Estás demasiado gorda!", le decía. Yo me colaba en su habitación y elogiaba su cuerpo, su mente y su espíritu, y confirmaba que "sí, el mundo es una mierda", para luego decirle: "No te equivoques, hermanita, tu éxito está predestinado". Más tarde rezaría, hasta quedarme dormida: "Querido Dios, déjala triunfar". Uno no quiere que una niña desarrolle un coraje tan profundo, tal vez intermedio habría sido mejor.

Los cuerpos Pérez se convirtieron en una obra de teatro. Después de haberlo boicoteado por más de una década, "gorda" regresó a mi vocabulario con energía. Ahora podía apropiarme del insulto, retorcer su intención, transformarlo en un honorífico. "Marica", "cabrona", "pata", "bruja" y "puta" fueron parte también de mi léxico recuperado y se convirtieron en mi obra en grandes elogios, en un código de pertenencia.

Escribí esa obra, de un solo acto, en mi apartamento en Providence. Una enorme propiedad victoriana había sido transformada en viviendas para estudiantes, y la mía tenía la bendición de dos ventanas. Semanas después de nuestra boda en la antigua casa de reuniones de los cuáqueros, el muchacho y yo habíamos conducido hasta Providence, entramos a la idiosincrática casa y olfateamos un futuro entre sus polvorientas estanterías empotradas. Ahora mi biblioteca lukumí llenaba las repisas.

En cuanto a rincones para escribir, ninguno podía ser más romántico. Mi escritorio, en un primer piso, daba a la acera. El patrón de espiga de sus ladrillos, el ruido de los tacones, el rasguño de las ruedas de los monopatines, todo un mundo sensorial amortiguaba mi soledad. Entre clase y clase, los estudiantes iban y venían como nubes deslizándose. Alcanzaba a oír fragmentos de conversaciones. Los obreros de la construcción de al lado decían *fuck* todo el tiempo, desde el amanecer hasta las tres de la tarde. La ventana de mi escritorio tenía casi cinco pies de altura, y desde mi silla, que había recogido de la basura, estaba a la misma altura de los peatones. Cuando hacía calor apuntalaba la ventana con un diccionario, y entonces ni siquiera había un cristal que separara el interior del exterior. Cuando me mudé al apartamento, esa ventana estaba pintada y atrancada; me costó un cuchillo de mantequilla y una tarde lograr que se abriera y cerrara. Ahora el muchacho me dejaba un cafecito fresco en el alféizar de la ventana, para inspirarme, y se escabullía.

Todas las mañanas encendía una vela, ponía música de batá y hacía calentamiento con un poema para Ochun, la oricha de la sensualidad femenina que, sin duda, estaba influyendo sobre la obra que estaba en proceso. A veces los pensamientos fluían más rápido de lo que podía escribirlos. Todos aquellos cuerpos desnudos vivían de nuevo en mí, al igual que las maneras en que otros me habían dicho que los despreciara. Era doloroso, sí, pero rebelde y correcto.

Llevé las páginas. Los comentarios fueron positivos. Mis colegas me instaron a escribir más.

—¿Cómo puede terminar ahí? ¡Danos un segundo acto! —dijo Paula—. Extiéndelo y lo produciré como tu tesis.

¿Cómo continuar? El segundo acto me eludía. El escritorio comenzó a mofarse de mí. Me había quedado sin ideas y sin inspiración. Los transeúntes se convirtieron en distracciones, en mal yuyu. Los obreros de la construcción eran ahora cabrones que se imponían a mi paz. Las horas de la mañana, mis favoritas, se convertían en burlas, mientras el día se extendía ante mí sin voces que seguir. La obra se resistió con fuerza a mis esfuerzos.

Necesitaba un plan B. Empecé a ir al área de trabajo para estudiantes graduados después de la cena. Allí, los pupitres blancos se extendían bajo las luces fluorescentes, sin separadores ni cubículos delimitados: una fila tras otra de mesas comunes y ordenadores sobreexplotados. Las lomas de libros de la biblioteca creaban rincones semiprivados. La comida, prohibida en ese espacio, permanecía escondida en las mochilas, por lo que había un movimiento constante de manos sumergiéndose en bolsas, un baile de carteristas. Las tarjetas magnéticas y la antigua hoja de registro hacían que el proceso de entrar fuera todo un acontecimiento y que, una vez adentro, te quedaras. Encierro autoimpuesto. La sala abría hasta horas impías, y yo no era una persona nocturna. El aire de miseria comunal me ofrecía un extraño brebaje de coraje. Pantallas en blanco, uníos.

Una de esas noches, alrededor de las diez, estaba avanzando en el segundo acto. La sala estaba llena, las entregas de mitad de semestre se acercaban. El estilo de la obra era el de un cómic de carne y hueso: había escenas de lucha, secuencias de persecución y *alter egos* que se cubrían con capas. Los temas eran la gordura, señalar a las mujeres como putas, y la violencia sexual, todo ello contado a través de una latina bisexual adolescente. Era una obra picante, pornográfica e ingenua a la vez. Sentía especial afecto por el personaje principal, una latina gordita ficticia que captaba la esencia de mi hermana pequeña. Disfruté poniendo a Ochun en un cómic, haciendo que el oricha de los ríos dulces iniciara el primer sueño húmedo de una niña. Pero ¿hacia dónde llevarla? ¿Qué desarrollo exigía el primer acto? ¿Qué tipo de final estaba construyendo? Los cómics terminaban en apocalipsis o en redención. Cualquiera de las dos opciones, por sí sola, me parecía incompleta para mi heroína gordita.

La sala no me permitía mis indulgencias habituales: las velas encendidas, el CD de batá a todo volumen, el caminar de un lado a otro mientras improvisaba un poema de calentamiento en voz alta, los pasos diarios que invitaban a la imaginación a soltarse. En la sala, sin mis estrategias para entrar en un estado creativo, simplemente me sentaba y escribía. Una entrada brusca.

No recuerdo ese trance como los otros. En anteriores posesiones, la rampa de entrada, esa primera oleada y ese primer temblor, eran vívidos: mi negación inicial, mi desesperación por calmar las sacudidas, por no ser poseída. Recuerdo de forma bastante palpable haber perdido la lucha cada vez. Pero esta cuarta vez, la última de mi vida, que recuerde, no tengo memoria de cómo llegó.

Solo recuerdo la salida: sentada allí, desorientada y maltrecha, como si un despertador de reloj me hubiera abierto los ojos de golpe. Los estudiantes con auriculares tecleaban en las computadoras adyacentes, y sus banales gestos indicaban que no había ocurrido ninguna novedad. Pero mis asfixiadas bocanadas de aire y los latidos tensos de mi corazón me decían que había ocurido una tormenta. El tiempo había transcurrido: habían pasado cuatro horas. El contador de páginas marcaba 87, y lo último que recordaba era que tenía la mitad. En la pantalla, la frase "Fin de la obra" precedía al cursor parpadeante. Era la una de la madrugada.

Volví a la página 40 y empecé a leer. Al principio, el tono travieso e irreverente de la obra continuaba a buen ritmo. Luego, escena tras escena, empezó a tambalearse hacia la oscuridad. La amenaza y la violencia se impusieron sobre el juego y la sensualidad, y los enemigos se acercaron con intención de hacer daño de verdad. El ambiente de cómic se transformó en un ambiente de horror. No era lo que tenía en mente cuando concebí el proyecto. Yo quería calidez, rebeldía, corporeidad y una tontería desenfadada. Al seguir leyendo, me molesté. La furia creciente de la obra me parecía que provenía de un extraño. Pero yo era ese extraño. A juzgar por las palabras, mi subconsciente había estado incubando una bestia. ¿Cómo podía ser tan desconocida para mí misma? Empecé a odiar la obra, no porque fuera buena o mala, sino porque me desenmascaraba sin permiso.

En la escena final, los enemigos alcanzaban a mi joven heroína. Habían estado poblando las subtramas desde la primera página con payasadas satíricas, meros recursos cómicos. Habían sido bufones que llamaban "puta" a mis heroínas, con quienes yo me deleitaba haciéndolos hacer el ridículo. Pero ahora se habían infiltrado en la trama principal. Me perseguían con las armas desenfundadas. Mi personaje principal estaba atrapado. En el momento culminante de la obra, mientras los malos se acercaban dispuestos a matarla, mi superheroína hizo una última declaración: "SOY UNA PUTA".

Apagón. Fin de la obra.

¿Qué?

Suena un disco rayado.

Casi me caigo de mi asiento. ¿Qué carajo fue eso? ¿SOY UNA PUTA?

¡Esa no era la obra que quería escribir! Podía ver que mi personaje lo decía de una forma que no cedía al insulto ni se disminuía a sí misma. Estaba reclamando la monstruosidad como poder ganado y legítimo. Se reía de última, se adueñaba de todo su ser en un último aliento. Y, sin embargo, aborrecí la frase, la rechacé por completo. Seleccioné el texto y puse el dedo en la tecla de borrar. Los dientes se clavaron en mi labio inferior, mis ojos no parpadearon para que las lágrimas no cayeran. Pero las palabras resultaron ser más fuertes que mi voluntad de deshacerlas.

Me puse de pie, agitada, rozando mochilas y respaldos de sillas en un espacio demasiado reducido para deambular. Luego me senté de nuevo, abrí una ventana del navegador y le envié un correo electrónico a Paula. "Tengo miedo. He escrito algo que me disgusta. No quiero sentirme así. No me gusta lo que estas líneas revelan que soy". Estaba demasiado horrorizada para volver a casa, segura de que mis enemigos estaban al acecho en los callejones de Providence, dispuestos a aniquilarme como habían hecho con mi personaje principal. Me senté, y me quedé sentada, esperando una respuesta, sin reconocerme a mí misma, mientras los estudiantes vecinos tecleaban.

¿Para eso era para lo que me había matriculado? ¿Hablar de las heridas Pérez era reabrirlas? Aunque no podía recordar la posesión en sí, sabía que era una purga de traumas heredados, pero también una prueba. El fuego me daba la verdad, incluso cuando me quemaba. Al haber salido de mí misma en esas horas que no recordaba, ¿había podido, por fin, conocerme a mí misma?

La cabra, la jicotea y la gallina me susurraron viejas advertencias, animales destinados a morir y de cuyo dolor no quería ser cómplice. En el pasado, su sangre me había hecho llorar, me había hablado demasiado pronto de la mortalidad de la cual yo estaba hecha. Pero, sentada en el laboratorio de computadoras, recordé un asterisco junto a cada muerte. Antes, los sacrificios se me habían hecho tan grandes que había borrado lo que venía después. Ahora veía el epílogo olvidado de cada animal: después de los sacrificios rituales, mamá trabajaba hasta la noche. A la mañana siguiente me despertaba con un aroma fascinante y allí estaba, en la cocina, a fuego lento: sopa de pollo o guiso de cabra, el fruto de su trabajo nocturno. Había probado cada una de esas comidas especiales, aunque al hacerlo había roto mi estricto vegetarianismo adolescente. Por respeto a cada animal había comido, aunque lo había hecho a solas, para poder llorar mientras me llevaba la cuchara a los labios. El sabor de la sopa me humillaba. Deliciosa. Cada ración era una trenza de sufrimiento y renovación. Y ahora, en la sala de computadoras, no podía saber si esos animales sacrificados me habían roto o me habían hecho ser quien era.

¿Qué iba a saber yo?

SOY UNA PUTA...

Las viejas llamadas amenazantes volvieron a sonar, una perturbación tintineante. ¡Cállate, deja de llamar! *Los Simpsons* se escuchaban en el fondo mientras mamá recibía los insultos: Puta, *ho. Hoe*, azada, una herramienta para remover la tierra, rejuvenecer el suelo, dar paso a un nuevo crecimiento. Azada. Toda la vergüenza que llevaba una mujer. Mamá grabó con fuego la palabra sobre su corazón: ¡AZADA, AZADA, AZADA! Pero ¿de qué servía una herramienta de jardinería, me dije, cuando las mujeres Pérez se habían divorciado de la madre naturaleza? La cosecha de gandules de abuela se había acabado. El círculo de salvia de mamá había muerto. Los bosques de mi granja de caballos habían desaparecido. Nosotras, arrancadas y desgarradas de la tierra, alguna vez habíamos sido terrenales, pero ahora éramos el norte de Filadelfia: lotes abandonados llenos de escombros y neumáticos.

Un momento. ¿No había persistido una parcela de tierra? ¿No había migrado con nosotras un trozo de tierra de tamaño humano, nuestros cuerpos?

Soy tierra cansada, rómpeme, hiéreme.

SOY UNA PUTA...

Hacia las tres de la mañana escuché la señal sonora de que tenía un correo electrónico. Paula estaba despierta. "Yo también he tenido miedo", me dijo. "Temblé mientras escribía sobre viejas violaciones, segura de que me perseguirían una vez más. Cerré todas las puertas de mi cabina de escritura y me escondí en un armario. Me convencí de que había un lunático en la casa, así que corrí al carro y me encerré dentro, con la llave puesta, mientras los búhos chillaban hasta el amanecer. La amenaza real, por supuesto, era interna: el hecho de ponerme al desnudo, quitarme la armadura y ver que las heridas aún sangraban".

Cerré la ventana del navegador y me quedé inmóvil en la silla, desbaratada por la gratitud. ¿Por qué era yo la desconcertada depositaria de grandes legados matriarcales? El correo electrónico de Paula todavía me sacude hoy: caminar hacia el miedo interno. Con la piel en carne viva y los pelos del brazo medio erizados a causa del relámpago, imprimí mi obra y recogí las páginas calientes. Vacía ya, la sala de computadoras lucía lista para mi despedida. La última línea, que no había podido borrar, ahora era parte del mundo material, dentro de mi mochila junto a bolígrafos y envoltorios de dulces.

En cuestión de meses las luces de la sala se apagarían, la tinta sobre el papel se convertiría en la voz de los actores en los oídos del público, y yo temblaría, hermana, al ver el hilo anárquico que había hilado a partir de los cuerpos Pérez, al verte presenciar, a tus catorce años, una sala llena de desconocidos que te miraba. Sentada a tu lado en aquel teatro oscuro, el miedo me convencería de que mis palabras serían un cuchillo en tu espalda, de que mi obra era una máquina de aniquilar hermanas. Admitiría esos temores segundos después de que se encendieran las luces de la sala, necesitando saber. "¿Hemos terminado, he roto nuestro vínculo?". Y tú me dirías, entre lágrimas, mientras la gente llenaba el vestíbulo: "Me siento vista. Me siento, no sé, jodidamente poderosa. Sí, me dolió, pero soy el personaje principal de una obra de teatro. ¡Es un honor! Así es, gente, será mejor que escuchen mi historia". Me dirías, hermana mía, que tú cediste un poco el tener que avergonzarte.

Esa noche, sin embargo, salí a la oscura Providence. Al atravesar callejones sin luz, mirando por encima de mi hombro, no encontré peligro, sino serenidad. Las frescas puntas de los dedos de la brisa me hicieron tomar conciencia: yo era real. Regresé a casa y me metí en la cama. Una conciencia mínima, no un *koan* de palabras, sino un gesto de mi pulso, nadó en mí esa noche excitada e insomne. *Así se siente un comienzo. El aprendizaje ha terminado.*

Fue, de hecho, la última vez. Cuatro posesiones es todo lo que la vida me permitió: la reunión de los cuáqueros, el examen del doctor Phillips, la lista de identidades de Holly Hughes y *soy una puta*. Incluso a los cuarenta años, más de una década después, la posesión final persiste sobre mí. El silencio me sube por el brazo, un estremecimiento me envuelve la piel y me recuerda visceralmente mi herencia. Ustedes, mis mujeres Pérez, lo entienden porque son el trono y el baile. Sacudieron las nalgas mientras los muros del mundo trataron de aplastarlas.

Mami, primas, hermana, nadie más está calificado para el trabajo. Debemos ser nuestras propias bibliotecarias, porque solo nosotras sabemos leer y escribir nuestros cuerpos. Al nombrar nuestro dolor y expresar nuestras imperfecciones, declaramos nuestra impresionante supervivencia. Hemos trabajado duro para estar aquí. Nuestra descendencia merece heredar esas estrategias. Nos debemos a ella. Nos lo debemos a nosotras mismas.

Y, ya que nuestro archivo está en nosotras y es de nosotras, hagamos que crezca no solo en la palabra, también en nuestra carne. El zumbido de nuestros cuerpos juntos es nada menos que el libro de nuestra genialidad. Por eso en las noches de apertura te sientas a mi lado y yo te toco. Tu codo se posa en el reposabrazos, mi mano encuentra el suave sonido de tus nudillos, y vemos cómo nuestros viejos silencios se convierten en fuertes canciones. Estamos aquí.

AGRADECIMIENTOS

A Ray Beauchamp, mi esposo —cuyo apoyo emocional y logístico hizo que este trabajo de varios años fuera no solo posible, sino también agradable—, le estoy más que agradecida. Me traía la comida mientras escribía. Me tomaba de la mano cuando tropezaba en los momentos difíciles. Me decía: "Será mejor que te pongas a trabajar" y "Quizá déjalo un rato". Al cuidar de Cecilia y Julian, nuestros hijos, les enseñó cómo alimentar y animar a una escritora.

A Chris Jackson, mi editor, cuyo don literario y delicadeza comunicativa me han impulsado siempre hacia el interior. Su pensamiento preciso y sus orientaciones me hacen más humilde y mejor.

A Virginia Sánchez, mi madre, cuyas perspicaces, espléndidas y astutas notas en varios borradores hicieron avanzar este libro. No tomo a la ligera su inmenso conocimiento.

No puedo dejar de reconocer los hermosos caminos que han seguido su curso tras la última página de este libro. *Mi lenguaje roto* tuvo lugar durante una turbulenta etapa de cambios, pero algunos vieron la tormenta disiparse con el tiempo. Flor lleva, hasta la fecha, 25 años sin consumir. Fundó una organización comunitaria que prepara comida casera en grandes cantidades para alimentar a personas sin recursos en las cercanías de Kensington y Allegheny. Desde el maletero de su carro, y de manera gratuita, da de comer a personas adictas a opioides y a individuos y familias sin hogar. Los menús incluyen arroz con gandules, arroz con habichuelas y arroz con salchicha: recetas que aprendió de abuela a la edad de ocho años. Por su parte, Nuchi viste impecablemente a sus nietos para ir a *baby showers* y a desayunos con Santa. Hace unos años, se fue de vacaciones de verano a Virginia Beach con algunos de sus hijos, nietos y otros miembros de la familia. En las fotos de Instagram todos lucen espectaculares con sus ropas veraniegas, vistiendo blanco de pies a cabeza. Nuchi le sonríe a la cámara rodeada de seres queridos, con las olas del mar de fondo. Y mi padre ha continuado desarrollando sus habilidades como carpintero: escribí este libro sobre un escritorio que hizo, expresamente para mí, de un pedazo de arce rizado y dos patas de madera de nogal, sin un solo clavo que alterara su meticulosa ebanistería. Mientras este libro se va a imprenta, empaco para irme, por el fin de semana, a celebrar su unión con Cherise, una maravillosa adición a la familia.

Unas palabras para los seres queridos a los que menciono brevemente o no menciono en estas páginas: sepan que la cantidad de palabras no es una medida de mis más profundos sentimientos de agradecimiento por la seguridad, la compañía y la alegría que me han brindado. Tía Linda, la roquera punk, y tío Rik, el trompetero salvaje, que me incluyeron en su universo de artistas; Fay y Gary, cuya suavidad y sentido de la unión son un bálsamo; Ariel y Forrest, a quienes atesoro; Edie, una gran prima y sanadora de corazones; Nick, Rachel, Rafi y Ellie, un cuarteto aventurero; Cap Rush, quien dirigió *Sudor del río* en Yale; Awilda Peña, quien presidió la Casa Comadre junto a mamá, y la dedicada red de colaboradores de la Casa. Y también a muchos otros familiares, amigos y colaboradores que participaron en los eventos descritos aquí. Y a John Buzzetti, quien entró en mi vida después de los acontecimientos de este libro y luego hizo de la narración mi pan de cada día.

Ian Kleinert, mi agente, me preguntó: "Si pudieras hacer cualquier cosa, ¿qué harías?". Cuando le dije: "Es hora de escribir mi libro", me guio en este empeño.

Gratitud, aché y paz para todos.